JN064387

THEME PARK IN EUROPE

ヨーロッパ編

テーマパーク産業論
改訂版

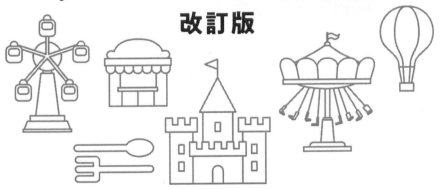

中島 恵

三恵社

目　次

はじめに……………………………………………………………………3

序　章　世界ランキングと世界動向…………………………………12

第Ⅰ部　旧西側陣営：NATO 諸国

第1章　デンマークのチボリ公園……………………………………24

第2章　ディズニーランド・リゾート・パリ………………………36

短編1　フランスのフュチュロスコープ……………………………51

短編2　英文豪ディケンズのテーマパーク閉鎖……………………59

第3章　フィンランドのアングリーバードのテーマパーク事業…69

第4章　フェラーリのテーマパーク事業……………………………80

短編3　ロンドンのハリーポッター・スタジオツアー……………94

第Ⅱ部　旧東側陣営：ロシア友好国

第5章　ロシアのレジャー開発と「ロシア版ディズニーランド」…98

第6章　ルーマニアにドラキュラ伯爵のテーマパーク計画………116

第Ⅲ部　原子力とテーマパーク

短編4　チェルノブイリで被爆したプリピャチ遊園地……………136

短編5　原発を廃炉にしてテーマパークに転換した独ワンダーランド・カルカー……146

第7章　英画家バンクシーのディズマランドとミニー・ヒロシマ…152

終　章　西高東低のテーマパーク配置と原子力依存からの脱却………165

はじめに

本書では、ヨーロッパのテーマパーク産業を**経営学**的に論じる。本書は『テーマパーク産業論』（2011年出版）の改訂版で、ヨーロッパに特化している。

本書は観光学部、経営学部や経済学部の観光コースの大学生や大学院生、およびテーマパーク業界、観光業界で働く実務家向けである。ただし本書は具体的な経営ノウハウではない。そのため財務諸表（貸借対照表、損益計算書、キャッシュフロー計算書等）の分析を行わない。財務諸表を分析し、投資収益率、流動比率、総資本回転率、一株当たり利益率、労働分配率、損益分岐点などを算出することが経営（マネジメント）と考える人がいるようだが、それらは経営分析といって会計学の一分野である。本書に会計学の視点はない。その上、それらを公表している上場企業はテーマパーク業界では滅多にない。本書は各章完結型で、その章だけを読んでも理解できる。ただし内容は序章から順に進み、終章でまとめている。

テーマパーク産業の社会的意義

前著「日本編」（2022a）で、日本のテーマパーク産業には大きく2つの社会的意義があると述べた。それは、(1)クールジャパン・コンテンツの二次利用による外国人観光客誘致と外貨獲得、(2)観光開発で地域活性化、特に過疎地や寂れた地域の活性化である。例えば、東京ディズニーランド（TDL）建設以前の千葉県浦安市舞浜エリアは公害で汚染された寂れた漁業の街だった。ユニバーサル・スタジオ・ジャパン（USJ）がある大阪市此花区桜島エリアは重厚長大産業の寂れた工場の集積だった。テーマパークが大きく成功すると観光地、リゾート地として美しくなり、活性化される。その際、SDGs（終章）に配慮し環境保全に努める必要がある。ヨーロッパでもテーマパーク事業に社会的意義がある。それは、(1)外国人観光客誘致と外貨獲得、(2)観光開発で地域活性化と雇用創出である。

テーマパーク産業を経営学的に研究する意義

経営学研究は自動車、電機、鉄鋼など大規模製造業を中心に発展してきた。これらの産業を研究する人は多く、膨大な研究蓄積がある。日本は製造業立国だったが、物価上昇に伴い工場の海外移転が相次ぎ、産業の空洞化が進んだ。そこで2003年に**小泉政権は「観光立国」**を掲げ、訪日外国人を増やすため「ビジット・ジャパン・キャンペーン」を開始した。観光庁によると、訪日外国人数は2003年に521万人、2007年に835万人、東日本大震災の2011年に622万人に落ち込むも回復し、2013年に1036万人と初めて1000万人を超え

た。2015年に1974万人、2016年に2404万人、2018年に3119万人、新型コロナウィルス流行前の2019年には3188万人を記録した[1]。東京五輪の2020年に4000万人を超え、その後は6000万人になる計画だった。日本政府は観光立国に舵を切ったものの、観光業界を対象とした経営学研究が不足している。経営学の理論は大規模製造業を前提とするものが多い。テーマパーク業界を研究することで観光業界全般に活かせるだろう。テーマパーク産業にはベンチマークされる優良企業も優秀な経営者もいる。特にTDRを運営するオリエンタルランドとUSJの経営手法は世界的に注目されている。

本書の構成

　本書は3部構成である。序章で世界ランキングと世界動向、第I部で旧西側陣営、第II部で旧東側陣営、第III部で原子力とテーマパークを考察する。

　第1章でデンマークのチボリ公園、第2章でディズニーランド・リゾート・パリ、短編1でフランスのフュチュロスコープ、短編2で英文豪ディケンズのテーマパーク閉鎖、第3章でフィンランドのアングリーバードのテーマパーク事業、第4章でフェラーリのテーマパーク事業、短編3でロンドンのハリーポッター・スタジオツアー、第5章でロシアのレジャー開発と「ロシア版ディズニーランド」、第6章でルーマニアにドラキュラ伯爵のテーマパーク計画、短編4でチェルノブイリで被爆したプリピャチ遊園地、短編5で原発を廃炉にしてテーマパークに転換した独ワンダーランド・カルカー、第7章で英画家バンクシーのディズマランドとミニー・ヒロシマ、終章で西高東低の富の偏在と原子力依存からの脱却を考察する。

研究方法

　研究方法は文献研究を用いた事例研究である。文献とは、新聞、書籍、白書、ビジネス雑誌等である。日経テレコンで新聞記事を検索する。インタビュー調査に応じていただけないため、二次資料を活用する。各章でヨーロッパの主なテーマパークを選び、詳細に考察する。私の研究はテーマパーク業界を初めて経営学的に研究し、全体像を明らかにする挑戦である。できるだけ事例研究を増やし、多くの事例が集まったら帰納したい。後に帰納法で解明するための途中段階にある。

---

[1] 観光庁「訪日外国人旅行者数・出国日本人数」2022年7月26日アクセス
https://www.mlit.go.jp/kankocho/siryou/toukei/in_out.html

略称

欧：欧羅巴：ヨーロッパ、**米**：亜米利加：アメリカ、**英**：英吉利：イギリス、**仏**：仏蘭西：フランス、**伊**：伊太利亜：イタリア、**独**：独逸：ドイツ、**蘭**：和蘭陀：オランダ、**墺**：墺太利：オーストリア、**丁**：丁抹：デンマーク、**西**：西班牙：スペイン、**露**：露西亜：ロシア、**加**：加奈陀：カナダ。

CEO：Chief Executive Officer：最高経営責任者：日本でいう社長、経営者

COO：Chief Operating Officer：最高執行責任者

CFO：Chief Financial Officer：最高財務責任者

TDL：東京ディズニーランド、1983 年開業、**TDS**：東京ディズニーシー、2001 年開業。

TDR：東京ディズニーリゾート、2001 年開業、TDL と TDS にイクスピアリ、モノレール、ホテル等を合わせたリゾートエリア。

US：ユニバーサル・スタジオ／1964 年に US ハリウッド開業、2001 年に USJ 開業、2011 年に US シンガポール開業、2021 年に US 北京開業。

第 2 パーク：成功したテーマパークに隣接してつくる同じブランドのテーマパーク。例えば、東京ディズニーランドが第 1 パークで、東京ディズニーシーが第 2 パーク。

IR：Integrated Resort：統合型リゾート。国際会議場、国際展示場、ショッピングセンター、レストラン街、テーマパーク、動物園、水族館、植物園、映画館、ビーチ、プール、ゴルフ場などにホテルを併設した大規模なリゾート。カジノを併設するケースもある。

TGV：フランス国鉄が運行する高速列車。最高時速 320 キロ。

ha：ヘクタール。広さの単位。テーマパークで使われる。100m×100m=10000m^2

アウトバウンド観光：自国民が外国に観光に行くこと。

インバウンド観光：外国人観光客を自国に呼ぶこと。外貨獲得につながる。多くの国が観光立国を目指しており激戦。日本政府は 2030 年に訪日外国人観光客 6000 万人を目指す。

VR：Virtual Reality：仮想現実、**AR**：Augmented Reality：拡張現実

エデュテイメント：エンターテイメント（Entertainment：娯楽・楽しみ）とエデュケーション（Education：教育）の複合語で造語。

第 1 セクター：官：国や地方公共団体が経営する公共事業

第 2 セクター：民：民間企業が経営する私企業

第 3 セクター：官と民の合同出資の法人による事業、官民合同事業。通称 3 セク。

EBITDA：Earnings Before Interest, Taxes, Depreciation and Amortization：金利、税金、償却前利益：企業価値評価の指標。営業利益に減価償却費を加えて算出。各国で純利益に対

する借入金利、税率、減価償却費が異なるため、その差異を最小限に抑え、企業価値を国際的に比較し評価する際の指標とする。

IP：Intellectual Property：知的財産：人間の知的活動で生み出されたアイディアや創作物などの財産的価値が「知的財産」である。知的財産の中には法律で規定された権利や法律上保護される利益に係る権利として保護されるものがある。それらの権利は「知的財産権」と呼ばれ、特許権、実用新案権、意匠権、商標権、著作権、不正競争の防止、育成者権、地理的表示法、回路配置利用権、商号などがある[2]。

TOB：Take Over Bit：株式公開買い付け：企業の経営権を取得するために不特定多数の株主から株を買い集める手法。M&A（Merger & Acquisition：合併・買収）の一手法。あらかじめ買取価格や株数、期間を公開し、市場（証券取引所）を通さずに株式を買う。大量の株式を市場で買うと、株価が上昇するため、TOB を告知し、取引所外で一定の価格で買い付ける。

プロジェクト・ファイナンス：その事業で得られることになる利益を担保に融資を受ける金融手法。油田など資源開発で多く用いられる。テーマパークでは USJ がこれを用いて資金調達した。たびたび計画が持ち上がるが、実行されるケースは少ない。

本書で重要な用語の説明

東西冷戦　第 2 次世界大戦後、アメリカや西欧を中心とする西側陣営と旧ソ連を中心とする東側陣営が対立し世界を二分した。米ソは直接的に武力衝突せず、アジアやアフリカ諸国での局地戦や情報戦が主だったため「冷たい戦争（冷戦：Cold War）」と呼ばれた。米ソはともに核保有国で、大きな戦力を抱えてにらみ合った。これを核威嚇という。1949 年にアメリカを中心とする北大西洋条約機構（NATO）が発足した。加盟国が武力攻撃を受けた際、すべての加盟国に対する攻撃と見なして反撃する集団安全保障を条約に明記した。

　対抗して 1955 年に旧ソ連などがワルシャワ条約機構を結成した。1962 年に核戦争の寸前といわれるほど米ソが激しく対立した「キューバ危機」が起きた。衝突回避後、米ソは緊張緩和を探った。東西対立を象徴する「ベルリンの壁」が 1989 年に崩壊し、冷戦は終結した。ワルシャワ条約機構が 1991 年に解体された。NATO には東欧やバルト三国などが加わり、30 ヶ国に増えた[3]。

---

[2] 日本弁理士会「知的財産権とは」2023 年 6 月 18 日アクセス
https://www.jpaa.or.jp/intellectual-property/
[3] 2022/02/23 日本経済新聞社「冷戦とは　東西対立、世界を二分　1989 年に終結宣言」2023 年

表1：東西冷戦の構図

	西側陣営（Western Bloc）	東側陣営（Eastern Bloc）
機構	NATO（北大西洋条約機構）	ワルシャワ条約機構
発足年	1949年	1955年
経済	資本主義	社会主義・共産主義
政治	民主主義	独裁主義
主要国	米、英、仏、西独（発足時）	ソ連、ポーランド、ハンガリー、東独
3つの世界	第一世界（First World）	第二世界（Second World）
現状	冷戦後、30ヶ国に拡大	1991年に解体

＊第三世界：両陣営に属さないアジア、アフリカ、オセアニア、中南米などの国。

G7[4]とは何か

G5：Group of Five：先進5ヶ国首脳会議：米、英、仏、独、日

G7：Group of Seven：米、英、仏、独、日、伊、加（議長国順）の7ヶ国およびEU。

G8：Group of Eight：G7に露が1998年から参加。2014年に露の参加資格停止。

　G7の名目GDPのシェアはピークの1980年代後半に70%近くあり、名実ともに世界経済をリードしていた。しかしG7のGDPシェアは1990年代〜2000年前半まで60%台で、2016年には50%を切っていた。人口シェアもピークの1970年代後半には約15%あったが、その後はゆるやかに減少し、2014年は約10%にまで下がった。一方、新興国が急成長した。1994年と2014年の20年間の変化を見ると、G7のGDPシェアが50%を切ったのに対し、BRICS（ブラジル、ロシア、インド、中国、南アフリカ）のGDPシェアは7.3%から21.9%に上がった。しかし新興国の経済成長は2010年代半ばに鈍化していた。そのシェアが大きくなっているだけに、世界経済の足かせになる懸念がある。G7の主要会合は大きく分けて、(1)主要国のトップが集まる首脳会議（**サミット**）、(2)為替相場の安定など経済政策の協調の場として開く財務相・中央銀行総裁会議がある[5]。

2月23日アクセス https://www.nikkei.com/article/DGXZQOUE226CG0S2A220C2000000/
[4] 外務省「G7に関する基礎的なQ&A」2023年2月12日アクセス
https://www.mofa.go.jp/mofaj/gaiko/summit/ko_2000/faq/index.html
[5] 日本経済新聞「よくわかるG7 世界シェアと勢力」2023年4月20日アクセス
https://vdata.nikkei.com/newsgraphics/g7transition/

設立理由　1970年代に入り、ニクソン・ショック（1971年）や第1次石油危機（1973年）などの諸問題に直面した先進国で、マクロ経済、通貨、貿易、エネルギーなどに対する政策協調を首脳レベルで総合的に議論する場が必要との認識が生まれた。ジスカール・デスタン仏大統領（当時）の提案で1975年11月にパリ郊外のランブイエ城で仏米英独日伊の6ヶ国による第1回サミットが開催された。

参加国変遷　1976年のプエルトリコ・サミットからカナダが参加し、1977年のロンドン・サミットから欧州共同体（EC、現EU）の欧州委員会委員長が参加するようになった。1991年のロンドン・サミットからG7サミット終了後に露大統領とG7首脳がサミットの枠外で会合するようになった。露大統領は1994年のナポリ・サミット以降は首脳会合のうち政治討議に参加するようになり、1997年のデンヴァー・サミット以降は「世界経済」「金融」等の一部セッションを除き全日程に参加することになった。1998年のバーミンガム・サミット以降「G8サミット」になった。2003年のエビアン・サミット以降、ロシアは「世界経済」を含め、全日程に参加するようになった。2014年3月のロシアによるウクライナの主権と領土の侵害を受け、同月にオランダ・ハーグで開催中の核セキュリティ・サミットの機会に緊急開催されたG7サミットでロシアのG8への参加停止が決定した。

OECD　Organization for Economic Co-operation and Development（経済協力開発機構）は1948年にアメリカによる戦後の欧州復興支援策であるマーシャル・プランの受け入れ体制を整備するため、欧州経済協力機構（OEEC）がパリに設立された。欧州経済の復興に伴い、欧州と北米が対等のパートナーとして自由主義経済の発展のために協力を行う機構としてOEECが改組され、1961年にOECDが設立された。日本は1964年に原加盟国以外で初めて、さらに非欧米諸国として初めて加盟した。原加盟国（20ヶ国）はオーストリア、ベルギー、デンマーク、フランス、ドイツ、ギリシャ、アイスランド、アイルランド、イタリア、ルクセンブルク、オランダ、ノルウェー、ポルトガル、スペイン、スウェーデン、スイス、トルコ、イギリス、アメリカ、カナダである。その後の加盟国は日本（1964年）、フィンランド（1969年）、オーストラリア（1971年）、ニュージーランド（1973年）、メキシコ（1994年）、チェコ（1995年）、ハンガリー、ポーランド、韓国（1996年）、スロバキア（2000年）、チリ、スロベニア、イスラエル、エストニア（2010年）、ラトビア（2016年）、リトアニア（2018年）、コロンビア（2020年）、コスタリカ（2021年）で、現在38ヶ国である[6]。OECDは先進国間の自由な意見交換・情報交換を通じて、(1)経

---

[6] 外務省「OECD（経済強力開発機構の概要）」2023年4月15日アクセス

済成長、(2)貿易自由化、(3)途上国支援（「OECD の三大目的」という）に貢献することを目的とする[7]。OECD は別名「**先進国クラブ**」という。日本にとって OECD 加盟は長年の悲願だった。1964 年の東京五輪・パラリンピックの開催とともに戦後日本のめざましい復興と成長を世界に印象づけた[8]。

ユネスコ　United Nations Educational, Scientific and Cultural Organization : UNESCO（国連教育科学文化機関）は 1946 年設立で、すべての人が教育を受けられるようにし、自然科学と社会科学の研究を促進し、世界の自然遺産や文化遺産を保護する[9]。

世界遺産　世界遺産条約（World Heritage Convention）とは正式名称が「世界の文化遺産及び自然遺産の保護に関する条約」で、文化遺産や自然遺産を人類全体のための遺産として損傷、破壊などの脅威から保護し、保存するために、国際的な協力および援助の体制を確立することを目的とした条約である。1972 年のユネスコ総会で採択され、1975 年に発効し、日本は 1992 年に締結した。2021 年 8 月現在の締約国は 194 ヶ国である。世界遺産とは世界遺産条約に基づいて作成される「世界遺産一覧表」に記載されている物件のことで、建造物や遺跡などの「文化遺産」、自然地域などの「自然遺産」、文化と自然の両方の要素を兼ね備えた「複合遺産」の 3 種類がある。2021 年 8 月現在、1154 件（文化遺産 897 件、自然遺産 218 件、複合遺産 39 件）の世界遺産があり、うち日本の世界遺産は 25 件（文化遺産 20 件、自然遺産 5 件）である。遺産の保護は各遺産保有国の義務である[10]。

低予算で用地を獲得する時の 3 類型

　テーマパーク向けの広い用地を低予算で確保する方法として次の 3 類型がある。それは、(1)**筑波大学型**、(2)**中央大学型**、(3)両大学**複合型**、と前書「日本編」（2022a）で定義した。

　筑波大学の前身は東京教育大学である。筑波大学は 1973 年に茨城県つくば市に移設された。つくばエクスプレス開通前で非常に不便な立地にあった。東京などからバスで揺られて

https://www.mofa.go.jp/mofaj/gaiko/oecd/gaiyo.html
[7] 経済産業省「OECD」2023 年 4 月 15 日アクセス
https://www.meti.go.jp/policy/trade_policy/oecd/index.html
[8] 2020/04/27 日本経済新聞社「4 月 28 日　日本が OECD 加盟、「先進国クラブ」仲間入り」2023 年 4 月 15 日アクセス
https://www.nikkei.com/article/DGKKZO58524480X20C20A4EAC000/
[9] 国際連合広報センター「国際教育科学文化機関」2023 年 4 月 15 日アクセス
https://www.unic.or.jp/info/un/unsystem/specialized_agencies/unesco/
[10] 外務省「世界遺産」2023 年 4 月 15 日アクセス
https://www.mofa.go.jp/mofaj/gaiko/culture/kyoryoku/unesco/isan/world/

いくと、**郊外**に突然新築のビル群が出現した。広い敷地を確保するために郊外に立地する。中央大学は東京都文京区後楽園という東京ドームの近くに立地したが、ドーナツ化現象で東京都八王子市の多摩キャンパスにメインキャンパスを移した。ここは**傾斜地**である。山の自然な斜面を活かしていると言えるが、歩くには勾配が辛い。郊外かつ傾斜地を活かしたテーマパークを両大学（筑波大学型と中央大学）複合型と定義する。3類型とも地価がお手頃価格である。例えば、香港の「香港海洋公園」は郊外に突然出現する。さらに急な傾斜地にスキー場のようなリフトやゴンドラ、エスカレーターなどを配備して工夫している。それに対して、香港ディズニーランドは香港政府の重点政策なので、香港中心部と香港国際空港の間のMTR（地下鉄）の駅前という便利な場所にある。

表2：低予算で用地獲得する時の3類型

	低予算の用地	特徴
1	筑波大学型	郊外に突然新築ビル群が出現
2	中央大学型	傾斜地の斜面を有効活用
3	両大学複合型	郊外かつ傾斜地を有効活用

出典：中島（2022a）『テーマパーク産業論 改訂版 日本編』166頁

所感

2004年、大学院生だった私は修士論文のテーマにTDRのキャストの人材育成とモチベーション向上策を選び、研究し始めた。その頃、経営学でディズニー研究は批判され、バカにされた。その内容を要約すると「それでは研究者になれない」「大学にそのようなポストはない」「そのような人材に需要はない」「専業主婦になるしかないね、あはあは」だった。

しかし私は気づいた。一橋大学に「ホスピタリティ・マネジメント・プログラム」があることに。HPをよく読むと、一橋大学千代田キャンパスでのMBA（社会人向け、平日夜間と土曜日に授業）に1プログラムとして同プログラムが追加された。同プログラムは2018年度に観光庁の高度経営人材育成事業の助成を受けてスタートした。学生数は毎年10名ほどで、旅行・宿泊・交通・テーマパークなど関連業界出身者が大半である[11]。専任教員はお二人いらっしゃるようだ。一橋大学がホスピタリティ分野のコースを作ったということは、

---

[11] 一橋大学大学院経営管理プログラム 2023年2月21日アクセス https://www.ba.hub.hit-u.ac.jp/column/2022/10/post-18.php

「テーマパークを経営学的に研究することは是か非か」という問いに対する答えは、是だと私は解釈した。萎縮していた私であるが、もっと明るく、もっと堂々とテーマパーク研究に励もうと思った。

謝辞

いつもながら私が研究に励めるのは家族のおかげである。支えてくれる家族全員に感謝を捧げる。

そしてこのたび、私はイギリスの文豪チャールズ・ディケンズに詳しくなって良かったと心から思う。ディケンズはイギリスの中流階級の家庭に生まれるも、両親の浪費で借金を負い、工場で悲惨な児童労働に従事させられた。この時、ディケンズ少年は非常に深い傷を負った。貧困層としてスラムでの生活と搾取労働を経験したことから、ディケンズは非人道的な扱いを受けても、貧困に負けずに這い上がっていく強さを小説で描き、大成功した。ディケンズは転んでもただでは起きない強さを持つ。私もディケンズを見習って、困難を逆手に取る発想で頑張ろうと思った。ディケンズ作品は明るく楽しい部分もあり、貧乏で惨めなだけではない。当時の国王であるヴィクトリア女王までファンを公言するほどだった。ディケンズは小説家というだけでなく、弱者の味方として尊敬と支持を集めている。惨めな経験を惨めなまま終わらせない強さと賢さを私は持ちたい。

序　章　世界ランキングと世界動向

1.はじめに

　本章では、テーマパーク業界の世界ランキングと世界動向を考察する。テーマパーク業界全体を概観し、現状と特性を考察する。本章の構成は、第1に米調査会社 AECOM の 2011年と 2019 年の世界ランキングを比較し、第 2 に世界の主要テーマパークの動向を考察する。

　2020 年から新型コロナウィルス流行でテーマパーク業界は長期休業や入場者数抑制など大打撃を受け、従来の入場者数を大幅に下回った。同調査の最新版として 2021 年版が出ているが、新型コロナ流行前の 2019 年と比較する。2020 年の東京ディズニーランド (TDL) の入場者数は 416 万人と、1983 年の開業から初めて 1000 万人を下回った。そのため本書では従来の入場者数を反映している 2019 年のデータで考察する。2019 年の 10 年前は 2009 年であるが、世界主要 10 グループ（テーマパークを運営する企業）のランキングが始まったのは 2011 年なので、この年と比較する。

2.日本の経済産業省によるテーマパークの定義

　欧州主要国政府によるテーマパークの定義が見当たらないため、日本政府のテーマパークの定義を参考に、筆者の定義も合わせる。日本の経済産業省は「平成 30 年特定サービス産業実態調査[12]」のうち「公園、遊園地・テーマパーク」の調査結果をまとめた。調査方法は経済産業省が調査を委託した特定サービス産業実態調査実施事務局が、郵送により調査票を配布し、郵送またはオンラインにより取集した。公園、遊園地・テーマパークの調査対象は、娯楽を提供することを主たる業務として営む事業所のうち、以下に該当する事業所である。

① **公園**：○○公園、○○庭園、○○公園管理事務所などと呼ばれている事業所で、入場料を徴収することで入場でき、樹木、池等の自然環境を有して、娯楽を提供し、又は休養を与える事業所

---

[12] 経済産業省「平成 30 年特定サービス産業実態調査報告書」の中の「公園、遊園地・テーマパーク編」2021 年 6 月 23 日アクセス https://www.meti.go.jp/statistics/tyo/tokusabizi/result-2/h30/pdf/h30report26.pdf

② **遊園地**：主として屋内、屋外を問わず、常設の遊戯施設[13]を3種類以上（直接、硬貨・メダル・カード等を投入するものを除く）有し、フリーパスの購入もしくは料金を支払うことにより施設を利用できる事業所

③ **テーマパーク**：入場料をとり、特定の非日常的なテーマのもとに施設全体の環境づくりを行い、テーマに関連する常設かつ有料のアトラクション施設[14]を有し、パレードやイベントなどを組み込んで、空間全体を演出する事業所

本書でのテーマパークの定義

本書ではテーマパークと遊園地を明確に区別することは重要ではないため、両者を合わせてテーマパークと表記する。ただし固有名詞は遊園地と表記する。

テーマパークと遊園地の簡潔な定義は「テーマがあるのがテーマパーク、テーマが無く乗り物を集めたのが遊園地」である。これはいつの間にか日本のテーマパーク業界で普及している定義で、誰が提唱したのか分かっていない。

それに対して、筆者の定義は「昭和の名称が遊園地、平成以降の名称がテーマパーク」である。名称のみの違いである。筆者は中身については差をつけて考えていない。例えば「食のテーマパーク」と自称するか、報道されているものの、実際はレストラン街やフードコートにエンターテイメント性が付加されたものもある。「花のテーマパーク」や「農業体験テーマパーク」も同様である。従来型のレストラン街やフードコート、花園、農業体験では集客力に欠けるため、話題性ある取り組みが必要である。そのためテーマパーク産業の裾野が広がって、他の産業との区別が曖昧になっている。

表1：遊園地とテーマパークの定義

	簡潔な定義	中島の定義
遊園地	テーマが無い	昭和の名称
テーマパーク	テーマが有る	平成以降の名称

---

[13] 遊戯施設：コースター、観覧車、メリーゴーランド、バイキング、フライングカーペット、モノレール、オクトパス、飛行塔、ミニSL、ゴーカートなど。
[14] アトラクション施設：映像、ライド(乗り物)、ショー、イベント、シミュレーション、仮想体験（バーチャルリアリティ）、展示物の施設など。

3.ヨーロッパの概要

　ヨーロッパ[15]には54ヶ国（旧ソビエト連邦の15共和国を含む）がある。うち27ヶ国が EU（European Union：欧州連合）に加入する。EUとは欧州連合条約に基づく、経済通貨同盟、共通外交・安全保障政策、警察・刑事司法協力等、広い分野で協力を進める政治・経済統合体である。経済・通貨同盟については、国家主権の一部を委譲した。域外に対する統一的な通商政策を実施する世界最大の単一市場を形成する。その他の分野についても、加盟国の権限を前提としつつ最大限 EU として共通の立場を取り、政治的にも「一つの声」で発言している。総面積429万 km²（日本の約11倍）、人口4億4732万人（Eurostat、2020年、日本の約3.6倍）である。

EU加盟国　アイルランド、イタリア、エストニア、オーストリア、オランダ、キプロス、ギリシャ、クロアチア、スウェーデン、スペイン、スロバキア、スロベニア、チェコ、デンマーク、ドイツ（加盟時西ドイツ）、ハンガリー、フィンランド、フランス、ブルガリア、ベルギー、ポーランド、ポルトガル、マルタ、ラトビア、リトアニア、ルーマニア、ルクセンブルクである。

歴史　1952年に欧州石炭鉄鋼共同体（ECSC）設立（パリ条約発効、原加盟国：フランス、ドイツ、イタリア、オランダ、ベルギー、ルクセンブルク）、1958年に欧州経済共同体（EEC）、欧州原子力共同体（EURATOM）設立（ローマ条約発効）、1967年に3共同体の主要機関統合、1973年にイギリス、アイルランド、デンマーク加盟、1981年にギリシャ加盟、1986年にスペイン、ポルトガル加盟、1993年にマーストリヒト条約発効、1994年に欧州経済領域（EEA）発足、1995年にオーストリア、スウェーデン、フィンランド加盟、1999年に経済通貨同盟第3段階への移行、2002年にユーロ紙幣・硬貨の流通開始、2004年に中東欧等10ヶ国加盟、2020年にイギリスが EU 離脱した。

貿易　GDP17兆1654億ドル（2021年、IMF World Economic Outlook Database, Oct. 2022）、一人当たり GDP38,234ドル（2021年、World Bank, World Development Indicators）、貿易総額（EU27ヶ国、Eurostat）は輸出2兆1804億ユーロ、輸入2兆1125億ユーロ（2021年、EU域外）、主要貿易相手国（2021年、Eurostat）は、輸出はアメリカ（18.3%）、イギリス（13.0%）、中国（10.2%）、スイス（7.2%）、ロシア（4.1%）、トルコ（3.6%）、日本（2.9%）で、輸入は中国（22.4%）、アメリカ（11.0%）、ロシア（7.5%）、イギリス（7.0%）、スイス（5.9%）、トルコ（3.7%）、日本（3.0%）である。

---

15 外務省「欧州」2023年2月22日アクセス https://www.mofa.go.jp/mofaj/area/europe.html

14

通貨 1999年にEU加盟国中11ヶ国で単一通貨ユーロを導入した（ユーロ貨幣の流通は2002年1月から）。2001年にギリシャ、2007年にスロベニア、2008年にマルタ、キプロス、2009年よりスロバキア、2011年よりエストニア、2014年1月よりラトビア、2015年1月よりリトアニアが加わり、19ヶ国に拡大した。

経済 ユーロ圏の実質GDP成長率は2021年5.3%に対し、2022年3.2%、2023年0.3%の予測にとどまる。EUはロシアによるウクライナ侵略の影響を最も受けている先進経済地域である。エネルギー危機は家計の購買力を弱め、製造業の負担となっていることから、景況感の低下は著しい。ガス・電気料金の高騰が全体のインフレの主要因である。ロシアによるウクライナ侵略が続き、更なる経済的混乱のリスクが継続するため、経済見通しの不確実性は高い。最大の脅威は天然ガス市場の悪化、特に2023〜2024年冬のガス不足の懸念である。長期間持続するインフレと、国際金融市場の新たな高金利環境に対し各国が足並みを揃えず対応することもリスク要因である。

政治 1991年の「日本EC共同宣言」（蘭ハーグ）に基づき多方面にわたる密接な協力関係を構築した。1991年以来「日EU定期首脳協議」を原則年1回開催する。

対日貿易 貿易額（2021年、財務省・貿易統計）は、日本の輸出7兆6684億円、日本の輸入9兆4218億円である。日本からの輸出は自動車、自動車部品、科学光学機器、有機化合物、電気計測機器で、日本への輸入は医薬品、自動車、科学光学機器、有機化合物、航空機類である。

4.世界テーマパーク産業の動向

　米調査会社AECOMの「2011年世界主要10テーマパークグループ」（表2）には世界のテーマパーク事業者の入場者数ランキングがある。一事業者が複数のテーマパークを経営しているため**テーマパークチェーン**と呼ばれる。AECOMは各事業者の全パークの入場者を合算している。米ウォルト・ディズニー社（以降、米ディズニー社）の圧勝と分かる。実際は米ディズニー社の子会社ウォルト・ディズニー・パークス・アンド・リゾーツの子会社ウォルト・ディズニー・アトラクションズ（当時の社名）が運営している。3位のユニバーサル・スタジオと比べると、世界のディズニーランドの総入場者数は約4倍である。

　2位のマーリン・エンターテイメンツは英プール（Poole）のテーマパーク運営会社で、欧州中心に中小規模のテーマパークを多数有する。4位のパークス・リユニダスはスペインのマドリードのエンターテイメント企業で、欧米中心に中小規模のテーマパークを多数運営している。10位の仏カンパーニュ・デ・アルプスは仏ブローニュ＝ビヤンクールの企業

でヨーロッパに複数の中小施設を運営している。規模の経済性と範囲の経済性を得ている。

おそらく経営難に陥ったテーマパークや動物園を吸収して運営しているのだろう。

表2：世界主要10グループの2011年入場者数（単位：万人）

	企業グループ	本社	主要パーク	入場者
1	ウォルト・ディズニー・アトラクションズ	米カリフォルニア州バーバンク	世界のディズニーランド	12140
2	マーリン・エンターテイメント・グループ（Merlin）	英プール	欧州中心に中小パーク多数	4640
3	ユニバーサル・スタジオ・リクレーション・グループ	米フロリダ州オーランド	世界のユニバーサル・スタジオ	3080
4	パークス・リユニダス（Parques Reunidos）	西マドリード	欧米に中小パーク多数	2622
5	シックス・フラッグズ・エンターテイメント	米テキサス州グランドプレーリー	絶叫マシン系パーク多数	2430
6	シーワールド・パークス&エンターテイメント	米フロリダ州オーランド	米国の海のテーマパーク	2360
7	シダーフェア・エンターテイメント・グループ（Cedar Fair）	米オハイオ州サンダスキー	ナッツベリーファーム等米国に中小パーク多数	2340
8	華僑城（OCT PARKS）	中国・深圳	都市開発とテーマパーク	2173
9	ヘルシェント・エンターテイメント（Herschend）	米ジョージア州アトランタ	米国に中小パーク多数	950
10	カンパーニュ・デ・アルプス（Compagnie des Alpes）	仏ブローニュ＝ビヤンクール	欧州中心に中小パーク多数	921
	合計			33656

出典：AECOM, 2011 THEME INDEX, 2023 年 5 月 3 日アクセス

https://aecom.com/content/wp-content/uploads/2015/10/2011_Theme_Index.pdf

＊スペルが分かりにくい単語にアルファベット表記を併記した。

表3：世界主要 10 グループの 2019 年入場者数（単位：万人）

	企業グループ	本社	主要パーク	入場者
1	ウォルト・ディズニー・アトラクションズ	米カリフォルニア州バーバンク	世界のディズニーランド	15599
2	マーリン・エンターテイメント・グループ	英プール	欧州中心に中小パーク多数	6700
3	華僑城（OCT PARKS）	中国・深圳	都市開発と中小パーク多数	5397
4	ユニバーサル・スタジオ・リクレーション・グループ	米フロリダ州オーランド	世界のユニバーサル・スタジオ	5124
5	華強方特（FANTAWILD）	中国・重慶	中国に中小パーク多数	5039
6	長隆（CHIMELONG）	中国・広州	中国に中小パーク多数	3702
7	シックス・フラッグズ・エンターテイメント	米テキサス州グランドプレーリー	絶叫マシン系パーク多数	3281
8	シダー・フェア・エンターテイメント・グループ	米オハイオ州サンダスキー	ナッツベリーファーム等米国に中小パーク多数	2794
9	シーワールド・パークス＆エンターテイメント	米フロリダ州オーランド	米国の海のテーマパーク	2262
10	パークス・リユニダス	西マドリード	欧米に中小パーク多数	2220
	合計			52120

出典：AECOM, Theme Index 2019, 2023 年 2 月 24 日アクセス

https://aecom.com/content/wp-content/uploads/2020/07/Theme-Index-2019.pdf

　2011 年と 2019 年の最大の差異は中国勢の台頭である。2011 年の時点でこれほど中国勢が増加すると筆者は予想しなかった。またトップ 20 の合計入場者数が 2011 年と 2019 年で大きく増加した。世界的にテーマパークの入場者が増えている。

表4：2011年世界トップ20テーマパーク（単位：万人）

	テーマパーク	立　　地	入場者
1	**ディズニー・マジックキングダム**	米フロリダ州レイクブエナビスタ	1714
2	**ディズニーランド**	米カリフォルニア州アナハイム	1614
3	**東京ディズニーランド**	日本・東京	1400
4	**東京ディズニーシー**	日本・東京	1193
5	**ディズニーランド・パリ**	仏マヌル・ラ・ヴァレ	1100
6	**エプコット (EPCOT)**	米フロリダ州レイクブエナビスタ	1083
7	**ディズニー・アニマルキングダム**	米フロリダ州レイクブエナビスタ	978
8	**ディズニー・ハリウッド・スタジオ**	米フロリダ州レイクブエナビスタ	970
9	ユニバーサル・スタジオ・ジャパン	日本・大阪	850
10	アイランド・オブ・アドベンチャー	米フロリダ州オーランド	767
11	ロッテワールド	韓国ソウル	758
12	香港海洋公園	香港	696
13	エバーランド	韓国京畿道	657
14	**ディズニー・カリフォルニア・アドベンチャー**	米カリフォルニア州アナハイム	634
15	ユニバーサル・スタジオ・フロリダ	米フロリダ州オーランド	604
16	**香港ディズニーランド**	香港	590
17	ナガシマスパーランド	日本・三重	582
18	シーワールド・フロリダ	米フロリダ州オーランド	520
19	ユニバーサル・スタジオ・ハリウッド	米カリフォルニア州ユニバーサルシティ	514
20	**ウォルト・ディズニー・スタジオ**	仏マヌル・ラ・ヴァレ	471

出典：AECOM, 2011 THEME INDEX, 2023年5月3日アクセス

https://aecom.com/content/wp-content/uploads/2015/10/2011_Theme_Index.pdf

＊太字表記はディズニーのテーマパーク

＊アメリカ人が作成した資料なので、TDRの立地が千葉県ではなく東京になっている。

表 5：2019 年世界トップ 20 テーマパーク（単位：万人）

	テーマパーク	立　　　地	入場者
1	ディズニー・マジックキングダム	米フロリダ州レイクブエナビスタ	2096
2	ディズニーランド	米カリフォルニア州アナハイム	1186
3	東京ディズニーランド	日本・東京	1791
4	東京ディズニーシー	日本・東京	1466
5	ユニバーサル・スタジオ・ジャパン	日本・大阪	1100
6	ディズニー・アニマルキングダム	米フロリダ州レイクブエナビスタ	1083
7	エプコット	米フロリダ州レイクブエナビスタ	978
8	長隆海洋公園	中国・珠海	1174
9	ディズニー・ハリウッド・スタジオ	米フロリダ州レイクブエナビスタ	850
10	上海ディズニーランド	中国・上海	767
11	ユニバーサル・スタジオ・フロリダ	米フロリダ州オーランド	758
12	アイランズ・オブ・アドベンチャー	米フロリダ州オーランド	696
13	カリフォルニア・アドベンチャー	米カリフォルニア州アナハイム	657
14	ディズニーランド・パリ	仏マルヌ・ラ・ヴァレ	634
15	ユニバーサル・スタジオ・ハリウッド	米カリフォルニア州	604
16	エバーランド	韓国京畿道	590
17	ロッテワールド	韓国ソウル	582
18	ナガシマスパーランド	日本・三重	520
19	ヨーロッパパーク	独ルスト	514
20	香港海洋公園	香港	570

出典：AECOM, Theme Index 2019, p12-13, 2023 年 2 月 24 日アクセス

https://aecom.com/content/wp-content/uploads/2020/07/Theme-Index-2019.pdf

表6：2011年ヨーロッパのトップ20テーマパーク（単位：万人）

	テーマパーク	立　地	入場者
1	**ディズニーランド・パリ**	仏マルヌ・ラ・ヴァレ	1099
2	**ウォルト・ディズニー・スタジオ**	仏マルヌ・ラ・ヴァレ	471
3	ヨーロッパパーク（EUROPA-PARK）	独ルスト	450
4	デ・エフテリン（DE EFTELING）	蘭カーツスフーフェル	412
5	チボリ公園（TIVOLI GARDENS）	丁コペンハーゲン	396
6	ポルト・アヴェントゥラ (PORTAVENTURA)	西サロウ	352
7	リセベリ（LISEBERG）	スウェーデン・イェーテボリ	290
8	ガルダランド（GARDALAND）	伊カステルオーヴォ・デル・ガルダ	285
9	アルトン・タワー（ALTON TOWERS）	英スタッフォードシャー	260
10	レゴランド・ウィンザー（Windsor）	仏プライイ英ウィンザー	190
11	ソープパーク（THORPE PARK）	英チャーツィー	190
12	ファンタジアランド(PHANTASIALAND)	独ブリュール	175
13	フュチュロスコープ（FUTUROSCOPE）	仏ジョネ＝クラン	174
14	レゴランド・ビルン（Billund）	丁ビルン	160
15	パルク・アステリックス(PARC ASTERIX)	仏プライイ	159
16	ピュイ・デュ・フー（PUY DU FOU）	仏レ・ゼペス	150
17	ミラビランディア（MIRABILANDIA）	伊サヴィオ	148
18	グローナルンド（GRONALUND）	スウェーデン・ストックホルム	146
19	スラグハーレン（SLAGHAREN）	独ゾルタウ	140
20	ハイデ・パーク（HEIDE PARK）	英チェンシントン	135

出典：AECOM, 2011 THEME INDEX, 2023年5月3日アクセス

https://aecom.com/content/wp-content/uploads/2015/10/2011_Theme_Index.pdf

表 7：2019 年ヨーロッパのトップ 20 テーマパーク（単位：万人）

	テーマパーク	立　地	入場者
1	**ディズニーランド・パリ**	仏マルヌ・ラ・ヴァレ	974
2	ヨーロッパパーク	独ルスト	575
3	デ・エフテリン	蘭カーツスフーフェル	540
4	**ウォルト・ディズニー・スタジオ**	仏マルヌ・ラ・ヴァレ	524
5	チボリ公園	丁コペンハーゲン	458
6	ポルト・アヴェントゥラ	西サロウ	375
7	リセベリ	スウェーデン・イェーテボリ	295
8	ガルダランド	伊カステルオーヴォ・デル・ガルダ	292
9	レゴランド・ウィンザー	英ウィンザー	243
10	アステリックス・パーク	仏プライイ	232
11	ピュイ・デュ・フー	仏レ・ゼペス	230
12	パルケ・ワーナー (PARQUE WARNER)	西マドリード	223
13	アルトン・タワー	英スタッフォードシャー	213
14	ファンタジアランド	独ブリュール	195
15	レゴランド・ビルン	丁ビルン	195
16	ソープパーク	英チャーツィー	190
16	フュチュロスコープ	仏ジュネ=クラン	190
18	レゴランド・ドイツ	独ギュンツブルク	170
18	ハイデ・パーク	独ゾルタウ	170
20	チェンシントン・ワールド・オブ・アドベンチャー (CHESSINGTON)	英チェンシントン	169

出典：AECOM, Theme Index 2019, p67, 2023 年 2 月 24 日アクセス

https://aecom.com/content/wp-content/uploads/2020/07/Theme-Index-2019.pdf

5.考察

ヨーロッパの主要テーマパークの動向

　ヨーロッパはディズニーとユニバーサルが席巻していない市場である。2011 年のランキングで、1 位が仏ディズニーランド・パリで年間入場者数 974 万人、4 位がその第 2 パー

ク、仏ウォルト・ディズニー・スタジオで同 524 万人ある。ヨーロッパにディズニーはこれら 2 パークのみである。日本の東京ディズニーリゾート（TDR）に比べて人気やブランド力、顧客ロイヤルティ（忠誠心）が劣勢である。ユニバーサル・スタジオの計画はスペイン、パリ、モスクワにあったが、今のところ実現していない。ヨーロッパのトップ 20 のうち 18 施設は**非ディズニー、非ユニバーサル**である。ヨーロッパ市場は、非ディズニー、非ユニバーサル各社にチャンスがある。日本人が知っている大手はレゴランドである。レゴランドは英ウィンザーと独ギュンツブルクにある。レゴランドはディズニーランドやユニバーサル・スタジオに比べて小型につくるため、低リスク・低リターンで、都市部周辺に用地を確保しやすい。ヨーロッパ市場（2019 年）は日米と違って年間 1000 万人を超えるテーマパークは無い。ヨーロッパ市場は北米やアジアに比べて入場者数が少ない、つまり活況ではない。ヨーロッパ人の経済力が低いからとは考えにくい。おそらく、**日米に比べてテーマパークに行く文化が弱い、根付いていない**ことが理由だろう。ヨーロッパ人は華やかなイメージではあるが、実際は日本人やアメリカ人よりも質素倹約と言われる。フランスやイギリスでは美術館や博物館に行く文化が定着している。イタリアではオペラ鑑賞に行く文化が、ドイツやオーストリアではクラシック音楽を聞きに行く文化が浸透しているらしい。つまりテーマパークは「アメリカの大衆文化」であって、美術館、博物館、オペラ、クラシック音楽などが「正統派の伝統的文化」であり、人気のようだ。

フランスの観光産業の特徴

　ヨーロッパではフランスが最もテーマパーク業界が活況なため、ここでフランスの観光産業の特徴を述べる。フランス人はバカンスのために働くと言われるほどバカンス好きである。フランス人のバカンスとは、長期間他の地域に移動して生活することである。日本人の 1 泊 2 日、2 泊 3 日、長くても 1 週間から 10 日間の旅行ではない。一般的にフランス人はバカンスで多く支出しない。バカンス先で節約志向が強い。ここが日本人の旅行と異なる点である。フランスを含む大半のヨーロッパ人は節約志向が強く、日米より質素である。ところが、ディズニーランドは物品販売と飲食で客単価を上げるビジネスモデルなので、フランスでは日米に比べて客単価が低い。

数値の信頼性：香港ディズニーランドに入場者数偽装報道

　中国でこのような調査の信頼性を揺るがす出来事が起きた。本当の入場者数を公表しているのか分からないテーマパークがある。2006 年に香港ディズニーランドが経営不振の際、

香港ディズニーは入場者数を実際より多く発表している、と香港メディアが報じた[16]。香港ディズニーは目立つ存在なので注目されていた。

　さらに亜州 IR 中国株ニュースも 2019 年に中国のテーマパークが収支を偽装している可能性を指摘した[17]。数値偽装は中国だけの問題ではない。他の国でも、偽装するテーマパークがあるかも知れない。

6.まとめ

　本章では世界のテーマパーク産業の現状と特性を考察し、次の点を明らかにした。

　第 1 に、世界の主要テーマパーク（2011 年）の 20 施設中、10 施設がアメリカ本土に立地し、うちフロリダ州に 6 施設、カリフォルニア州に 3 施設が集中していた。ヨーロッパの最大手はディズニーランド・パリで、2 位以下を大きく引き離している。2011 年と 2019 年を比較すると、2019 年には全体的に入場者数が大きく増加した。

　第 2 に、ヨーロッパ市場はフランスがメインで、それ以外ではドイツ、イギリス、スペインのカタルーニャ地方にテーマパークが集中していることが分かった。それ以外ではオランダやデンマーク、スウェーデンなど、経済状態の良い地域に集中している。それは予想していたが、事前の予想を大きく上回った。そのため、ランキングに入るテーマパークは**富の象徴**と言える。

　この調査の限界として、年間パスポート（年パス）での無料再入場を排除できず、一人にカウントされることが挙げられる。TDR では年パス所有者が新しいイベントのたびに入口で無料配布される非売品ピンバッチをもらうために何回も入園し、退園する。自分用をとってあとはネットオークション等で売る。また年パス所有者は園内の食事が高額なため、外に出て近隣の安価な店で食べてから再入場し、2 人目の入場者にカウントされる。これらの統計データは年パス所有者を排除できず、人気施設の入場者数を現実の集客力以上の数値にしているという矛盾を含む。

　2023 年 6 月現在、世界ランキングが 2021 年までしか発表されていないため、次作「アメリカ編」では新型コロナウィルス後の 2022 年のデータと比較する。

---

[16] 2006/09/08 日経産業新聞 4 頁「香港ディズニー、「1 年で 560 万人」の目標困難…、集客数にかさあげ疑惑。」
[17] 2019/07/31 亜州 IR 中国株ニュース「【統計】中国にテーマパーク投資ブーム再来、19 年は 7 兆円規模　中国」

第Ⅰ部　旧西側陣営：NATO加盟国

　AECOM の世界テーマパーク入場者数ランキング（序章）を見ると、ヨーロッパのテーマパークの多くがフランス、ドイツ、イギリスに集中している。オランダ、デンマーク、スペインのカタルーニャ地方にも多い。大規模な開発は西欧の主要国に集中している。新規計画が多い中、チボリ公園（第1章）のような魅力ある老舗テーマパークも人気と集客力を維持している。

　ディズニー以外の大規模計画として、1990年代にスペインかフランスにユニバーサル・スタジオ（US）を建設する計画があった。US は新規に US を開業するとメディアに発表した後で撤回するケースが多い。

第1章　デンマークのチボリ公園

1.はじめに

　ウォルト・ディズニーはディズニーランドの構想を練っていた時、欧米のレジャー施設などを訪れた。その一環として、ウォルトはデンマーク（丁抹：丁）の首都コペンハーゲンにあるチボリ公園（Tivoli Gardens）を訪れ、感動し、チボリ公園をディズニーランドのアイディアに活用した、と筆者は修士論文を書いていた時に知った。そもそもテーマパークとはウォルト・ディズニーの造語である。テーマパークのヒントはチボリ公園にあった。よって本書「ヨーロッパ編」は「第1章チボリ公園」で始まる。

　本章では、チボリ公園の歴史と1990年代以降の状態を考察する。第1にチボリ公園の歴史と業績、第2に同園の1990年代以降の動き、第3に日本の倉敷チボリ公園について考察する。1990年代以降の資料が多いため、この時代に絞る。

デンマーク王国の概要

　デンマーク王国[18]（Kingdom of Denmark）は面積約4.3万平米（九州とほぼ同じ）、人口約581万人（2019年デンマーク統計局、兵庫県とほぼ同じ）、首都コペンハーゲン、言

---

[18] 外務省「デンマーク王国」2023年4月18日アクセス
https://www.mofa.go.jp/mofaj/area/denmark/data.html

語はデンマーク語、宗教は福音ルーテル派（国教）、立憲君主制で元首はマルグレーテ2世女王（1972年即位）、一院制議会である。

外交　1973年に他の北欧諸国に先駆けてEC加盟国となり、1993年にEU創設を定めたマーストリヒト条約を批准した。欧州協力、環大西洋協力、グローバル協力を中心に国際平和協力、テロとの戦い、民主主義を推進する観点から、アフガニスタン、シリア、アフリカ等における国際的諸問題に取り組む。北欧理事会（Nordic Council）や北欧防衛協力（NORDEFCO）等を通じ、<u>アイスランド、スウェーデン、ノルウェー、フィンランドとの北欧5ヶ国間で政治、経済、軍事、環境、紛争予防・解決等の分野で協力する</u>。中立政策にもかかわらず独立を維持できなかった第2次大戦の経験（1940年〜1945年ドイツ軍に占領）から1949年、NATOに加盟した（原加盟国）。国防費は217億デンマーク・クローネ（2018年予算、デンマーク国防省）である。人道主義の観点から、長年にわたって毎年数千人の難民を受け入れてきた。しかし2015年に成立した自由党単独政権及び2016年に成立した自由・自由同盟・保守連立政権は、2015年欧州難民危機を受け、難民の家族呼び寄せ開始時期の延期や永住権取得条件の厳格化等を含んだ「難民パッケージ」の施行など、デンマークへの難民流入抑制を目的とした難民政策を実施した。

環境対策　環境対策先進国として地球温暖化、気候変動等地球規模問題に積極的に取り組んでおり、2018年には環境に優しい経済成長とSDGs実現のための官民連携強化を目指した国際会議「P4Gコペンハーゲンサミット2018」を主催する等、環境対策に尽力している。

経済　主要産業は流通・小売、医薬品、畜産・農業、運輸、エネルギーで、GDP3509億ドル、一人当たりGDP60,692ドル、経済成長率1.2%、物価上昇率0.7%、失業率5.0%である（2018年IMF統計）。総貿易額は輸出1079億ドル、輸入1014億ドル、輸出は医薬品、産業機械とその部品、衣料品、輸入は自動車、石油及び石油製品、電気機器とその部品中心である。輸出相手国はドイツ、スウェーデン、米国、日本、輸入相手国はドイツ、スウェーデン、オランダ、日本である（2018年デンマーク統計局）。

二国間関係　デンマークにとって、日本は米国、ドイツ、スウェーデンと並んで伝統的な市場と位置付けられている。貿易品目構造は相互補完的（日本から自動車、科学光学機器等、デンマークから医薬品、豚肉等）である。高齢者社会対策のため福祉技術の分野でも協力している。レゴ（玩具）、ロイヤル・コペンハーゲン（陶器）、ジョージ・ジェンセン（銀器）、エコー（靴）などは、日本でもよく知られているブランドである。昨今ではデンマークの「ワンコイン・ショップ」であるフライング・タイガーやソストレーネ・グレーネが、日本での北欧デザイン流行に伴い、日本で支持を集めている。

2.チボリ公園の歴史

　チボリ公園の歴史[19]は同社 HP によると次のようになっている。筆者が分かりやすいように 4 つの期（第 1 期から第 4 期）に分けた。同社は期に分けていない。

第 1 期（1800 年代）：初期

　1843 年、創業者ゲオルク・カールステンセン（Georg Carstensen）は諸外国の公園や庭園を訪れ、影響を受けた。そして国王からチボリ公園の開園を許可され、1843 年 8 月 15 日に開業した。優雅でエキゾチックな庭園にハンス・クリスチャン・アンデルセン（デンマークの童話作家）の像が設置された。1844 年、カールステンセンは公共の利益を維持するための新しいアイディアを探し、少年の近衛兵[20]をショーとして導入した。近衛兵は文化的アイコンかつ包括的な音楽教育の分野で成長した。現在では近衛兵団に少女も入隊できる。開園以来ずっと入場料 1 マークで販売してきたが、客のロイヤルティを高めるため 1845 年にシーズンパス（日本で言う年間パスポート）を発売した。カールステンセンは 5 年間だけチボリのディレクターを勤め、1848 年にプロイセンとの戦争に参戦した。チボリの諮問委員会はその後、契約違反で彼を解雇した。カールステンセンはデンマークを去ったが、後に戻った。そして彼はチボリのライバルとなるアルハンブラという公園型の娯楽施設をフレデリクスベルクに設立しようとした。1857 年の夏に新施設が開園したが、カルステンセンは開園前の同年 1 月に肺炎で 44 歳で死去した。

　開業当初からパントマイムが人気だった。現在の劇場は 1874 年に建てられたため園内で最も古い建物で、法律で保護されている。その劇場にはモットー「Med Folket Fælles Glæde（人々と喜びを分かち合う）」が刻まれている。ポピュラー音楽監督のハンス・ロンビ（Hans Christian Lumbye）は 1843 年当初からチボリの音楽を担当した。バイオリニストで作曲家でもあるロンビは約 800 曲を作曲した。彼の作品の多くはチボリのために独占的に作曲された。冬の間、ロンビはオーケストラと一緒にデンマークや外国でツアーを行い、ドイツで「北のヨハン・シュトラウス」と呼ばれ有名である。1890 年、チボリの元の入口は両側

---

[19] TIVOLI, THE HISTORY OF TIVOLI, 2023 年 2 月 10 日アクセス
https://www.tivoli.dk/en/om/tivolis-historie/tidslinie
[20] 近衛兵（このえへい）：英ロンドンのバッキンガム宮殿の赤い制服の軍隊のような兵隊。ロンドンでは近衛兵の交代式は人気の観光イベントで、集客力があり、観光資源になっている。近衛兵のパレード開始前から良い場所を取っている人がたくさんいる。ロンドンには近衛兵の博物館があり、お土産店が併設されている。The Guards Museum, 2023 年 4 月 18 日アクセス
https://theguardsmuseum.com/

にチケット売り場がある木製門だけだったが、1890年に現在のファサード構造を持つメインエントランスになった。

第2期（1900年代前半）：ナチスによる破壊

　ニム（Nimb）家はもともとチボリのレストラン、ディバンのテナントだったが、1909年にコペンハーゲン市がベルンシュトルフスガーデを西に移した後に建設された新しいバザールの建物でメインレストランを経営するようになった。今の東洋風の宮殿はニムと呼ばれる。ニム家のレストラン経営者はニムの評判を確立した。ニムは大規模な改装の後、2008年に再オープンし、高級ホテルと複数のレストランを擁する。

　1911年にコペンハーゲン中央駅が現在の位置にオープンした。翌1912年、チボリは鉄道駅に面した入口を開き、同園に入園しやすくした。

　第二次世界大戦中の1944年、デンマークはナチスに占領され、破壊工作を受け、チボリの大部分が**焼失**した。同年6月24日の閉鎖後、ナチス支持者のグループが夜間にチボリに忍び込み、コンサートホールに火炎瓶を設置した。グラスホールシアターとアリーナシアター、その他の広範囲に被害を受けた。チボリは再オープンまで2週間営業停止した。

第3期（冷戦時代）：第二次世界大戦後

　1951年、**ウォルト・ディズニーが訪問**した。ウォルトはチボリを何度か訪れ、その雰囲気に魅了され、ディズニーランドのアイディアに取り入れ、1955年に米カリフォルニア州に世界初のディズニーランドを開業した。

　1952年に幻想的なデンマークの市場であるTHE ALLEY（路地裏エリア）が開業した。路地裏に雑多な市場が広がる。1956年、チボリコンサートホールがオープンした。

　1978年、チボリはHCアンデルセン城を買収した。同園の北東の角に立つ建物はもともと1893年に発足した最初のデンマーク装飾美術館だった。チボリは1978年にこの物件を取得し、4分の1を近衛兵の用地にした。敷地内には美術館、複数の観光案内所と個人の家、管理事務所と宴会施設もある。1983年にマルチライドチケット（入園料と乗り物代を最初に支払う）が導入された。マルチライドチケットを購入するとすべての乗り物に何回でも乗ることができる。同園では乗り物のみならず、食事、コンサート、庭園散歩など様々な楽しみ方ができる。

　チボリはIR（統合型リゾート）と謳っていないが、これだけ豊富な種類のエンターテイメント施設があるということはIRである。

第4期（東欧革命以降）：冷戦終結から現在

チボリは1992年に土地を購入した。もともと同園はコペンハーゲン市の城壁のすぐ外にある軍事基地の敷地内に建設された。軍隊が同市の防衛線を移動した際、その敷地は同市に組み込まれた。そのため同園は 1992 年までコペンハーゲン市から不動産をリースしていた。チボリ A/S は地方自治体から用地を取得した。契約条項にこの土地は同園の伝統に沿った娯楽活動のみに利用されると書かれている。同園は娯楽産業の発展を目指す。1994年、クリスマスイベント「A/S Kjøbehavns Sommer（コペンハーゲンの夏）Tivoli」を開始した。今日では「Tivoli A/S」という。同園は 1994 年にクリスマスイベントが初めて開かれるまで、夏季営業のみだった。1997年以来、庭園全体がクリスマスイベントに使われる。1997年、フライデーロックを新規に導入した。1990 年代半ば、同園には 40 歳未満の客にアピールするものがほとんどなく、若い客は姿を消していた。そこでフライデーロックという新コンセプトを導入し、若者を誘客した。Den Gale Pose（丁ヒップホップ歌手）と Hvid Sjokolade（丁ヒップホップ歌手）が同園でライブを実施した。

2000 年、約 100 年間、チボリ公園の過半数株式を所有していたカールスバーグ（Carlsberg：丁ビール大手）は株式売却を決めた。**米ディズニー社**と米歌手**マイケル・ジャクソン**の両方について様々な噂が広まり、チボリ公園が外国人に取られるという噂もあった。結局、丁タバコ会社のアウグスティヌス・ファブリカーが過半数株式の所有者になったため、同園はデンマーク人の元にとどまった。

2012 年、同園は**オンラインギャンブル**の**国家ライセンス**を取得し、2014 年に国際ライセンスを取得した。パーラーゲームは1843年以来、同園で行われてきた。デンマークで最初のスロットマシンのいくつかは1920 年代に同園に導入された。2018年、新しい 2 月のシーズンイベント「チボリの冬」が開業 175 周年記念の最初に上演された。

チボリ公園の業績（新型コロナウィルス前の 2019 年）

2020 年から新型コロナウィルス流行で大打撃を受けたため、その前の 2019 年の業績（表1）を、次に新型コロナ流行中の 2020 年以降の業績（表2）を見る。

2019 年の年次報告書[21]によると、連結収益は 2018 年の約 10.6 億 DKK（デンマーク・クローネ：1DDK=約 19 円：約 200 億円）に対し約 10.5 億 DKK（-1%）になった。収益

---

[21] TIVOLI, Annual Report 2019, 2023 年 2 月 11 日アクセス
https://www.tivoli.dk/da/om/virksomheden/aarsrapporter/2021

は 2018 年の水準で客単価増加とハイエンド事業の売上が増加した。同園の営業日数短縮、年間パスの導入、チボリカジノ（TivoliCasino.dk）運営のダンスケ・シュピルへの移管、ホールへの入場者減少で収益が減少した。総入場者数は 約 458.1 万人で、2018 年の約 485.4 万人を 6%下回った。2019 年の入場者数減少の原因は、(1)営業日が少ないこと、(2)ホールの稼働回数が少ないこと、(3)春と秋の雨である。2019 年の入場者数は<u>冬季約 20.3 万人、夏季約 276.3 万人、ハロウィン約 49.4 万人、クリスマスに約 105.2 万人、オフシーズン約 6.9 万人</u>だった。人件費およびその他の外部費用は 2018 年の約 8.3 億 DKK と比較して、合計約 8.4 億 DKK（+1%）だった。微増した費用は冬季に同園全体が営業していること、管理費増加、リストラ費用、撤退費用による。2019 年の EBITDA は 2018 年の約 2 億 2210 万 DKK（-8%）と比較して、2 億 530 万 DKK に達した。減価償却費、償却費および減損額は 2018 年の 9100 万 DKK（+8%）と比較して、2019 年の 1 億 1960 万 DKK に達した。報告された 2019 年の税引前利益は、2018 年の 1 億 2060 万 DKK に対して 2 億 910 万 DKK となり、2018 年の数値よりも 8850 万 DKK（73%）高くなり、同社史上最高額となった。

表 1 :[新型コロナ前] Financial Performance 2019（単位：DKKm）

	収入	EBITDA	税引前利益	営業活動によるキャッシュフロー
2015	948.0	163.0	64.1	148.2
2016	939.0	187.2	96.3	160.1
2017	938.5	189.3	100.5	188.8
2018	1,058.8	222.1	120.6	184.5
2019	1,051.3	205.3	209.1	189.4

出典：TIVOLI, Annual Report 2019, 2023 年 2 月 11 日アクセス

https://www.tivoli.dk/da/om/virksomheden/aarsrapporter/2021

表 2 :[新型コロナ後] Financial Performance 2021（単位：DKKm）

	収入	EBITDA	税引前利益	営業活動によるキャッシュフロー
2020	**477.7**	**-41.8**	**-185.1**	**-120.8**
2021	719.3	86.6	-47.6	164.3

出典：TIVOLI, Annual Report 2021, 2023 年 2 月 11 日アクセス

https://www.tivoli.dk/da/om/virksomheden/aarsrapporter

　新型コロナ流行前の 2015 年から 2019 年にかけて収入、EBITDA、税引前利益、営業活動によるキャッシュフローが右肩上がりに増えた。2020 年に始まる新型コロナ流行で 2020 年は大幅に減少し、2021 年に若干回復した（表 1・2）。

3.チボリ公園の動向（1990 年代以降）
市民参加方式で運営

　チボリ公園はコペンハーゲンの中央に位置し、1990 年前後の年間入場者は約 500 万人、1991 年で開業 148 年を迎えた。同園では夜になると 25 の娯楽施設やレストランが約 10 万個の電灯でライトアップされ、客は深夜12時の閉園まで絶えない。観光客だけではなく、市民のための憩いの場である。この公園の運営方法は市民参加方式という珍しい形態である。公園の運営そのものはチボリ社が担当しているが、**資本金 2040 万クローネ（約 4 億円）**の半分はコペンハーゲン市民を中心とした個人株主が出資しているため、「市民の公園」と呼ばれる。個人株主の楽しみは株主に与えられる入園無料などの特典と毎年クリスマス直前の金曜日に開かれる株主総会である。1000 人近い市民株主が園内のコンサートホールに集まる。温めた赤ワインを味わいながらの株主総会の議題は次年の公園運営で、株主から施設改善要求や新しい催し物などのアイディアが次々と出され、株主総会は深夜まで続く。同園の客には地元の高齢者や子供が多い。公園を支える市民の姿も観光客を引き付ける魅力と言われている[22]。

入園料 625 円、冬季は閉鎖

　1992 年 9 月に日本経済新聞の記者が同園を取材した。同園は、昼間は子供たちで賑わい、夜は大人向けの雰囲気に変わる。9 月に入って日は短くなっても暗くなるのは午後 8 時過ぎ（白夜）で、同園に点在する 25 のレストランや娯楽施設が一斉に電灯でライトアップされる。若者がジェットコースターに乗り、高齢の夫婦が中央の池のまわりを散策する。午後 10 時から野外ステージでショーが始まる。週 3 回は深夜の花火大会があり、午前零時に閉園する。同園は年間入場者 500 万人を超えるので、デンマーク国民が 1 年に 1 回は訪れる

---

[22] 1991/09/18 日本経済新聞　夕刊 15 頁「デンマーク特集——美しい古城残る童話の国、チボリ公園、市民の憩いの場。」

計算である。入園料 33 クローネ（約 625 円：2023 年 6 月の物価で計算）で、レストラン
で食事をしたり、食後の散歩を楽しんだりするのが、同市民に人気である。9 月中旬で公園
は一度閉鎖し、来年春まで冬休みである[23]。

二大人気観光地はチボリ公園とレゴランド

　1993 年、デンマーク観光局の広報担当官ニールセン氏は日本経済新聞の取材に対し、「デ
ンマークで観光客に人気があるところは 1 にチボリ公園、2 にレゴランド」と述べた。チボ
リ公園は同年で開業 150 周年を迎え、より賑わっていた。同年 6 月に開園 150 周年を記念
して同園の一角にチボリ博物館を開設し、ゆかりの品々を展示した。博物館だけ通年営業で
ある。人気のショッピング街ストロイエにはロイヤル・コペンハーゲンをはじめ、銀製品、
毛皮などの有名店が並ぶ[24]。

年間入園者数 400 万人、外国人約 4 割

　1994 年、チボリ本社によると、乗り物一日乗り放題チケット約 2000 円、入場者数約 400
万人（国民 6 割、外国人 4 割）で、コペンハーゲンの観光客の大半が一度は訪れる。リピ
ーターも多い[25]。

4.日本に倉敷チボリ公園開業
目標は「西のディズニーランド」

　日本の岡山県をはじめ世界の 20 数ヶ国がチボリ公園の誘致合戦を展開した。岡山県のチ
ボリ公園の建設地は旧国鉄の岡山操車場跡地のうち 16.8ha で、1988 年には取得交渉が進
行していた。それを運営するのは、誘致のために設立した第 3 セクター「センチュリーパ
ークチボリ」である。岡山市制 100 周年記念事業の柱で、地代を除く施設建設費だけで 300
〜400 億円を見込む。西のディズニーランドになることが目標である[26]。

---

[23] 1992/09/22 日本経済新聞　夕刊 11 頁「デンマーク特集——チボリ公園、市民の憩いの場、夜は
大人のムード。」
[24] 1993/10/25 日本経済新聞　夕刊 11 頁「デンマーク特集——観光、人気のチボリ公園、ブロック
のレゴランドも。」
[25] 1994/09/14 朝日新聞　朝刊 0 頁「2 つの文化圏の融合成るか（チボリと「チボリ」：2／岡山」
[26] 1988/11/21 東京読売新聞　夕刊 9 頁「［窓］岡山にも新しい夢の国「チボリ公園」の構想」

岡山県倉敷市に倉敷チボリ公園計画

　岡山県岡山市出資の第3セクターとチボリ社が1988年9月に基本契約を結んだ。全文は公表されていないが、1990年7月に岡山市議会で要旨が報告された。それによると、デンマークのチボリ社の義務（権利）として、⑴名称、商標、知的所有権、特許権、⑵チボリ社のデザイナー作成のマスタープラン、新たに開発されるアトラクション、施設、デザイン、⑶施設などの運営に必要な技術上の指示、援助、ノウハウ、などを定めている。1992年にカイサー社長は、「倉敷は文化的で、美しい街。倉敷に合う計画を作らなければ」「マスタープランはいずれチボリ公園に近づく可能性を残し、建て増しも考えられる。チボリ公園完成後はチボリらしさなど大きな課題がある」と述べた。チボリ社の自信の背景には歴史への誇りがある。チボリ本社のオーソン・ニールセン広報部長は「150年の歴史の中でナチスに施設を壊されたこともあった。直後にテントでレビューを開き、『負けるもんか』という気持ちで施設の再建にあたった」と述べた[27]。

ヨーロッパでもチボリ公園誘致計画浮上、日本から約2.2億円

　チボリ誘致計画はヨーロッパでも浮上していると言われていた。チボリのニルス・ヨーウェン・カイサー社長は「グローバルに余暇が増える時代。人がレクリエーションに使う時間が増え、中身が問われる」と述べた。同園の従業員数は開園中約2000人、28軒のレストランに延べ1万席、照明ランプ約11.1万個、花約40万本、樹木876本があり、1シーズンでパントマイム約240回、演奏や公演約1100回行われる。同園には客のきめ細かなニーズに応じる素地がある。倉敷チボリ公園を運営するチボリ・ジャパンの森義郎常務は「幅広い年代に配慮した、日本では新しいタイプの公園になる」と述べた。カイサー社長は「倉敷市への予定地変更は喜ばしい。文化的な都市だと思う。チボリはうまく溶け込むだろう」と述べた。両社は1994年に倉敷チボリ公園のマスタープランに合意した。開園までにチボリ・ジャパンがチボリ・インターナショナルに約2億2600万円を支払うと決まった[28]。

世界20ヶ国がチボリ公園を誘致

　1990年3月、東京ディズニーランド（TDL）の総合プロデューサーの堀貞一郎氏は日経流通新聞の取材に次のように答えた。「チボリ公園は日本のテーマパークとは考え方が全く

---

[27]　1994/09/15 朝日新聞　朝刊0頁「チボリガードの編成見送り（チボリと「チボリ」：3）／岡山」
[28]　1994/09/18 朝日新聞　朝刊0頁「多様なニーズにどう対応？（チボリと「チボリ」：5）／岡山」

違う。チボリ公園はコペンハーゲンにある150年の歴史を持った市民の公園。市民の公園と強調するのは、年間入場者数550万人中、地元の市民が250万人も含まれているからだ。これほど市民に親しまれている公園は世界中どこにもない。入場料は約500円。花をふんだんに植え、昼間は年配者が憩えるように工夫し、夜間は照明を効果的に使って美しさと楽しさを見事に演出している。レストラン、バー、ライブステージ、コンサートホール、屋外劇場など大人がゆっくりナイトライフを楽しむ施設も充実している。誘致に至るまで波乱万丈だった。チボリ公園が海外に進出するのは倉敷が初めて。世界20ヶ国との間で誘致合戦が繰り広げられた。その難しさはTDLを誘致した場合と全く同じだった。ただ今回はTDL誘致で様々なノウハウを蓄積していたのが大いに役立ち、デンマークのチボリ・インターナショナル社との間で最初に契約を結ぶことができた[29]。」

倉敷チボリ公園、1997年開業、2008年累積赤字143億円で閉園

倉敷チボリ公園は1997年に岡山県が主導して開園した。初年度は約300万人を集客したが、2007年度は75万人まで落ち込んだ。

そして2008年8月、倉敷チボリ公園を運営するチボリ・ジャパン（本社、岡山県倉敷市）は臨時株主総会を開催し、12月末の閉園と会社解散を正式決定した。官民が巨費を投じたチボリ公園事業は143億円の累積赤字を抱え、11年で閉園した。坂口正行社長は「入園者減少に歯止めをかけられず、公的支援も困難となり苦渋の決断に至った」と述べた。会長の石井正弘知事は解散に至り、チボリ事業を主導した岡山県として責任を痛感しているとし、「株主や岡山県民に深くおわびする。誠に申し訳ありませんでした」と頭を下げた。会社は2009年1月1日から清算会社となり、取締役が清算人となって清算作業を進める。坂口社長は再就職支援に全力を挙げると強調した。石井知事はクラボウで定期借地権契約の解約を申し入れると表明した。併せて同社の跡地開発で公園部分をできるだけ残してもらうよう要請する[30]。

5.考察

本章ではチボリ公園の歴史と1990年代以降の動きを考察し、次の点を明らかにした。

---

[29] 1990/03/17 日経流通新聞 7頁「ランドアソシエイツ社長堀貞一郎氏——岡山にチボリ公園誘致（インタビュー流通）」
[30] 2008/08/27 日本経済新聞 地方経済面 中国B35頁「チボリ株主総会、閉園と会社解散を決定、累積赤字143億円で幕。」

第1に、チボリ公園は1843年に創業者カールステンセンが国王の許可を受けて開業した。国王の許可が必要な理由は不明である。1845年に年パスを発売したことから、リピーターが多かったと推察できる。カールステンセンは5年間チボリのディレクターを勤め、プロイセンとの戦争に参戦した。第二次世界大戦中、デンマークはナチスに占領され、破壊工作を受け、チボリの大部分が焼失した。1951年にウォルト・ディズニーが訪問した時に、ウォルトが魅了されるレベルまで開腹していて良かった。ウォルトは欧米の多くのレジャー施設を見学して回ってディズニーランドに活かした。

　第2に、チボリは1994年にクリスマスイベントが初めて開かれるまで、夏季営業のみだった。1997年以来、庭園全体がクリスマスイベントに使用されるようになった。ヨーロッパのテーマパークは冬季に休業するケースが多い。同園は1994年からクリスマスイベントなど冬季営業を開始した。地球温暖化の影響か、寒冷地で冬季営業が可能になってきた。逆に熱帯性気候や亜熱帯性気候の国では、夏季に暑すぎて客数が減ってしまう。温暖湿潤気候の日本でも、夏に暑すぎるとプール、海水浴、テーマパークの客が減る傾向にある。

　第3に、年間入場者数が国の人口に匹敵するテーマパークとは初めて聞いた。人口500万人強のデンマークで、チボリ公園の入場者数が500万人というのは驚異的である。新型コロナ流行前、日本でTDR（TDL・TDS合計）の年間入場者数は3000万人強だった。規模が違うので直接比べられないが、同園の人気が分かる。

　第4に、約100年間チボリの過半数株式を所有していたカールスバーグが2000年に株式売却を決め、米ディズニー社とマイケル・ジャクソンが株式を取得する噂が流れた。ウォルトが同園を参考にしたと公言しているため、米ディズニー社が主要株主になる可能性はあったと筆者は推測する。マイケル・ジャクソンは大のテーマパーク好き、ディズニーランド好きで、自宅の庭をネバーランドというテーマパークにしたほどである。マイケル・ジャクソンは1993年に少年に対する性的虐待で訴えられ、真偽はどうであれ、その時から仕事が低迷し、資産を投資し始めたようだ。

　第5に、2012年にチボリはオンライン**ギャンブル**の国家ライセンスを取得し、2014年に国際ライセンスを取得した。この頃、世界的にカジノを含む統合型リゾート（IR）をめぐって国家戦略をどうするかがブームだった。中国でカジノ可能なマカオはラスベガスを売上で抜いてカジノ収入世界1位になった。カジノ経営は注目の業態だった。

　第6に、物価高の北欧の都市で大人625円（1992年の物価で33クローネ）とはお手頃価格である。年間の約半分が冬季休業しても500万人ということは、通年営業では1000万人程度となり、世界トップクラスの集客力である。ただし北欧の冬に屋外テーマパークは集

客しにくい。新型コロナ流行前の2019年の連結収益は約200億円だった。2019年の入場者数は冬季約20.3万人、夏季約276.3万人、ハロウィン約49.4万人、クリスマスに約105.2万人となった。冬季と夏季の差が極めて大きい。日本のテーマパークでは季節ごとの入場者数にこれほど差がつかない。同園の入場者は国民約6割、外国人が約4割である。参考までに、TDRの外国人比率は3～10％、日本人比率90～97％である。

第7に、同園はウォルトが参考にしたことでブランド力が上がり、20ヶ国以上から誘致を受け、日本の岡山県が射止めた。しかし倉敷チボリ公園が「西のディズニーランド」を目指して開業するも、初年度は約300万人を集客したが2007年度は75万人まで落ち込み、2008年に143億円の累積赤字を抱えて閉園した。これでチボリ公園のブランド力が落ちたのか、誘致されなくなったのか、懲りたのか、2023年現在、世界の他の場所にチボリ公園は開設されていない。おそらく日本にチボリ公園をつくればディズニーランドのように成功する見込みだったのだろう。前著（2013）『ディズニーランドの国際展開戦略』で「ディズニーランドをつくれば日米のように成功する」と思っていたことを「ディズニーランド神話」と定義した。

6.まとめ

チボリ本社のニールセン広報部長は「150年の歴史の中でナチスに施設を壊されたこともあった。直後にテントでレビューを開き、『負けるもんか』という気持ちで施設の再建にあたった」と述べた。日本は第二次世界大戦でナチスドイツと同盟国だったため、ヨーロッパに反日の人が多かったらしい。しかし1990年頃にはナチスと同盟国だったことについて何も問題にならなかったようだ。前著「中国編」（2023）の「短編6 大連の日本街『盛唐・小京都』と日本バッシング」で、旧満州国だった大連に京都をテーマにした複合商業施設を開業したところ、SNS等に批判が殺到して1週間で営業停止に追い込まれたことを明らかにした。中国でもナショナリズムか経済優先かで論争が起きた。この論争で「売国」という批判と、「営業できないと損をするのは中国人」という意見があった。確かに中国人が1000億円出資して、中国人が働く計画だったので、中国人が損をした。

過去の戦争問題を抱えた国々は世界中にたくさんある。今後、ある国で成功したテーマパークや商業施設の国際展開は盛んになるだろう。その際、過去の歴史問題によるわだかまりをどうするのか。経済優先なのか。国家と民族の誇りが優先なのか。ネット上に批判が沸き起こっただけで巨費を投じた事業を潰す必要があるのか。ネット上の批判は事前に想像がつく。煽り記事を真に受けて事業を断念する必要はないだろう。

第2章　ディズニーランド・リゾート・パリ

1.はじめに

　米ディズニー社は1972年に<u>世界21ヶ国からディズニーランド誘致</u>を受けていた。当時、ディズニー映画の興行成績は、1位から順にアメリカ、イギリス、西ドイツ、フランス、イタリア、日本であった。つまりアメリカ人以外のディズニー映画ファンのほとんどはヨーロッパに偏在していた。ディズニーランドの初海外進出をヨーロッパにすることで低リスク・高リターンにできるとされた。しかしTDLはオリエンタルランド（TDLを経営する企業）とのライセンス契のため、ビジネスチャンスが多い東京で米ディズニー社が何も事業をできないという失策だった。これを前著（2013）『ディズニーランドの国際展開戦略』で「オリエンタルランド・ショック」と定義した。米ディズニー社はこの失敗を受けて、次の国際展開では必ず米ディズニー社が直接経営すると決めた。その第1弾がユーロディズニーランドである。

　本章では、ユーロディズニーランド開業から現在までの経緯を考察する。ただし紙幅の都合で前著（2013）で書いたことは要点のみとし、本章では新規の事象を多く書く。

フランス共和国の概要

　フランス共和国[31]（French Republic）は人口約6790万人（2022年7月）、面積54.4万平方km²（本土、フランス国立統計経済研究所）、首都パリ、言語はフランス語、宗教はカトリック等、共和制、元首はエマニュエル・マクロン大統領（2017年就任）である。

外交・国防　国連を中心とした国際協調の重要性を主張する。欧州統合を積極的に推進し、EUを通じたフランスの影響力拡大を目指す。安保理改革については、日本の常任理事国入り及び安保理拡大を支持する。旧植民地を多く擁するアフリカに対して、アフリカ自身のイニシアティブを尊重する。安全保障に関して、核抑止力をフランスの安全保障の要石とし、その独自性は維持しつつ、欧州の防衛体制と対応能力の一層の強化・発展に注力する。2017年の戦略レビューにおいてフランスはNATOを「欧州の安全保障の要」と位置付け、NATOと両立した形でのEUの安全保障能力強化を推進する方針である。英国との防衛協力を推

---

[31] 外務省「フランス共和国」2023年4月19日アクセス
https://www.mofa.go.jp/mofaj/area/france/data.html

進する。イラクとシリアにおいて対 ISIL（The Islamic State of Iraq and the Levant：イラク・レバントのイスラム国）の空爆に参加した。2022 年のロシアによるウクライナ侵略以降、フランスは EU と NATO の枠組みを通じてロシアに対応しているが、ウクライナに対して防衛装備品を含む独自の支援を行っている。一方で、マクロン大統領はプーチン大統領との関係性を維持してウクライナとロシアの調停役を担っている。国防予算は約 500 億ユーロ（フランス軍事省、2021 年度、名目 GDP 比 2.01%）である。

経済　内需主導で緩やかな成長と、租税・社会保障負担率の高さや各種規制の強さがフランス経済の特徴である。慢性的な雇用問題を抱える（2022 年第 1 四半期の失業率 7.3%）。主要産業は、(1)自動車、化学、機械、食品、繊維、航空、宇宙・航空産業、原子力等の先端産業、(2)農業は西欧最大の規模である。総貿易額は輸出 5009 億ユーロ、輸入 5855 億ユーロ、輸出品目は農産品、化学製品、自動車、工業製品等、輸入品目は自動車、コンピューター・電子機器、工業製品、農産品等である。輸出相手国はドイツ、イタリア、ベルギー、スペイン等、輸入相手国はドイツ、中国、イタリア、ベルギー等である（2021 年、フランス税関）。

二国間関係　政治において日仏関係は**良好**である。経済関係も良好で、三菱自動車を含むルノー・日産アライアンス、トヨタ自動車の仏北部のヴァランシエンヌ工場での生産、ANAホールディングスや日本航空によるエアバス機（多くの日本企業が部品供給）購入など、自動車、航空機、原子力、デジタル、鉄鋼、食品等、様々な分野で日仏協力関係が進展している。670 社以上の日本企業がフランスに進出し、累計約 10.3 万人の雇用を創出している。フランスにとって日本はアジア最大の対仏投資雇用創出国である。毎年 7 月にパリで行われる世界最大級の民間主催の日本文化紹介行事「ジャパン・エクスポ」に 2019 年は約 25 万人が集まった。

ディズニーランド・パリの社史

　同社の社史は次のようになっている。1987 年、パリでユーロディズニーランド・プロジェクトの創設と運営に関する協定が調印された。建設は 1988 年に始まった。1992 年 4 月 1 日、RER のマルヌ・ラ・ヴァレ＝シェシー駅が開業し、パリから 35 分で到着するようになった。1992 年 4 月 12 日、ユーロディズニーランドが正式に開業した。1994 年、マルヌ・ラ・ヴァレ＝シェシーTGV 駅が開通した。現在 1 日 88 本の TGV 列車が乗り入れているこの駅は仏最大の TGV ハブとなり、毎日 54 の国内外の都市に向けて運行している。1999 年に第 2 パーク「ウォルト・ディズニー・スタジオ」計画が発表され、2002 年 3 月

にオープンした。1987 年協定の修正案が 2010 年にユーロディズニーグループ、フランス政府、イル・ド・フランス地域、セーヌ・エ・マルヌ県、マルヌ・ラ・ヴァレの都市計画当局の間で署名された。この修正案は、ユーロディズニーとフランスの公的機関で観光地とヴァル・デュロップの継続的な開発と、新しい観光地「ビレッジ・ネイチャー」の開発を規定し、2030 年まで継続する。2014 年、仏マヌエル・ヴァルス首相は自然複合施設の開発計画をユーロディズニーとピエール&バカンス・センターパークスで共同で行うと発表した。2015 年に大規模な改装と強化計画を開始した[32]。なお、ユーロディズニーを経営する会社をユーロディズニーS.C.A.（以降ユーロディズニー）という。

2.ユーロディズニー開業からの経緯
開業直後から人気低迷

　1992 年 4 月、ユーロディズニー開業に際して、アメリカ大衆文化のフランス進出に対する反発があり、仏国内ではディズニーランドの盛り上がりはいまひとつだった。しかし英独など外国人からの評判は上々で、欧州全体の新しい観光名所として定着し始めた。マスコミが相次いでユーロディズニーを取り上げたことで十分な話題性だったが、開業当初の入場者は意外に伸び悩んだ。30 万人以上を見込んでいた初日の入場者は、5−6 万人にとどまった。知識人や保守的な人々がユーロディズニーはフランス伝統文化への侵略という辛辣な批判を展開した。さらに天候不順、地下鉄のストなど悪条件が重なった[33]。

初年度赤字

　1992 年 7 月、ユーロディズニーは初年度決算で赤字の見通しとなった。4 月の開園から6 月末までの売上は 24 億 7500 万フラン（1 フラン＝約 25 円）に達したが、9 月末でしめる初年度決算で赤字になるのはほぼ確実となった。一部ではホテル料金の値下げや人員削減実施の懸念もあった。開園以来の入場者数は約 360 万人（一日平均約 3.5 万人）、フランス人は約 100 万人、残り約 260 万人は外国人で、英独からの客が最も多い[34]。

---

[32] Disneyland Paris, History, 2023 年 3 月 10 日アクセス https://disneylandparis-news.com/en/history/
[33] 1992/06/25 日本経済新聞　朝刊第 2 部 7 頁「第 2 部・フランス特集──ユーロディズニーランド、観光のメッカに新名所。」
[34] 1992/07/27 日本経済新聞　夕刊 5 頁「ユーロディズニーランド、初年度決算赤字に──地元フランスで人気薄。」

人員削減

1992 年 7 月、米ディズニー社はイマジニアリング社の社員 300−400 人を削減すると発表した。大型事業だったユーロディズニーランド完成に伴う処置である[35]。

同年 8 月、フランスの労組筋によると、ユーロディズニーは 5000 人の人員削減を実施する計画を立てていた。臨時雇いの季節労働者も含め、約 1.7 万人の従業員がおり、うち約 5000 人を削減する計画だった。フランスのマスコミや知識人の一部が「文化のチェルノブイリ[36]」とアメリカ大衆文化のフランス進出を非難していた[37]。

227 億円の赤字、ホテル稼働率 37%

ユーロディズニーの 1992 年度下半期（1992 年 10 月−1993 年 3 月期）の決算は 10 億 8100 フラン（約 227 億円：1 フラン＝約 21 円）の大幅赤字となった。冬季シーズンオフに重なり、赤字額は同期売上高の半分を超える規模で、入場者数 1100 万人を突破したが、そでも大赤字だった。開業初年度下半期の売上高は 17 億 9400 万フラン（約 376 億円）にとどまり、予測を大幅に下回った。1992 年 10 月−1992 年 3 月の 6 ヶ月間の入場者数 330 万人、隣接ホテルの稼働率は 37%と極めて低調だった。ユーロディズニーの収入に占めるテーマパークの入場料や関連収入は 66%、ホテル収入は 34%だった。ユーロディズニーは同年春からシーズン料金制を本格導入し、冬季には割引料金、夏季にも夜間特別料金を設けることで最大限の集客を目指す。**冬季の天候が厳しい欧州では大部分のテーマパークが冬期に休園**するが、ユーロディズニーはこの常識に挑戦して年間無休とした。人件費など固定費が膨み、高金利で借入金の金利負担が増えた[38]。

親会社に支援要請

1993 年 7 月、ユーロディズニーは親会社の米ディズニー社に支援を求めた。ユーロディズニーは開業 2 年目の業績も大幅な赤字が確実となった。第 2 パーク建設を抱え、多額の

---

[35] 1992/07/31 日本経済新聞　夕刊 5 頁「ディズニー、300-400 人削減——設計関係者、来月中旬メド。」
[36] 文化のチェルノブイリ：ウクライナのチェルノブイリ原子力発電所事故がヨーロッパ広域に放射能汚染をもたらしたことに例えられた。ディズニーランドというアメリカ大衆文化がヨーロッパ広域を汚染するという批判である。
[37] 1992/08/10 日本経済新聞　夕刊 3 頁「ユーロディズニー、人員 5000 人削減を計画——初年度赤字で合理化、ホテル閉鎖も。」
[38] 1993/05/10 日経金融新聞 8 頁「ユーロディズニー、初年度下半期、10 億 8100 万フランの赤字。」

投資資金を必要としていたが、業績低迷で資金計画が大幅に狂い、事業計画の見直しが必要になった。ユーロディズニーは固定費削減や第 2 パーク建設計画の規模縮小などを盛り込んだ事業計画案を 1994 年春に明らかにする[39]。

経営不振でユーロディズニー閉鎖報道

　1993 年 8 月、英日曜紙、サンデー・タイムズが「ユーロディズニーの閉鎖がありうる」と報じた。ブルギニョン会長はこの報道内容を否定し、冬季も年中無休体制を維持し、一時休業もないと発表した。ユーロディズニーは借入金の高金利が重く、もし金利が 1%下がれば 1 億フランが浮く。外国人客減少でホテル稼働率も期待通りに改善せず、収益悪化の一因となった。人件費を中心とした固定費削減以外に収益改善策が無かった。第 2 パーク建設工事の資金として 1994 年に 45 億フランから 60 億フランの新株発行を計画していた[40]。

金利だけで年間 440 億円

　ユーロディズニー開業以来、当初の期待と裏腹に赤字が膨らむばかりだった。不動産開発の失敗で財務体質が悪化したのが主因だが、欧州特有の文化土壌を無視するなど集客戦略の失敗もあった。ユーロディズニーの借入金残高は 210 億フラン（約 4620 億円）と、年間売上高（推定）の約 3 分の 1 に達した。金利支払い負担は年間 20 億フラン（約 440 億円）に上った。運転資金も不足して、米ディズニー社に資金援助を依頼せざるを得なくなった。開園以来の入場者数は 1500 万人とほぼ目標を達成したが、客単価は予想より低かった。関係者によると、入場料に飲食代などを加えた平均客単価は、当初見込んだ約 400 フラン（約8800 円）の 7 割程度（約 6160 円）だった。ホテル代も最低 550 フラン（約 1.2 万円）と割高で、稼働率は 68%と目標の 80%未満だった。習慣の違いで、欧州では夏の長い休暇を安上がりに過ごす点で、日米と習慣が異なる。フランス人の一日当たりのバカンス費用が日本人の 6 分の 1、アメリカ人の 4 分の 1 程度との調査結果もある。ヨーロッパ人は観光地で一度に贅沢な支出をしない[41]。

[39] 1993/07/16 日経金融新聞 5 頁「業績不振のユーロディズニー、親会社に支援求める——4・6 月も赤字に。」

[40] 1993/08/27 日経産業新聞 3 頁「ユーロディズニー、英紙が「閉鎖」報道——会長「年中無休貫く」。」

[41] 1993/09/13 日経産業新聞 3 頁「経営不振にあえぐ仏ユーロディズニー、「欧州の文化無視」響く。」

値下げと人員削減

　1993年10月、ユーロディズニーは経営不振のため大幅な人員削減に踏み切り、1.1万人の全従業員のうち950人を削減すると発表した。削減対象は事務と管理職で、特に管理職では全体のほぼ30％に当たる500人を減らす。正規雇用からハーフタイムへの移行、子会社や下請け会社への配置転換などの緩やかな手段を優先するが、削減規模が大きいため解雇も避けられない[42]。

ユーロディズニー閉鎖の危機

　米ディズニー社のアイズナー会長兼CEOは1993年の役員賞与を辞退した。賞与無しは1984年の会長就任以来、初めてとなった。ユーロディズニーの赤字対策により、1993年度純利益が約3億ドルと1992年度から5億ドル以上落ち込んだため、経営責任をとった。アイズナー会長は「交渉中のフランスの銀行からの融資がまとまらなければユーロディズニー閉鎖もあり得る」と1993年末に仏誌に語った[43]。

ユーロディズニー再建とサウジアラビアのアルワリード王子

　1994年8月、ユーロディズニーが経営再建のため払い込みで実施する60億フラン（約1140億円：1フラン＝約19円）の増資の応募結果がまとまった。60億フランのうち、米ディズニー社が当初の予定通り、49％に相当する29億フラン強相当の株を引き取る。日米欧の銀行団が引き受けた30億フラン強(51％)については、個人など既存の一般株主が18.5億フラン分購入した。米ディズニー社を含め、既存株主が増資新株の8割を買い取った。銀行団の引き受け分の中で売れ残る約11.8億フラン分は、サウジアラビアのアルワリード・ビン・タラール王子（中東のウォーレン・バフェットと呼ばれる投資家）がすべて買い取る予定で、銀行団が売れ残り株を抱え込む心配はなくなった。株の額面は5フランで、増資新株は一株10フランで6億株売り出し、額面との差額である増資プレミアム（一株当たり5フラン、計30億フラン）は、ユーロディズニーの累積損失解消に回した。増資後の発行済み株式数は約7.7億株になった。増資には日米欧の債権銀行団約60行（邦銀は16行）のうち、55行前後（同10行強）が3億株強の引き受けに参加する。まとめ役のパリ国立

---

[42] 1993/10/20 日経産業新聞3頁「ユーロディズニー、冬季ホテル料金下げ――不振打開へ950人削減も。」

[43] 1994/01/05 日本経済新聞　夕刊3頁「米ディズニー会長、経営不振で賞与辞退。」

41

銀行（BNP）などが既存株主に新株購入を促進し、応募分は約1億8500万株で、銀行団引き受け分の6割に当たる。残り4割（約1億1860万株）を買い取るのは同王子で、同王子は増資後にユーロディズニーに最大24.5%（1億8850万株）まで出資する方針である[44]。

賃上げ交渉決裂でストライキ

業績が回復してきた1999年12月、ディズニーランド・パリがクリスマスから年末にかけてストライキを実施する可能性が大きいと報道された。ユーロディズニーと労働組合が年末の勤務に対するボーナスと翌年の賃上げ交渉で決裂したからである。大晦日には準備に1年以上かけたミレニアムパーティーを予定していた。労働組合は大晦日の勤務に対し2000フラン（約3.2万円）の臨時ボーナスと3日間の振替休暇を要求した。経営陣は休暇を認めたが、ボーナスは700フランと回答した[45]。

2000年代、再び低迷して再建策

同社の2002年10−12月期売上高は2億6220万ユーロ（約338億円）で前年同期比16.1%の増収となった。約6億ユーロを投資した第2パークと併設ホテルなど宿泊部門の売り上げも伸びた。滞在の長期化と客単価向上を目指す戦略は正しいとの評価を得た[46]。

しかし2004年6月、ユーロディズニーは債権者の銀行団と経営再建策で合意した。約24億ユーロの債務を抱え、過去10年間で2回目の救済となった。経営難は約6億ユーロを投資して2002年に開業した第2パーク「ウォルト・ディズニー・スタジオ」の不振が響いていた。滞在の長期化と客単価向上を目指す戦略が成功していない[47]。

敵対的買収の計画浮上

2006年12月、スイスの娯楽企業センターテイメントはユーロディズニーの株式の過半を取得するため、株式公開買い付け（TOB）を実施すると発表した。ユーロディズニーは

---

[44] 1994/08/08 日経金融新聞5頁「仏ユーロディズニーの増資、既存株主が8割応募——銀行団引受の4割サウジ王子買う。」
[45] 1999/12/22 日本経済新聞　夕刊2頁「仏のディズニーランド、賃上げ交渉決裂で年末ストの可能性。」
[46] 2003/04/02 日経金融新聞8頁「ユーロディズニー——赤字見通しで安値、イラク戦争も影落とす（銘柄点検欧州）」
[47] 2004/06/11 日経金融新聞7頁「ユーロディズニー、再建へ資本増強330億円——債権団と合意。」

具体的な協議は無いと発表した。センターテイメントは業界でまったく無名で、敵対的買収と明言したが、買収実現について懐疑的な見方が多かった[48]。

　フランスの金融市場庁はスイスのセンターテイメントから TOB に必要な書類が提出されていないことを明らかにした。センターテイメントの TOB 趣意書の提出期限は同月 4 日で、期限を過ぎると、同社による同様の提案は 6 ヶ月間禁じられる[49]。

　このようにユーロディズニーは敵対的買収の危機にさらされた。世界的な金余りの 2000 年代半ばの出来事だったので、売名行為に使われたのではないか、と筆者は感じる。

有名歌手のコンサートや国際試合で来仏した選手が来場

　2007 年 7 月、米歌手マライア・キャリーがディズニーランド・パリでコンサートを行った[50]。同年 9 月 24 日、2007 ラグビーW 杯に出場しているサモア代表は休息日にディズニーランド・パリに来た。サモア代表は 26 日にサンテティエンヌで 1 次リーグのアメリカ戦がある[51]。同年 10 月 17 日、南アフリカ代表との 2007 ラグビーW 杯準決勝に敗れたアルゼンチン代表選手たちはディズニーランド・パリを訪れた。アルゼンチン代表は同月 19 日に行われる 3 位決定戦でフランス代表と対戦する[52]。このように有名歌手のコンサート等による広報手段を取るようになったと思われる。

米ディズニー社がユーロディズニーを買収か

　2012 年 8 月、米ディズニー社はユーロディズニーを買収する可能性を探る内部協議をしていた、と米タイム誌が米ディズニー社に詳しい複数の人物の話として報じた。米ディズニー社はユーロディズニー株を 40%保有する[53]。

---

[48] 2006/12/01 日本経済新聞　朝刊 7 頁「ユーロディズニー、敵対的 TOB の標的に、無名のスイス企業が表明。」
[49] 2006/12/06 日本経済新聞　朝刊 9 頁「ユーロディズニー、敵対的 TOB 免れる。」
[50] 2007/07/01 AFPBB NEWS/AFP 通信「マライア・キャリー、ディズニーランド・パリでコンサート開催」
[51] 2007/09/25 AFP BB/News「サモア代表　ディズニーランド・パリを満喫」2023 年 3 月 8 日アクセス https://www.afpbb.com/articles/-/2288447
[52] 2007/10/17 AFP BB/NEWS「アルゼンチン代表　ディズニーランド・パリを満喫」2023 年 3 月 8 日アクセス https://www.afpbb.com/articles/-/2299121
[53] 2012/08/27 ダウ・ジョーンズ米国企業ニュース「DJ―ディズニー、仏ユーロ・ディズニー買収巡り内部協議」

サウジアラビアの王子、約20億円で3日間貸し切り

2013年5月22〜24日（水・木・金）、サウジアラビアのファハド・サウド王子がディズニーランド・パリを1500万ユーロ（約19.6億円）で3日間貸し切りにして楽しんだと、AFP通信が施設関係者の話として伝えた。同王子は「学位取得のお祝い」として施設全体を借り、知人約60人を招いて、レアなディズニー・キャラクターが登場する特注のイベントで盛り上がった。警備面でも特別態勢が敷かれた[54]。

フランス人客5割、外国人客5割

2000年代以降、ディズニーランド・パリは集客をヨーロッパに広げ、多言語で対応し、様々な料金システムを導入するなど努力の結果、経営が軌道に乗ってきた。HPのトップページに仏語、英語、独語、西語、伊語、蘭語、デンマーク語、スウェーデン語のタブがある。さらに仏語のページは首都圏在住者、それ以外の地域の在住者、ベルギー在住者、スイス在住者と居住地別に分かれており、居住地ごとに旅行パッケージを提案する。来場者の半分がフランスから、残りがヨーロッパを中心とした外国からである[55]。またディズニーランド・パリのHPから各言語のサイトに飛ぶと、その国の居住者向けの観光プランが提示される。ディズニーランドを誘致したフランス政府や地元自治体は、ディズニーランド・パリは大成功だと言う。その一因が雇用創出（12年間で1万4700人が雇用され、その**9割が正規雇用**）で、慢性的に高失業率に悩むフランスにとって大きな貢献である。もう一つが外国人観光客の多さで、外貨獲得につながっている。ディズニーランド・パリに来た外国人観光客のうち3人に1人はパリも観光している[56]。

入場者数減少で米ディズニー社が1370億円増資

2014年10月、ユーロディズニーは入場者数減少による赤字拡大に見舞われ、米ディズニー社はユーロディズニーを救済する計画を発表した。米ディズニー社は総額10億ユーロ（約1370億円）相当の増資を引き受ける。具体的には、ユーロディズニーが4.2億ユーロの株主割当増資を実施し、ディズニー社に対する6億ユーロの債務を株式化する。米ディ

---

[54] 2013/06/06 朝日新聞　朝刊13頁「サウジ王子、ディズニー3日貸し切り　学位取得祝い、20億円豪遊」
[55] 参考までに、TDLの2011年は入場者の98.7%が日本人、うち70.2%が関東圏の在住者で、リピーター率が高い。
[56] 豊永真美（2013）「連載グローバル・マーケティング・フォーカス【第26回】パリのディズニーランド　〜集客を国外に求める〜」『ジェトロセンサー』2013年4月号40-41頁

ズニー社はユーロディズニー株（時価総額約 1.1 億ユーロ）の 40%弱を保有している。ユーロディズニーの 2014 年 12 月期の純損失は 1.1 億～1.2 億ユーロを見込む（前年は 7800 万ユーロの赤字）。売上高 12.7 億～13 億ユーロと前年比 1-3%減少する。入場者数は前年 1490 万人だったが、1410 万～1420 万人に減少すると予想する[57]。

　ユーロディズニーは不人気のイメージであるが、このように 2013 年は入場者数 1490 万人と TDL・TDS に負けず劣らずの集客力である。ただし客単価が東京より低いのである。

イスラム国のパリ同時多発テロ事件で観光業が大打撃

　2015 年 11 月 13 日に過激派組織「イスラム国（Islamic State: IS）」によるパリ同時多発テロ事件が起こり、観光業は大打撃を受けた。エッフェル塔やルーブル美術館など観光名所は事件後一時閉鎖されたが、再開した。ディズニーランド・パリは同月 17 日まで閉鎖した。16 日のパリ株式市場ではエールフランス、パリ空港公団、ユーロトンネル、ホテルグループのアコーなどが軒並み急落、4%超の下落で取引を終えた。訪仏外国人観光客は毎年のように世界最高を記録しており、2014 年は 3220 万人がパリを訪れた[58]。

直営ホテルで拳銃とイスラム教のコーランのコピーを持った男逮捕

　2016 年 1 月、ディズニーランド・パリの直営ホテルで拳銃 2 丁とイスラム教の聖典「コーラン」のコピーを持った男が逮捕された、と仏警察が発表した。2015 年のパリ同時多発テロで 130 人が殺害され、厳戒態勢が続いていた。当局によると、逮捕されたのは 28 歳のヨーロッパ出身の男で、銃はコーランと一緒に鞄の中に隠していた。仏内務省によると、警察は男と行動を共にしていたとみられる女を捜索している。ディズニーランド・パリの広報担当、フランソワ・バノン氏は、ホテルの入口で金属探知機が反応し、鞄の中から銃が見つかったと説明した[59]。

米ディズニー社、パリと香港の入場者数減少で減収

　米ディズニー社の 2016 年 7-9 月期決算は、売上高が前年同期比 3%減の約 131.4 億ドル

---

[57] 2014/10/06 ダウ・ジョーンズ米国企業ニュース「DJ－パリのディズニーランド、入場者数減少で米親会社が救済へ」
[58] 2015/11/17 ロイター「〔アングル〕パリ攻撃事件で頭抱える観光業、クリスマス目前に影響未知数」2023 年 3 月 13 日アクセス https://www.reuters.com/article/france-shooting-tourism-idJPL3N13C21M20151117
[59] 2016/01/29 ロイター通信ニュース「仏ディズニーのホテルで拳銃所持の男逮捕」

（約1.4 兆円）、純利益が 10%増の約 17.7 億ドルだった。テーマパーク部門の売上高は 1%増の 43 億 8600 万ドル、営業利益は 5%減の約 7 億ドルとなった。上海ディズニーリゾートは好調だったが、香港とパリのディズニーランドで入場者数などが減少した[60]。

IS がフランスで同時多発テロ計画、ディズニーも標的か

　2016 年 11 月、フランスで同時多発テロを計画した疑いで容疑者 7 人が拘束され、仏検察のモランス検事は記者会見した。同検事によると、7 人のうち 5 人が IS から指示を受け、12 月 1 日にテロを実行する予定だった。5 人は収監され、予審判事が取り調べを始めた。同検事によると、5 人はシリア、イラク国境付近に滞在する IS 戦闘員から暗号処理を施した携帯電話のメッセージを頻繁に受け取っていた。関係先から自動小銃や多数の銃弾などが押収され、携帯電話やパソコンから「IS に忠誠を誓う」「殉教の決意は固い」という文面が見つかった。テロの標的は特定されていないが、パリ周辺の警察署、治安部隊の拠点など 10 ヶ所以上の写真を共有し、テロを実況中継する計画まで立てていた。一部のメディアは都心のシャンゼリゼ通り、近郊のテーマパーク、ディズニーランド・パリも標的だった可能性があると報じた。5 人の国籍はフランス、チュニジア、モロッコで、19 日から 20 日にかけて 4 人が東部ストラスブール、1 人が南部マルセイユで拘束された[61]。

米アクティビストがユーロディズニーの不正会計操作を指摘

　2016 年 11 月、ユーロディズニーのアクティビスト（物言う株主）がパリ同時多発テロ後に計上した費用について、「不正な会計操作」に当たると指摘した。米ワイザー・プラッテ・マネジメントを率いるアクティビスト、ガイ・ワイザー・プラッテ氏はユーロディズニー宛ての書簡で、ユーロディズニーが同月 5 億 6500 万ユーロ（約 680 億円）の減損費用を計上したことについて、同社の株価を下落させることと、同社の過半数株式を保有する米ディズニー社に完全な支配権を握らせることが目的だったと批判した。これに対し、ユーロディズニーの広報担当者は「ワイザー・プラッテの公開書簡に記されていることは誤っており、事実無根」と反論した。この減損費用はパリの観光業界の経営環境悪化によると説明し

---

60 2016/11/1 日本経済新聞電子版ニュース「米ディズニー6 年ぶり減収　7〜9 月、テレビ事業不振」
61 2016/11/26 毎日新聞　夕刊 2 頁「フランス：テロ未遂　IS 指示、来月 1 日実行　ディズニーも標的か」

た。米ディズニー社はコメントの要請に応じなかった[62]。

米ディズニー社、ユーロディズニーに 1800 億円出資

　2017 年 2 月、米ディズニー社はユーロディズニーへの出資を拡大する。業績が低迷しているユーロディズニーの施設拡充や債務削減に向け、最大 15 億ユーロ（約 1800 億円）の資本増強を支援する。米ディズニー社によると、サウジアラビアのアルワリード王子の投資会社キングダム・ホールディングが保有するユーロディズニー株の 9 割をディズニー株に交換した。米ディズニー社は 1 株につき 2 ユーロでキングダム社からユーロディズニー株を取得し、出資比率を 76.7%から 85.7%に上げ、残りの全株を 1 株 2 ユーロで買い付ける。この価格は 9 日終値に 67%上乗せした水準である。95%以上の株式を確保できれば、ユーロネクスト・パリ証券取引所で売買されているユーロディズニー株の上場を廃止する[63]。

2600 億円でスターウォーズやアナ雪アリア増設

　2018 年 2 月、米ディズニー社はディズニーランド・パリに 20 億ユーロ（約 2600 億円）投資すると発表した。SF 映画「スターウォーズ」をテーマにしたエリアなど増設する。拡張計画は 2021 年開始でアニメ映画「アナと雪の女王」やマーベルのキャラクター「スパイダーマン」「X-MEN」などをテーマとしたエリアも設ける。マクロン仏大統領は大統領府で米ディズニー社のボブ・アイガーCEO と面会し、この投資はフランスへの「非常に強力なコミットメント」と称えた[64]。

ノートルダム大聖堂再建に 5.6 億円寄付

　2019 年 4 月、米ディズニー社は火災に見舞われたパリのノートルダム大聖堂の再建に向け、500 万ドル（約 5.6 億円）を寄付すると表明した。同社はアニメ映画「ノートルダムの鐘」（1996 年）で推定約 3 億 2500 万ドル（約 **364 億円**）の興行収入を上げた。ボブ・アイガーCEO は「ノートルダムはパリの心とフランスの魂を数世紀にわたって明確に定め、

---

[62] 2016/11/28 ダウ・ジョーンズ新興市場・欧州関連ニュース「DJ－アクティビスト、ユーロディズニーの不正会計操作を指摘」
[63] 2017/02/11 ダウ・ジョーンズ新興市場・欧州関連ニュース「DJ－ディズニー、「ディズニーランド・パリ」運営子会社への出資拡大」
[64] 2018/02/28 AFP BB/News「仏ディズニー、「スター・ウォーズ」エリアなど増設へ 2600 億円投資」2023 年 3 月 8 日アクセス https://www.afpbb.com/articles/-/3164419

希望と美の象徴である。その美術と建築、そして人類の歴史における不朽の場所として人々に畏怖と崇敬の念を抱かせてきた」と述べた[65]。

宿泊イベント

2019 年 6 月、ディズニーランド・パリで開園以来、初めて宿泊イベントが開催された。3.8 万人の中から当選した若いベルギー人カップルが宿泊した。2 人はディズニーキャラクターと対面し、特製のテントで夜を過ごした[66]。

価格等は不明だが、客単価を上げる戦略の一環と思われる。今後も閑散期に実施するのではないか。ただしテント泊なので温暖な季節限定だろう。パリ周辺の冬は東京より寒い。

新型コロナウィルス流行で閉園し 9 割減益

米ディズニー社の 2020 年 1-3 月期の純利益は前年同期比 92%減の 4.6 億ドル（約 490 億円）だった。テーマパークや映画館の閉鎖など、動画配信を除く大半の事業で新型コロナの影響を受けた。稼ぎ頭だったテーマパーク部門の売上高は 55 億 4300 万ドルと 10%減り、営業利益は 58%減の 6 億 3900 万ドルに落ち込んだ。コロナ対策で同年 1 月下旬に上海と香港のディズニーランドを閉鎖し、3 月半ばに米カリフォルニア州やフロリダ州、パリのディズニーランドを閉鎖した。米ディズニー社は幹部の報酬を削減し、4 月下旬からテーマパークや映画に携わる 10 万人規模の従業員を「furlough（ファーロー）」という無給の休業扱いにした[67]。

4.考察

本章では、ユーロディズニーランド設立からの経緯を考察し、次の点を明らかにした。

第 1 に、ユーロディズニー開業前後にマスコミが相次いでユーロディズニーを取り上げたことで話題性は十分だったが、開業当初の入場者数は意外に少なかった。初年度から赤字で 5000 人を削減した。開業から絶好調だった東京と大きく異なる。同じノウハウのはずが、

---

65 2019/04/18 AFP BB/News「米ディズニー、ノートルダム再建に寄付表明 5.6 億円」2023 年 3 月 8 日アクセス https://www.afpbb.com/articles/-/3221290
66 2019/06/21 ロイター通信ニュース「ディズニーランド・パリで初のお泊りイベント」
67 2020/05/06 日本経済新聞電子版「ディズニー1〜3月、パーク閉鎖で 9 割減益　上海は 11 日再開」

48

なぜこのような差が出たのか。禁止してきたアルコール類を販売開始し、フランスに合うよう現地化を開始した。

　第2に、知識人や保守的な人々が「フランス伝統文化への侵略」「文化のチェルノブイリ」と批判した。フランスは反米の人が多いらしい。日本は戦争でアメリカから大きな攻撃を受けたが、TDL開業の1983年の時点で反米思想を持って批判する知識人はほぼいなかったと思われる。もしいたとしても報道されなかったので、大きい影響はなかった。歴史問題を抱える2ヶ国間でテーマパークが進出する際、反対や批判があることは今後もあるだろう。

　第3に、ユーロディズニーの経営不振の中、米ディズニー社はアジアや中南米へのディズニーランド展開計画を立てていた。米ディズニー社はユーロディズニーの不調をフロリダ州のディズニーワールドの好調で相殺した。TDRはアトラクションやパレード等の追加投資をオリエンタルランドが支払うが、ディズニーランド・パリでは米ディズニー社に支払ってもらった。今後は自力で新規アトラクション等に出資できるようになりたい。裕福で強大な親の庇護にあって自立できない子供のようになっていないだろうか。

　第4に、サウジアラビアの王子が2013年5月22～24日（水・木・金）に私的なお祝いで、約20億円で3日間貸し切った。派手なセレブが経済力を誇示する場になったと言える。3日間の通常営業よりも効率がいいのだろう。イスラム教徒にとって金曜日が安息日で休みである。パリ周辺の5月は東京の4月のような天候である。冬季は寒すぎて集客が難しい。フランスでは5月から繁忙期が始まる。繁忙期に3日間貸し切りに応じるのは東京では考えられない。3日間で20億円なら、貸し切ったほうが効率よく稼げるのだろう。

　第5に、ディズニーランド・パリは集客重点地域をヨーロッパに広げ、多言語対応した結果、来場者の半分がフランス人、残りがヨーロッパ中心に外国人である。TDRの入場者数は9割以上が日本人で、外国人は1割に満たない。外国人観光客が多いと外貨獲得につながる。ディズニーランド・パリの外国人観光客のうち3人に1人はパリの観光もしている。ヨーロッパの中で経済的に上位の国からの観光客が多い。ディズニーランド・パリで消費し、さらに物価の高いパリでも観光できるということは、裕福な人が多い。

　第6に、2010年代後半にディズニーランド・パリがイスラム過激派の標的にされた可能性が指摘されている。前著（2013）を書いていた時には無かった出来事である。2016年にディズニー直営ホテルで拳銃2丁とイスラム教の聖典「コーラン」のコピーを持った男が逮捕された。さらにISがフランス同時多発テロを計画した2016年、ディズニーランド・パリや郊外のテーマパークも標的にされていた可能性が報じられた。ディズニーランドは

アメリカ経済の象徴で、幸せな家族のレジャーの象徴である。ディズニーファンが多いので、もしディズニーランド・パリを攻撃すれば多くの人に衝撃を与えられる。フランスでのテロなのに、アメリカ人にもショックを与えられる。今後、警備が重要となり、高額の警備費を計上する必要がある。2010年代に世界が抱えた問題をディズニーランド・パリも抱えた。

第7に、ユーロディズニーのアクティビスト（物言う株主）がパリ同時多発テロ後に計上した費用を不正な会計操作と指摘した。前著（2013）を書いた時はディズニーがアクティビストのターゲットになったことは無かった。ディズニーランドは目立つ存在なので小さいミスでも指摘されやすいのだろう。

第8に、ユーロディズニーの従業員の約9割が正規雇用されている。日本では『9割がバイトでも最高のスタッフに育つディズニーの教え方』（2010）という書籍がヒットした。日仏で正規雇用と非正規雇用の比率が1対9で正反対となる。日本では接客スタッフが条件の良い正規雇用というケースは稀である。

5.まとめ

前著（2013）で、ディズニーランドをつくれば日米のように成功するという神話を「ディズニーランド神話」と定義した。期待された割にユーロディズニーは振るわなかった。これを「ユーロディズニー・ショック」と定義した。ユーロディズニー・ショックはディズニーランド神話を崩壊させた。そのため香港や上海への展開に慎重になったはずである。TDLの成功は米ディズニー社のコンテンツや運営ノウハウよりも、オリエンタルランドの貢献が大きい。TDLの成功は、ディズニーランドの実力の賜物という勘違いをもたらした。TDLの成功はオリエンタルランドの努力の賜物である。米ディズニー社のトップマネジメントの傲慢発言は、たびたび批判されている。

ユーロディズニーは失敗と思われているが、ユーロディズニーの開業初年度（1992年度）の入場者数は1500万人と、TDL・TDSよりも多い。TDL開業年度の1983年の入場者数は1000万人強だった。ユーロディズニーは世界トップクラスの集客力である。実態以上にユーロディズニーの失敗が指摘されることを「ユーロディズニー失敗説」と筆者は定義する。ヨーロッパ人が飲食と物品販売にそれほど支出しないため、客単価が低く、全体の売上が低いからだろう。ヨーロッパ人はアメリカ人ほど飲食に支出せず、日本人ほどグッズやお土産を買わない。そのため入場料収入以外が少ないのだろう。

短編1　フランスのフュチュロスコープ

1.はじめに

　フランスではディズニーランド・パリよりもフュチュロスコープ（Futuroscope）が人気と言われている。今ではフュチュロスコープはカンパーニュ・デ・アルプス社（世界ランキング10位、2011年）に運営されている（序章）。本編では、フュチュロスコープの成功の経緯を考察する。

2.フュチュロスコープの概要

　同園の公式サイト[68]（英語版）によると、フュチュロスコープは1987年にフランスで設立された最初のテーマパークである。レジャーと教育を合わせた独自の位置付けである。フランス初のダイナミックシネマと3D/4D効果のアトラクションが設置されている。来場者の50%が2日間滞在し、同園周辺に1700超のベッド数のホテル、複合商業施設と独自のツアー事業「Futuroscope Destination」を擁する。同園は現在、年間収益の50%以上をホテルおよびケータリング事業で得ている。フュチュロスコープは2011年にカンパニー・デ・アルプス（Compagnie des Alpes）に統合された。同園はファミリー・アミューズメントパークとして設計された。同園は2020年に初のジェットコースター「Objectif Mars」を導入した。これは創設以来最大の2000万ユーロ（約30億円）の投資となった。フュチュロスコープはその子会社「フュチュロスコープ・メンテナンス&開発」を通して技術と専門知識を強化する。同社は技術コンサルティング、研究開発、メンテナンスを行う。創業以来、フュチュロスコープは来場者に環境問題を提起してきた。900平米のソーラーパネル、同園のサービス車両の75%が電気自動車、レストランの原材料の75%が同園から250km以内で調達されている。これらの取り組みで2019年1月にISO50001環境認証を取得した。2020年12月、ヴィエンヌ県、カンパニー・デ・アルプス社、預金供託銀行は同園に今後10年間で3億ユーロ（約450億円）投資し、全欧規模のリゾートとテーマのある屋根付きウォーターパークを建設すると発表した。このプロジェクトで750人の雇用（直接および

---

[68] Compagnie des Alpes, FUTUROSCOPE, 2023年3月20日アクセス
https://www.compagniedesalpes.com/en/les-marques/futuroscope

間接)につながる計画である。同プロジェクトは同グループのCSRへの取り組みの象徴で、エネルギーへの影響、直接的な二酸化炭素排出量、および資源管理の点で理想的である。

カンパニー・デ・アルプス社の概要

　フュチュロスコープを経営するカンパニー・デ・アルプス[69]（Compagnie des Alpes: CDA）は1989年設立、現在ヨーロッパのレジャー業界のリーディング企業で、仏アルプス地方で最大のスキーリゾートを運営する会社である。同社は地域に根ざし、パートナーと5000人の従業員を擁する。専門子会社を通して宿泊施設や小売業などの新事業に進出してきた。世界各地でサポートやコンサルティング契約で最先端の専門知識を輸出している。

カンパニー・デ・アルプス社の歴史

　同社の「社史[70]」によると、カンパニー・デ・アルプス社は1989年にフランスの預金供託金庫によって仏スキーリゾート回復のために創業された。1990年と1991年に同業者を買収した。1994年に**パリ証券取引所第二部**（中規模企業向け）に上場した。1996年に同社初の外国事業としてイタリアに進出した。その後も国内やスイスの同業者を買収または経営統合して拡張してきた。

　2002年に蝋人形館を運営するグループ・グレヴァン・エ・シエの有効的買収を実施した。同社はグレヴァン美術館（蝋人形館）、アステリックス・パーク、フランス・ミニアチュール、サン・マロのグランド水族館、ミニシャトーパーク、ロワール渓谷の水族館、フランスのバガテル、アヴォントールンとドルフィナリウム、ドイツのフォートファンを有する。2003年にスイスのアクアパークを経営統合した。2004年に独パノラマパーク、英プレジャーウッドヒルズ、スイスのスキー場を買収した。株式の13%をアルプス地域に感心のある銀行3行に売却し、出資比率が53%から40%になった。2005年にオランダのレジャー施設を含む7つのレジャー施設を買収した。2010年に中長期の銀行債務を借り換え、資本を1億ユーロ増やし2億ユーロの社債を発行する。2011年、ロシアとモロッコの会社とプロジェクト管理、運営支援、コンサルティング契約を結んだ。ロシアではソチ五輪の会場となったスキー場、モロッコではカサブランカのレジャー施設と契約した。2011年、フュチ

---

[69] Compagnie des Alpes, About Us, 2023年3月20日アクセス
https://www.compagniedesalpes.com/en/group
[70] Compagnie des Alpes, OUR HISTORY, 2023年3月20日アクセス
https://www.compagniedesalpes.com/en/group

ュロスコープを統合し、7つの非戦略的なパークを売却した。2013年、カナダにグレヴァ
ン蝋人形館を開業した。日本のマックアースグループと戦略的提携を結び、露モスクワの3
つのスキー場と基本計画を結び、中国のThaiwooグループを支援する契約を結んだ。2014
年にチェコのプラハにグレヴァン蝋人形館を開業した。2015年に韓国ソウルにグレヴァン
蝋人形館を、モロッコにレジャー施設を開業し、4つのレジャー施設を売却した。2016年
に中国子会社設立、アステリックス・パークにホテル増築など拡張した。2017年に独フォ
ートファンを売却し、2019年にオーストリアを代表するテーマパークの「ファミリーパー
ク」を買収し、ベルギーにウォーターパークを開業した。

　2020年にフュチュロスコープ2025開発計画を発表した。2022年時点で同社グループは
毎年数百万人の来場者、12のテーマパークと220のアトラクション、80の飲食店、74の
小売店、5つのテーマホテル、オンシーズンに従業員約5000人を擁する。スキー場ではゼ
ロ・カーボンを目指す。

3.フュチュロスコープ拡張の経緯
第3セクターで予想以上の大成功

　1987年に映像による未来体験を売りにしたテーマパーク「フュチュロスコープ」が仏南
西部ヴィエンヌ県のポワティエ市近郊に開業した。地方自治体が独自に開発したテーマパ
ークで、先端技術を駆使した多彩な映像体験が受け、入場客は順調に増えている。1992年
は130万人が訪れ、1993年はシーズン半ばで100万人を超えた。あまりの人気に営業時間
を延長した。地元の関係者にとって期待以上の成功となった。同園はヴィエンヌ県が地域再
開発の中核施設として総額11億フラン（1フラン＝22円：**242億円**）を投じて開発した。
民間資本を導入して第3セクター方式で運営しているが、同県が70%の出資比率を維持す
る。敷地面積30haの同園にヨーロッパ最大（600平米）の巨大スクリーン、360度のスク
リーンや三次元映像を体験できる映画館など8つの主要ビジュアル施設がある。同園が最
終的に完成するのは1995年で、それまで毎年1億フランを投じて施設拡充を続ける。人気
に伴い業績も伸び、1992年の売り上げは1億7200万フランと黒字に転じた。1993年は前
年比70%増の約3億フランの売り上げを見込む。施設拡張に伴い、従業員数は当初の100
人から季節従業員を含め約10倍に増えた。また映画製作会社と提携し、ソフト開発にも進
出する。同園は地域開発を目指す仏初のテレポート計画として完成した。同園に隣接する
総面積1000haの広大な用地には高度な情報通信網が整備され、すでにアルカテル、フラン
ス・テレコムなど情報通信分野の企業40社が立地する。また情報通信関連の教育施設やホ

テル、国際会議場なども完成した。「フュチュロスコープ」はこの一大テクノパーク全体を指す名称でもある。**1980 年代に仏国内に相次いで建設されたテーマパークの多くは経営難**に陥っていた。こうした中、未来というテーマで娯楽と地元の再開発を合わせたフュチュロスコープは**地方自治体による地域再開発の成功例**として注目されていた[71]。

ディズニーランド・パリと対照的に大人気

　1995 年、同園の人気はさらに上がり、外国人観光客を含む客で賑わっていた。ポワティエ市はパリから 300 キロ以上離れているが、TGV で 1 時間半である。人口約 8 万人の地方都市に開業した 1987 年以来、活気がよみがえった。同園の入場者数は 1991 年の 100 万人から 1994 年には 250 万人に急増した。人気を受けて 4 月に冬季休業から年中無休営業に移行し、1995 年の入場者は 300 万人に達する見込みになった。経営不振にあえぐディズニーランド・パリと対照的に順調だった。1994 年の売上高は 4.3 億フラン、出資主体の同県にロイヤルティとして収入の 6%を支払った後の純利益は 2000 万フランだった。同年の売上高は前年比 3 割増の 5.5 億フランとなる。同園建設の強力な後ろ盾となり、事業会社の会長も務めるモノリ上院議長は「県民への税負担は一切ない」と述べた。同上院議長が県議会議長を兼ねるヴィエンヌ県はフランスの地方の中でも有力産業、観光資源に乏しい県の一つで、テーマパークは地域振興事業の中核事業だった。時代を先取りした映像のテーマパークという世界でもユニークなコンセプトが成功した。過度な設備投資負担を避け、**毎年娯楽施設を追加**するという慎重な経営方針も経営安定につながった。同園はカナダのアイマックス社の技術を導入した 600 平米の大スクリーン「キネマックス」、欧州最大の半球状画面（900 平米）立体映画館「ソリド」、足元にも画面が広がる「マジック・カーペット」、立体映画館など、独自に開発した娯楽施設が 14 に上る。1995 年は映画 100 年にちなみ、5 月に映画の歴史探訪をテーマにした「イメージ・スタジオ」をオープンした。パビリオン内に名作のセットなどを再現して、観覧車に乗って映画の百年の歴史をたどる。映像はドキュメンタリー中心で、作品が多少古いため、毎年上映する作品の 4 分の 1 を更新する。同園はそのために映像制作会社を設立し、作品上映権の取得に加え、映像制作に力を入れる。制作部門のブザンバル社長は「すでに特殊撮影による映画 5 本を制作し、別の 2 本を制作中」と言う。1996 年の呼び物は世界で初めて立体映像技術を劇映画に使った仏映画監督、アノー氏の新作「冒険の翼」である。仏作家サン・テクジュペリの小説を映画化した作品で、

---

[71] 1993/09/14 日経流通新聞 13 頁「仏の未来体験テーマパーク、先端技術活用の多彩な映像人気。」

同園が仏独占上映権を取得し、作品上映のパビリオンを建設する。またバーチャルリアリティー（VR：仮想現実）による映像や音響体験など新しい娯楽開発にも取り組む。同園成功で地元経済への波及効果は大きい。従業員1300人を含め、過去10年間に県内だけで1.5万人の雇用を生み出した。雇用規模では同県最大である。同園が観光開発の引き金となり、県内のホテル室数は1987年の2500室から同年内には5000室に倍増する[72]。

米シリコンバレーと日つくば科学博にヒント

　同園のユニークな点は、「フュチュロスコープ」という地域開発計画の中核となっていることである。発案者で地元出身のモノリ元経済相はシリコンバレーとつくば科学博にヒントを得、娯楽・教育・ビジネスの三本を柱とした施設をつくり、県内各地の開発拠点にしようと考えた。フィリップ・ムールー・ヴィエンヌ県議会議長秘書官は「予想より早く知名度と集客力が向上し、県内各地にも波及効果が出始めた」と述べた。同園周辺には大学や研究機関ができ、テレポートや国際会議場も完成、ハイテク企業も集まってきた。TGVの新駅設置も決まった。同園の影響で県内の他の町を訪れる観光客も増えた。ユニークな地域おこしの試みに内外からの視察団が多く来ていた[73]。

第3セクターから完全民営化へ

　2000年2月、フュチュロスコープは完全民営化された。同園に70％出資するヴィエンヌ県が出資分を仏出版メディアのアモリー・グループに売却した。民営化に伴い、アモリーは同社の自転車レース「ツール・ド・フランス」の2000年のスタート地点を同園にするなど、映像パークから事業を拡大する。ヴィエンヌ県の売却額は約4200万ユーロである。同園は開業2年目の1988年に黒字化し、1998年の入場数は280万人、売上高は約1億ユーロ、国外人観光客も多く、ディズニーランド・パリに次ぐ仏第2位のテーマパークになっていた。同県は同園の経営基盤が固まったことで3セクの役割は終わったと判断し、譲渡を決めた。アモリーはスポーツ紙「レキップ」やパリを中心とした地方紙「ル・パリジャン」などを発行する出版メディア準大手で、今後同園を総合的なレジャー施設に拡大する[74]。

[72] 1995/06/16 日経産業新聞2頁「仏フュチュロスコープ、テーマパークで街若返る――映像軸に積極投資。」
[73] 1996/07/08 日本経済新聞　朝刊21頁「フランス特集――楽しみ多彩観光・文化、新型テーマパーク、最新の映像技術を体感。」
[74] 2000/02/23 日経産業新聞22頁「仏フュチュロスコープ、テーマパーク民営化――メディア準大手へ譲渡。」

4.考察

　本編では、フュチュロスコープの成功の経緯を考察し、次の点を明らかにした。

　第1に、同園は1987年設立で、人気を集め、地域活性化に貢献した。来場者の50%が2日間滞在するということは、滞在型リゾートとして成功している。テーマパークは長時間滞在し、ホテルに泊まることで飲食や物品販売で客単価が上がるビジネスモデルである。しかし小規模なテーマパークでは宿泊してもらうことは簡単ではない。現在、同園を運営するカンパニー・デ・アルプス社は1989年設立、ヨーロッパのレジャー部門のリーディング企業で、仏アルプス地方で最大のスキーリゾート、レジャー施設、商業施設、美術館、蝋人形館などを運営する。同社は事業を買収または経営統合で拡張してきた。

　第2に、地方自治体や3セクが開発したテーマパークが期待以上の成功を収めたとは、非常に珍しいケースである。その上、県民の税負担がないとは極めて優秀である。「フュチュロスコープ」は一大テクノパーク全体を指す名称で、広大な用地に情報通信分野の企業40社が設立され、情報通信関連の教育施設やホテル、国際会議場などを擁する。同園の企画から実行までにモノリ上院議長が強力な後ろ盾だったことが明らかになった。日本の3セクテーマパークが成功したケースはほとんどない。

　第3に、同園が人気を博して入場者数を上げていた頃、デイズニーランド・パリは経営不振にあえいでいた。ここからテーマパークが不人気でディズニーランド・パリが経営不振に陥ったのではないと分かった。

　第4に、同園の発案者で地元出身のモノリ元経済相はシリコンバレーとつくば科学博にヒントを得、娯楽・教育・ビジネスの三本を柱として県内各地の開発拠点にした。同園周辺に大学や研究機関ができ、新駅が設置された。つくば市で言うところのつくばエクスプレスの筑波駅である。つくば市は筑波大学と研究所を中核に据えているが、フュチュロスコープはテーマパークを中核施設とし、周辺にハイテク企業などを集めている。同園の立地は「筑波大学型」である。低予算で用地を取得する方法の一つが筑波大学型で、郊外に突然テーマパークが出現する、と前著（2021a）で定義した。日本のつくば科学万博とつくば学園都市計画を参考にしてもらったとは大変光栄である。万博は色々な国の人が参考にするため、予想しない国に影響を与えることがある。

　第5に、同園は2000年に3セクから完全民営化された。スポーツ新聞などを出版するメディア準大手がテーマパークを買収したとは初めて聞いた。珍しいケースである。ディズニーやユニバーサルなどは映画会社で、自社のコンテンツを二次利用したのがテーマパークである。

ルネ・モノリ氏

　同プロジェクトを牽引した人はルネ・モネリ氏と分かった。同氏はどのような人物か。同氏は次の時に日本で報道された。1986 年 3 月、仏大統領府が発表したシラク新内閣の主要閣僚として、ルネ・モノリ氏が教育大臣に任命された[75]。1986 年 12 月、1968 年 5 月革命以来最大の学生抗議運動が起きたため、シラク首相は問題の大学改革法案を撤回すると発表した。連日の学生デモが死者まで出し、泥沼化する中、政治危機打開のため撤回に踏み切った。シラク首相は、(1)大学改革は学生、教職員ら全当事者の賛同と静かな状況がなければ不可能なので法案を撤回する、(2)ルネ・モノリ教育相に新たな大学改革措置を練り上げるため、直ちに広範な協議に取りかかるよう指示した、と述べた[76]。1988 年 1 月、ルネ・モノリ教育相とフランソワ・レオタール文化情報相は日刊紙の活性化のために、1 月 29 日を「活字メディアの日」として前後 2 週間にわたるキャンペーンを全国展開すると発表した[77]。1992 年 10 月 2 日、仏上院はルネ・モノリ議員（69）を新議長に選出した。新議長は中道派・仏民主連合に属し、1978 年に経済相、1986～1988 年に教育相を務めた。フランスでは大統領が職務を遂行できなくなった時は、新大統領選出まで上院議長が代行する[78]。同氏は教育大臣の時に教育に関心を強め、つくば科学博からヒントを得て教育と娯楽とビジネスの複合都市を思いついたのではないか。

筑波研究学園都市

　モノリ氏が参考にした筑波研究学園都市とは何か見てみよう。

　国土交通省によると、筑波研究学園都市は 1963 年 9 月の閣議了解で建設が決定した。1980 年までに予定されていた国の試験研究機関、大学等の施設が移転・新設され、基幹的な都市施設もほぼ完成した。その後、都心部の施設整備が進むとともに、周辺部の工業団地等への民間企業の進出も活発化した。現在、筑波研究学園都市は人口約 20 万人弱、国、民間合わせて約 300 に及ぶ研究機関・企業、約 1 万人以上の研究者を擁する日本最大の研究開発拠点である。同都市は 2 つの目的で建設された。(1)科学技術の振興と高等教育の充実に対する時代の要請にこたえる。東京およびその周辺から移転した国の試験研究機関と新

---

[75] 1986/03/23 朝日新聞　朝刊 7 頁「仏シラク新内閣の主要閣僚」

[76] 1986/12/09 東京読売新聞　朝刊 5 頁「仏、政治危機を回避　大学改革法案を撤回　シラク内閣失点」

[77] 1988/01/15 朝日新聞　朝刊 7 頁「新聞に"活"　仏が 1 月 29 日を活字記念日に」

[78] 1992/10/03 毎日新聞　夕刊 2 頁「新上院議長にルネ・モノリ氏　新農相はジャンピエール・ソワッソン氏――フランス」

設した筑波大学を中核として、高水準の研究と教育を行うための拠点を形成し、それにふさわしい環境を整備する。(2)東京の過密対策である。必ずしも東京に立地する必要のない国の試験研究・教育機関を研究学園都市に計画的に移転することで首都圏既成市街地への人口の過度集中の緩和に役立たせ、その跡地の適正な利用を図り、首都圏の均衡ある発展に寄与する[79]。

　以上の情報をまとめると次のようになる。同氏は1986年に63歳で教育大臣になり、69歳で上院議長、日本で言う衆議院議長に就任した。フュチュロスコープは1987年にオープンしたので、教育大臣になる前から計画していた。同園はより大きい都市開発「フュチュロスコープ」の中核施設である。この都市開発はシリコンバレーとつくば科学万博や筑波研究学園都市を参考にした。3セクで始め、予想以上に成功し、宿泊客が増えホテルを増築し、滞在型リゾートとなり、完全民営化を果たした。

　本編の限界は、フランス語が分からないためここまでしか情報を得られなかったことである。今後の研究課題は、同園のその後の展開を追うこと、他にも似た事例を探すことである。また万博が他国に与える影響を研究したい。

5.まとめ

　同園は環境対応として900平米のソーラーパネル、サービス車両の75%が電気自動車、レストランの原材料の75%を同園から250km以内で調達することなどに取り組み、評価され、2019年にISO50001環境認証を取得した。スキー場ではゼロ・カーボンを目指す。ヨーロッパは全体的に環境先進国で、環境保全により社会的価値を上げている。環境を学ぶアトラクション等を導入するなどより社会的価値向上が可能になるだろう。

---

[79] 国土交通省「筑波研究学園都市」2023年3月21日アクセス
https://www.mlit.go.jp/crd/daisei/tsukuba/index.html

短編2　英文豪ディケンズのテーマパーク閉鎖

1.はじめに

『クリスマス・キャロル』や『大いなる遺産』などで知られるイギリスの文豪チャールズ・ディケンズのテーマパークがイギリスに建設され、一時的に人気を博すも、閉鎖に追い込まれた。ディケンズ作品は示唆に富む内容で、ビジュアル的にもヴィクトリア朝時代のイギリス文化や歴史が分かる教育要素も持つ。ディケンズは現在も人気と知名度が高い。

本編では、イギリスが誇る作家チャールズ・ディケンズのテーマパークが閉鎖に追い込まれた経緯を考察する。

イギリスの概要

イギリス[80]（英国：グレートブリテン島及び北アイルランド連合王国：United Kingdom of Great Britain and Northern Ireland）は面積24.3万km²（日本の約3分の2）、人口6708万人、首都ロンドン（人口約902万人、2020年）、言語は英語、宗教は英国国教会等である。立憲君主制で元首はチャールズ三世国王陛下（2022年即位）、リシ・スナク首相（保守党）である。議会は上院と下院の二院制で、下院（庶民院）と上院（貴族院）がある。上院は一代貴族（任命制）、一部の世襲貴族（世襲貴族内の互選）、聖職者（国教会幹部）から構成され、公選制は導入されていない。原則終身制で、聖職者は職にある期間が任期である。保守党と労働党が主たる政党である。

EU離脱　2016年のEU離脱を問う国民投票以来、英国・EU関係上の最大の懸案の一つだったが、英国・EU間の離脱協定に関する双方の議会承認を経て、英国は2020年1月31日にEUを離脱した。

王室　2022年、エリザベス二世女王陛下崩御に伴い、チャールズ三世国王陛下が即位。

外交・安全保障　国防予算は約534億ドルである（ミリタリー・バランス2022）。

経済　主要産業は自動車、航空機、電気機器、エレクトロニクス、化学、石油、ガス、金融である。輸出は自動車、医薬品及び医療用品、発動機、原油、航空機等、輸入は自動車、医療用品及び医薬品、ガス、発動機、衣類等である。主要貿易相手国はドイツ、米国、オランダ、中国、フランスである。

---

[80] 外務省「英国」2023年4月20日アクセス https://www.mofa.go.jp/mofaj/area/uk/data.html

二国間関係　日英両国は1600年に英国人航海士ウィリアム・アダムス（三浦按針）が、豊後（大分県）にオランダ船で漂着して以来、400年以上にわたる交流の歴史がある。1858年の日英修好通商条約締結で外交関係を開設し、1902年に日英同盟が結ばれた（1923年失効）。第二次世界大戦前後の一時期を除き、両国は良好な二国間関係を維持している。日本にとって、英国は欧州地域でドイツ、オランダに次ぐ輸出先で、日本の輸出超過が続いている。英国にとって、日本はEU域外では米国、中国、スイス等に次ぐ第5位の輸出先である。英国に進出している日本企業数は957社で、ドイツに次いで欧州内第2位である（2020年、海外在留邦人数調査統計）。直接投資残高は日本から英国17兆1415億円、日本の対外直接投資残高に占める英国の割合は8%、英国から日本1兆5067億円、対日直接投資残高に占める英の割合は6%（2021年末、日銀「国際収支統計」）である。

チャールズ・ディケンズとは

　チャールズ・ディケンズ[81]（Charles John Huffam Dickens: 1812〜1870年）はイギリス文学を代表する作家である。彼は1836年から1870年の間に15の小説を書いた。代表作は『オリバー・ツイスト』や中編小説『クリスマス・キャロル』などで、英語で書かれた小説の中で最も有名な作品もある。『クリスマス・キャロル』はイギリスとアメリカでクリスマスを休日として普及させ、七面鳥を食べて贈り物をするなど、今も続くクリスマスの習慣のいくつかを促進した。彼は作品を通じてイギリスの貧しい労働者階級の家族を強く支持した。彼はスラムの状況と、富裕層と貧困層の間の権力の不平等に恐怖を感じていた。彼の作品の多くは、貧しい人が非人道的な扱いを受けながらも困難に勝つ様子を描いている。ディケンズは、貧困は道徳的失敗によって引き起こされる（真面目に働かなかったこと原因で貧困に陥った）というヴィクトリア朝時代の考えに異議を唱えた。彼の作品は今でも影響が強い。強欲な金貸しの「スクルージ（Scrooge）」、なるようになるという意味の「ケセラセラ（Que Sera Sera）」、バカバカしいという態度の「バー・ハンバグ（Bah Humbug）」など、ディケンズが初めて書いた文字やフレーズは、今も一般的に使用される。また救貧院やロンドンの路上での彼の生き生きとした描写はヴィクトリア朝時代を想像させる。彼が1837年から1839年にロンドンに住んでいた部屋（48 Doughty Street）が「チャールズ・ディケンズ・ミュージアム」になっている。彼は妻キャサリンと長男チャーリーとそこに住

---

[81] Charles Dickens Museum, About Us, 2023年3月23日アクセス
https://dickensmuseum.com/pages/about-us

んでいる間、『ピックウィック・ペーパーズ』『ニコラス・ニクルビー』『オリバー・ツイスト』を書いた。これらの大ヒットで世界的な有名人になり、ヴィクトリア女王までファンになった。

有名人の蝋人形館「マダム・タッソー・ロンドン[82]」にディケンズの人形が展示されている。そこにはエリザベス女王など英国王室メンバー、ジョンソン元首相、トランプ元大統領、万有引力の法則を発見したニュートン、画家ゴッホ、ビートルズ、オードリー・ヘップバーンなど有名人の蝋人形と一緒にディケンズの蝋人形が飾られている。ディケンズは、日本なら夏目漱石、森鴎外、川端康成、太宰治、芥川龍之介などに匹敵する文学界の重鎮である。

また 1992 年から 2003 年まで英国 10 ポンド紙幣にディケンズの肖像画が用いられていたことから、日本でいう聖徳太子、福沢諭吉、野口英世など歴史上の人物と言える。

チャールズ・ディケンズの児童労働と搾取

ディケンズ・フェロウシップ日本支部によると、ディケンズは子供の頃、工場で児童労働させられ、低賃金で重労働させられた。同支部の会員名簿[83]を見ると、ほぼ全員の勤務先の大学名が書かれていることから、愛好家の集いではなく、研究者の学会のような組織と分かる。

同支部[84]によると、1812 年 2 月 7 日、チャールズ・ジョン・ハッファム・ディケンズは英南岸にある軍港都市、ポーツマスの郊外ランドポートに生まれた。父親ジョン・ディケンズは海軍経理局の下級事務員、母エリザベスは夫よりもやや良い家柄出身だった。父は人づき合いのよい愉快な男で、友人と一緒に飲んだり、騒いだりするのが大好きだったが、金にだらしなく、家計に責任をもてない男だった。母は見栄っぱりで、偉ぶったところがあった。この夫婦の間に 8 人の子供が生まれ、チャールズは第二子で長男だった。1817 年、父が転勤でロンドンの南東テムズ河口に近い軍港の町チャタムに移ったので、一家もその町に住んだ。チャールズ少年にとって、この町とすぐ隣りにあるロチェスターでの平和で楽しい生活は一生忘れられぬ甘い思い出となった。ロチェスターは古城の廃墟と大聖堂のある古くて活気のない、しかしのんびりした牧歌的な町で、まだ産業革命の黒煙や轟音で汚され、乱

[82] Madame Tussauds London, 2023 年 5 月 8 日アクセス
https://www.madametussauds.com/london/
[83] ディケンズ・フェロウシップ日本支部「会員名簿」2023 年 3 月 26 日アクセス
http://www.dickens.jp/membership.html
[84] ディケンズ・フェロウシップ日本支部「ディケンズ年表（1812-70）2023 年 3 月 23 日アクセス
http://www.dickens.jp/chronology.html

されることがなかった。1821年、父のなげやりな経済がたたって、一家の家計が苦しくなったため、同じチャタム町の小さな家に転居した。1822年、父がロンドン転勤となり、一家は大都会の北の場末の貧民街の小さな家に住んだ。チャールズだけがチャタムに残り、ジャイルズの学校を終えてから、ロンドンの一家に加わった。しかし家計が苦しくなり、ロンドンでは学校に通えなかった。当時は無料の義務教育はなかった。1824年、家計がさらに苦しくなったため、親類の世話でチャールズはテムズ河畔にある靴墨工場に働きに出された。その直後、父が借金を返済できなくなったため、当時の法律に従って一家もろともロンドン南部のマーシャルシー負債者監獄に入れられた。チャールズ一人は監獄の近くに下宿し、そこから仕事場に通ったが、これは少年にとって耐えがたい屈辱、不幸だった。数ヶ月後に僅かな遺産が親戚から入ったために、父は借金を返済でき、一家は監獄から出て、ロンドン北部のスラム街に住むことになった。しかし両親はチャールズの精神的苦悩を理解せず、靴墨工場で働かせ続けた。出獄後1ヶ月ほどして、父は同情してディケンズの仕事を辞めさせ、学校へ通わせようとしたが、母はそれに反対だったため、チャールズの幼い心は一終生忘れられぬ傷を負った。父の意向が通り、チャールズは労働から解放されて、ウェリントンハウス・アカデミーという私立小学校へ通った。

　上記から、ディケンズは労働者階級の出身ではなく、中流階級の出身であるが、両親の浪費と家計管理できないことから労働者階級に転落したと言える。ロンドンの場末の貧民街の小さな家に住み、学校に通わせてもらえず、工場で働かされ、毎日屈辱的な扱いを受けた。一家で負債者監獄に入れられるなど、不幸のどん底だった。この時の工場労働で搾取された経験が一生のトラウマになった。しかし転んでもただでは起きぬ根性の持ち主で、スラム街に居住して労働者階級の惨めな生活を見たことが、作品につながったようだ。

2.テーマパーク「ディケンズ・ワールド」の経緯
総工費150億円で新設

　2007年5月、イギリス南東部ケントにある海軍基地の町チャタムでディケンズのテーマパーク「ディケンズ・ワールド」が開業した。作品中の有名な登場人物が活躍するヴィクトリア朝時代のロンドンが再現された。同ワールドにはヴィクトリア朝時代にロンドンなどの街で活躍した悪たれ小僧、バーの女給、スリなどが登場する。およそ6600平米の敷地に、『オリバー・ツイスト』『ピクウィック・クラブ』『二都物語』『デイヴィッド・コパフィールド』『クリスマス・キャロル』などディケンズの世界が再現された。総工費6200万ポンド（約150億円）である。多くのテーマパーク同様、未完成のうちに開業した。展示部

分は匂いまで当時を再現した。ディケンズの時代の街並みを体験する欧州最大のボート・アトラクションはロンドンの下水道から始まり、街並みを通って、最後は住宅の屋根を空から見下ろす構成になっている。テーマパークにはその他、「スクルージの呪われた家」「フェイギンの洞窟」「ニコラス・ニクルビーのドゥザボーイズ・ホール寄宿学校」などのアトラクションがある。「寄宿学校」ではスクリーンのクイズに間違った答えをする訪問者には躊躇なく叱責が加えられる。また3Dの立体映像にディケンズの人生と、その時代が分かるようにつくられている。同ワールドは30年前にスウェーデンのテーマパーク「サンタワールド」をつくったジェリー・オ・サリヴァン・ベレ（Gerry O'Sullivan-Bere）氏の着想から生まれた。同ワールド責任者のケビン・クリスティ氏は「2001年にオ・サリヴァン・ベレ氏がやってきて『夢を実現するために資金集めの援助をしてほしい』と頼まれた」と述べた。しかし同氏は2006年に亡くなって、テーマパーク完成を見ることはなかった。クリスティ氏は「作品を読むことに優るものはない。**テーマパークの役割は読者に作品を読むように促すこと**にある」と言う。テーマパークには開園から3日間で6000人が訪れた。「4月23日には訪問者が多すぎて入場を途中で打ち切らねばならなかった」とクリスティ氏は述べた。同ワールドは年間30万人の入場者を見込んでおり、11万人以上入れば黒字になる。入場料は大人で12.5ポンド（約3000円）である[85]。

支配人は長く映画産業に携わった人

　支配人のクリスティ氏は「ディケンズ・ワールドはディズニーランドのようなテーマパークを期待する人は失望するかもしれない」と述べた。ボート型の乗り物で水路をめぐると、『オリバー・ツイスト』などの舞台となったヴィクトリア朝の街に迷い込んだような気分を味わえる。闇に包まれたロンドンの運河を小舟が行く。煤煙に汚れた窓にろうそくの明かりが揺れる。ヴィクトリア朝時代、産業革命と植民地拡大で大英帝国は栄華を極めた。クリスティ氏は「それまで経験したこともなかったような貧困が生じた時代でもあった」と述べた。映画産業に長く携わったクリスティ氏は映画のセットを作るように細部にこだわった。当時の悲惨な衛生状態を伝えるため、香料メーカーに「悪臭」まで注文した。年間入場者は約20万人で予想を5万人下回った。しかし、土産物売り場でディケンズの小説が年に8500冊も売れた[86]。

---

[85] 2007/06/04 AFPBB/AFP通信「「よみがえるディケンズ・ワールド」、テーマパーク誕生」
[86] 2008/09/03 東京新聞夕刊8頁「新世界事情『裏』名所　ぶらり」

51 億円の損失と取締役の交代

　2013 年 10 月、元同社の取締役が同ワールドで数年間の壊滅的な経済的損失を明らかにした。同年 9 月 29 日に辞職したエド・デ・ルーシー（Ed De Lucy）氏は同ワールドの最初の投資家グループの 3200 万ポンド（約 51 億円）の損失（2012 年度）を発表した。同ワールドを運営していた最初の会社であるディケンズ・ワールド社（Dickens World Ltd）が 600 万ポンド（約 9.6 億円）の税金を課された後に生じた。ルーシー氏は毎年 50 万ポンドから 100 万ポンドの損失を出しているため、隣のオデオンシネマ社と隣接するポーターズレストランの所有権が商業施設「チャタム・マリタイム」内にテーマパークを開いたままにしていることを明らかにした。ディケンズ・ワールド社が倒産した後、ルーシー氏は新会社のブリタニア・エンターテイメント社の取締役になった。ルーシー氏は先月その役割を辞し、元ゼネラルマネージャーのレニー・アンドレウ（Lenny Andreou）氏が同年 10 月 2 日に取締役に任命された。ルーシー氏は同ワールドが立地する土地を投資家が所有したことがないと言う。元々チャタムのシンジケート・レジャー社からリースされていたもので、2012 年に資産管理会社のシュローダー社（Schroders：英屈指のアセットマネジメント会社）に売却された。ルーシー氏はまたアンドレウ氏が 1 月に 6 ヶ月契約のゼネラルマネージャーに就任するまで、会社をあきらめる用意ができていたと述べた。ルーシー氏は「問題はビジネスモデルが機能しなかったことにある。基本的に同ワールドは 600 万ポンドの税金を支払うことになったが資金不足だった。8 年間在籍した後、私は会社を売却するつもりだったが、レニーはそれを機能させる新しいビジョンがあった。これまでレニーは素晴らしい仕事をしてきた。彼はそれをコストに見合ったものにしようとしている。そうなるよう、レニーはロンドンの知人に連絡し、より多くのアイディアを導入する計画である。他の事業と同様に彼はそれに挑戦する。私はレニーの幸運を祈る」と述べた。同ワールドの新取締役、レニー・アンドレウ氏はすでに事業に大きな影響を与えていた。南東のロンドン市民は 1 月に同ワールドに来場し、ブランド再構築を支援した。アンドレウ氏のアイディアは入場料を£5.50 に下げ、90 分のツアー形式を導入することだった。またディケンズの代表作『大いなる遺産（Great Expectation）』のボート型の乗り物を閉鎖することもアンドレウ氏が決定した。アンドレウ氏は「メドウェイには 22 ポンドで家族が 3 時間も楽しめる場所はない」とコメントした[87]。

---

[87] 2013/10/10 Kent Online, Hard Times for Dickens World investors after Dickens World Ltd, 2023 年 3 月 22 日アクセス https://www.kentonline.co.uk/medway/news/hard-times-for-dickens-world-7226/

90 分のガイド付きツアーに変更

　同ワールドの公式サイトの「About Dickens World[88]」に 90 分のツアー一式と書かれている。公式サイトのチケット価格[89]には、10 時からと 15:30 からは入場料£5.5、それ以外の 10:30 から 15 時までの時間帯は£7.5 である。16 歳以下は保護者同伴が必要で、3 歳以下は無料である。学校団体予約もある。

突然の閉鎖と従業員解雇と賃金未払い

　2016 年 10 月 12 日、ディケンズ・ワールドが突然閉鎖され、従業員は突如解雇を言い渡された。同ワールドの在庫がバンに積み込まれ、施設のドアが施錠されていた。同ワールドの公式サイトに「オンライン予約は終了した」と書かれていた。電話予約ラインは留守番電話につながる。教師のリサ・サリバン氏は翌日オランダから同ワールドに 45 人の学童を連れて行く予定だった。サリバン氏は同日の朝、ツアーの時間を変更するために電話をかけたら留守電話につながった。サリバン氏は同ワールドに行ったら、スタッフが涙を流しているのを見た。サリバン氏はチケット代 350 ポンド（約 5.6 万円）以上を支払ったが、返金されるか不明だった。「スタッフはそこで私に払い戻しできないと言った。スタッフは私に本社に電話するように言った。でも私はさっき本社に電話したけど出なかった。スタッフは私に請求書のコピーを送るように言った。」サリバン氏は先週旅行を予約したばかりだった。代わりにチャタムの歴史的な造船所に生徒を連れて行くと言う。従業員の 1 人は Facebook のメッセージで失職を知った。チャタム・マリタイン・トラストの暫定 CEO のジョナサン・サドラー氏は「何が起こっているのか確認している。影響を受けるのはディケンズ・ワールドだけだと理解している」と述べた。元従業員（匿名希望）は「忠実な従業員の扱い方には本当にうんざりしている」「従業員は解雇手当（余剰労働者に払われる）をもらっていない。しかもここ 1 週間の給料も未払いである[90]」「経営陣は従業員に他の職を紹介しない」「経営陣は 1 ヶ月間閉鎖するので、1 月またはクリスマスまで仕事があると言っていたが、今は何の警告もなく仕事がないと言う」「経営陣は何ヶ月もいなかったのに、今急に現れて従業員を叩き出す」と述べた。一部の情報によると、同じ複合商業施設に入って

---

[88] Dickens World, ABOUT DICKENS WORLD, 2023 年 3 月 24 日アクセス
https://web.archive.org/web/20140930053815/http://www.dickensworld.co.uk/gallery
[89] Dickens World, PLAN YOUR VISIT, 2023 年 3 月 24 日アクセス
https://web.archive.org/web/20141003144546/http://www.dickensworld.co.uk/plan-your-visit/
[90] 欧米ではブルーカラーの給料は週給、ホワイトカラーの給料は月給である。

いるレストランのいくつかがガス漏れで一時的に閉鎖されていた。窓に「不測の事態」で閉鎖という通知がある。メドウェイ労働党の党首ヴィンス・メイプル[91]（Vince Maple）氏は、同ワールドの従業員を心配し、「従業員が適切に扱われることが不可欠」「従業員とその家族にとって、困難で動揺し、挑戦的な時期になるだろう。同ワールドが従業員を正しく適切に敬意を持って扱うことを願う」「チャールズ・ディケンズはメドウェイの誇り高き歴史の象徴である。しかし現実には多くの人がディケンズ・ワールドは偉大な文豪に適さないと言う」と述べた。それは同ワールドの将来について何ヶ月も経営不振で、以前の所有者は2015年12月31日に期限が切れたリースを更新しなかった。同年10月3日、ダートフォードを拠点とするブル・エセックス社の代表者から連絡を受けた。この会社は同ワールドを買収したと言った。年末までにいくつかのライブが予約されている。同ワールドの公式サイトによると、コミックのジェニー・エクレアや歌手ジョー・ロングソーンの出演など、多くのイベントがすでにキャンセルされている[92]。

　同ワールドの公式サイト[93]は2014年9月30日で止まり、更新されていないので、これ以上は何も情報公開されていない。

3.考察

　本編では、英文豪チャールズ・ディケンズのテーマパーク「ディケンズ・ワールド」が閉鎖に追い込まれた経緯を考察し、次の点を明らかにした。

　第1に、2007年に同ワールドは海軍基地の町チャタムというディケンズが生活し、働いた場所の商業施設の一テナントとして開業した。同ワールド責任者のクリスティー氏は「作品を読むことに優るものはない。テーマパークの役割は読者に作品を読むように促すことにある」と述べた。これは初めて聞いた発想である。テーマパーク事業はコンテンツの二次利用、二次利益を狙うことが多い。土産物売り場でディケンズの小説が年に8500冊も売れた。2007年に小説が8500冊売れるのは快挙である。映画会社のテーマパークの場合、映画のDVDやBlu-ray販売を伸ばそうと、テーマパーク内のショップに置いてあることは

[91] Medway Council, Councillor, Vince Maple, 2023年3月23日アクセス
https://democracy.medway.gov.uk/mgUserInfo.aspx?UID=165
[92] 2016/10/12, Kent Online, Staff at Dickens World in Chatham told attraction is closed, 2023年3月23日アクセス https://www.kentonline.co.uk/medway/news/doors-locked-at-tourist-attraction-103955/
[93] Dickens World, 2023年3月23日アクセス
https://web.archive.org/web/20140930053815/http://www.dickensworld.co.uk/gallery

ほとんどない。同ワールドは開園から3日間で6000人が訪れる盛況で、年間30万人の入場者を見込み、11万人以上入れば黒字になる（入場料約3000円）。ディケンズのミュージアムもロンドンにある。「チャールズ・ディケンズ・ミュージアム[94]」はかつてディケンズが住んだ家にゆかりの品を並べたミュージアムである。

第2に、ディケンズの作品は貧しい労働者階級や孤児院で育つ子供など、社会的弱者を主役にした小説が多く、社会風刺が多い。ディケンズの世界をコメディタッチで描くこともできるが、ディズニーランドと対照的に闇を扱ったテーマパークとして描くことも可能である。世界には地獄をテーマにしたテーマパークもあり、楽しさの演出だけがテーマパークではない。

第3に、同ワールドは30年前にスウェーデンのテーマパーク「サンタワールド」をつくったオ・サリヴァン・ベレ氏の着想から生まれた。英語で「Santa World Sweden」と検索すると、スウェーデン語で「Tomteland」として出てきた。同Tomtelandの公式サイト（英語版）の「About Tomteland[95]」には「ファンタジーと魔法の世界にようこそ。ゲスンダベルクの隣の森にあるお伽の国にサンタたちの村がある（略）」と説明があるだけで、企業名、設立年、経営者氏名などは非公表である。テーマパーク業界で活躍した経験がある人が同ワールドを発想した。

第4に、同ワールドの支配人クリスティ氏は長く映画産業に携わった人である。同氏は映画のセットを作るように細部にこだわった。当時の悲惨な衛生状態を伝えるため、香料メーカーに「悪臭」を注文した。総事業費約150億円で、年間入場者は約20万人と、予想を5万人下回った。年間25万人目標はディズニーと比べると大したことはないと思われがちだが、レジャー施設の集客は難しい。地方の小規模なテーマパークに25万人は決して簡単に達成できる数字ではない。さらにイギリスの2007年の物価で150億円では小型のテーマパークなので、大きな集客は見込みにくく、年間20万人は決して少なくない。

第5に、2012年に51億円の損失が出て2013年に取締役が交代した。同ワールドは毎年50万ポンドから100万ポンドの損失を出していた。新しい取締役は入場料を£5.50に下げ、90分のツアー形式を導入した。新取締役は「メドウェイには22ポンドで家族が3時間も楽しめる場所はない」と述べたことから、同ワールドは1日をかけるレジャーではな

94 Charles Dickens Museum, About Us, 2023年3月22日アクセス
https://dickensmuseum.com/pages/about-us
95 Tomteland, About Tomteland, 2023年5月10日アクセス
https://www.tomteland.se/tomteland/?lang=en

く、3時間のレジャーと取締役が認識していると分かった。テーマパークは1日かけて遊ぶレジャーと思われているが、中小規模のテーマパークでは2時間あれば全部乗れる。1日のレジャーと思って来ると、時間を持て余す。数時間ごとの入れ替え制にするなど、一部の日本のレジャー施設は工夫している。

　第6に、同ワールドの公式サイトに学校団体（school group）の文字があるが説明はない。同ワールドはヴィクトリア朝時代のイギリス文化と歴史を学べるため、学校行事の社会科見学や修学旅行の行き先に選ばれやすい。筆者は大学時代に教職課程を履修し、中学の社会科と高校の商業と公民の教員免許をとったので分かるが、同ワールドの内容なら社会科教師が担当するはずである。テーマパーク業界では、営業マンが学校に修学旅行などで来てほしいと営業に行く。同ワールドは学校教育に振り切り、もっと修学旅行や社会見学を誘致すれば良かったと筆者は考える。

　第7に、2016年に同ワールドが突然閉鎖され、従業員は解雇された。料金支払い済みの客に返金が無かった。元従業員が「忠実な従業員の扱い方にうんざりしている」と言うことから、従業員の処遇が悪かったと思われる。従業員は解雇手当や給料が未払いで、他の職への紹介がなかったようだ。

　本編の限界は、ここまでしか情報を得られなかったことである。

4.まとめ

　ディケンズは貧しい家の子供で、10歳頃から劣悪な労働環境の工場で働かされ、搾取され低賃金で、貧困にあえいできた。そんな中、ディケンズは努力と才能で文豪の地位と名誉を獲得した。ディケンズは自力で労働者階級から上流階級に移動した歴史上の偉人である（元々は中流階級だった）。ディケンズの作品内容は、貧しい労働者階級が酷い扱いを受けながらも前向きに努力する話で、社会風刺でもある。ロンドンの場末の貧民街の小さな家に住み、ほとんど学校に通わせてもらえず、搾取された児童労働者が、後に文才を発揮してイギリス文学を代表する巨匠となり、自身のミュージアム、テーマパークが作られ、マダム・タッソーに展示され、イギリス紙幣に肖像画が載る歴史上の人物となった。これぞまさに下剋上である。下剋上は滅多に起こらない。滅多に起こせないから下剋上という。ウォルト・ディズニーも貧しい家庭に生まれ、倒産しても諦めずに這い上がってきた。

　そのチャールズ・ディケンズのテーマパークで、労働者が突然解雇され、1週間分の給料未払い、解雇手当無し、他の仕事の斡旋も無しという皮肉なことが起こった。貧しい労働者階級を支援する立場のディケンズのテーマパークで起きてはならない事件が起きた。

第3章　フィンランドのアングリーバードのテーマパーク事業

1.はじめに

　2010年頃、世界的にアングリーバードというゲームが大ヒットした。それはフィンランドのロビオ社の人気スマートフォン（以降スマホ）ゲームである。同社はその二次利用としてテーマパーク事業に多角化した。

　本章では、ロビオ社のテーマパーク事業への多角化の経緯と現状を考察する。第1にロビオ社の概要と動向、第2にアングリーバードのテーマパーク事業の経緯を考察する。

フィンランド共和国の概要

　フィンランド共和国[96]（Republic of Finland）は面積33.8万km²、人口約553万人（2021年、IMF）、首都ヘルシンキ（約65万人、2021年）、言語はフィンランド語、スウェーデン語、宗教はキリスト教（福音ルーテル派、正教会）、共和制で元首はサウリ・ニーニスト大統領、議会は一院制、サンナ・マリン首相（社会民主党）である。

外交・国防　第二次大戦中の2回にわたるソ連との戦争経験を踏まえ、1948年、ソ連との間にフィンランドの中立政策を認めた「友好協力相互援助条約」を締結しつつ、国際紛争の局外に立つ中立を志向してきた。1991年にソ連が崩壊すると、1992年1月に同条約を廃棄し、「基本条約」をロシアと締結した。ロシアとの間で良好な実務関係の発展に努める。EUとの関係では冷戦終結後、西側諸国との外交を活発化し、1995年にEUに加盟した。EUを軸点とする外交政策を採りつつ、EUとロシアの戦略的関係強化を掲げる「ノーザン・ダイメンション」構想を提唱する等、独特の外交を展開している。

軍事的非同盟　冷戦期の「中立政策」から、1995年のEU加盟を機に「信頼に足る防衛力を基盤とした軍事的非同盟」へ政策転換した。NATOに非加盟としつつ、1994年に平和のためのパートナーシップ（PfP）協定を締結し、NATO主導の国際平和協力活動に参加する。2022年、ロシアによるウクライナ侵略を受けスウェーデンとともにNATO加盟を申請し、2023年4月にNATO加盟した。軍事費は約50.5億ユーロ（2022年予算）である。

経済　主要産業は紙・パルプ、金属、機械、電気・電子機器、情報通信等で、名目GDP2988億ドル、一人当たりGDP54,007ドル、経済成長率3.2%である。輸出総額689.1億ユーロ、

---

[96] 外務省「フィンランド」2023年4月20日アクセス
https://www.mofa.go.jp/mofaj/area/finland/data.html

輸入総額729.4億ユーロである。輸出品目は機械・車両、加工製品（自然資源等）、化学製品、輸入品目は機械・車両、鉱物性燃料等、加工製品（自然資源等）である。主な輸出相手国はドイツ、スウェーデン、米国、オランダ、ロシア、中国、輸入相手国はドイツ、ロシア、スウェーデン、中国、オランダである（2021年、フィンランド税関）。豊富な森林資源をいかした製紙・パルプ・木材を伝統的基幹産業とする。金属・機械産業がこれに加わり、近年は情報通信産業が主要産業の一角を成している。

社会保障　すべての人々が社会保障及び社会福祉・保健サービスへの共通かつ平等の権利を持つという普遍主義の原理に基づく。それを支えるため、GDP に対して社会保障費が42.1%を占める（2020年）など国民の負担は大きい。2020年の社会保障支出の内訳は、疾病・保健22.1%、障害者支援9.1%、高齢者支援42.2%、家族及び子育て支援9.6%、失業対策7.0%、住宅2.9%、その他3.0%である。

二国間関係　日本は1919年にフィンランドを国家承認し外交関係を樹立したが、1944年に一時断交、1952年に領事・通商関係を回復し、1957年に外交関係が再開された。その後、良好な二国間関係を維持し、共通関心分野（福祉、情報通信、科学技術、文化・学術交流、貿易等）などで協力している。日本からフィンランドへの輸出は輸送用機器（自動車等）、一般機械（原動機、金属加工機械、建設用・鉱山用機械等）、電気機器（音響・映像機器の部品等、電気計測機械、半導体等電子部品等）、ゴム製品（ゴムタイヤとチューブ等）、フィンランドから日本への輸入は木材及びコルク、非鉄金属（ニッケル、コバルト等）、元素及び化合物、木製品とコルク製品（除家具）、電気機器、紙類と同製品（2021年、財務省貿易統計）である。「ムーミン」（トーヴェ・ヤンソン作）は日本で人気で、2019年に埼玉県飯能市に同国外で初のテーマパーク「ムーミン・バレーパーク」が開業した。北欧ブランドのマリメッコ、イッタラ、アルヴァ・アールト等が広く知られている。

2.ロビオ社の概要と動向

ロビオ社公式HP

　ロビオ社の公式HPにはほとんど情報公開されていない。同社は2003年にゲーム開発会社として3人の大学生が創立した。2009年に51作目のゲームを出した頃、同社は倒産しかけたが、52作目に大ヒットゲーム「アングリーバード」を発売し、スタジオ拡張など規模拡大に乗った。2013年にアングリーバードのアニメ化され、その後、映画化された。2019年に映画の続編「アングリーバード2」が劇場公開された。50以上の国籍の500人の従業員がいる。役員の顔写真と氏名が載っているだけで出身、学歴、職歴、職務経験などは書か

れていない[97]。同社のゲーム事業について書かれているが、テーマパーク事業については何も公表されていない。

ロビオ社の社史概要と動向

　ロビオ社創業の2003年頃、フィンランドに創業された他の多くのゲーム会社は、当時世界シェア首位だったノキアの携帯電話向けゲーム開発会社としてスタートした。**ノキア体制下**でどのようなゲームを作るかノキアに指定される不自由な状態で、事業拡大に苦戦した。トランプゲームやレースゲームなど51タイトルを開発したものの、ヒットせず、存続の危機にあった。その状況を劇的に変えたのが、2008年に登場したアップルのiPhone3Gと、通信会社の意図に関係なくアプリなどコンテンツを全世界に配信できるサービス「アップストア」だった。同社はノキアに縛られずゲーム開発できる可能性に賭け、アングリーバードを開発した。発売前にキャラクターのユーモラスさに社員の家族たちがこのゲームに熱狂したため、ヒットを予感させた。2009年にiPhone向けにリリースしたアングリーバードは欧州で大ヒットした。人気はアメリカに飛び、2010年末に全世界でブームになった。ゲームの販売価格が1ドルと安く、パズルのバリエーションが多く、飽きずに遊べることが人気の理由である。ロビオ社はその後、アンドロイド版もリリースし、新しい面を追加したシリーズを次々投入した。広告付きの無料版もリリースし、ユーザーが順調に増えた。2012年に映画作品のゲーム開発を手がける米ルーカスアーツ・エンターテイメント（ジョージ・ルーカス監督のコンピュータゲーム会社）と提携し、ゲームシステムはアングリーバードと同じ「アングリーバード・スターウォーズ」をリリースした。映画「スターウォーズ」のキャラクターをアングリーバード風にアレンジしてゲームを展開したことが奏功し、アメリカでアングリーバードは人気が出た。アングリーバードは2014年にシリーズ累計20億ダウンロードを達成した。この爆発的な人気を背景に、ロビオ社は社アングリーバードのゲーム以外のキャラクター事業に参入した。アングリーバードのぬいぐるみ、ボードゲームなどの玩具、お菓子、衣料品などに展開した。27ヶ国の約500社とライセンス契約を結び、アメリカで販売されている玩具だけで4800種類を超えた。世界40ヶ国で30以上の言語の書籍約100種類が出版された。アングリーバードを発売した2009年当時50人ほどだったロビオ社の従業員数は2014年に800人以上と増加した。フィンランドの他の成長企業と同じく、ロビオ社は世界展開のために欧州の様々な国の出身者を雇用して、フィンランド

---

[97] Rovio, About, 2023年2月25日アクセス https://www.rovio.com/about/

71

人以外の従業員が全体の 40%を占めた。しかし同社は 2014 年頃、成長鈍化の傾向が出た。同社の 2013 年 1-12 月の売上高は 2 億 1600 万ドルで 2012 年比 2.5%増、EBITDA は 5037 万ドルと 2012 年の 1 億 600 万ドルから半減した[98]。

3.アングリーバードのテーマパーク事業の経緯
中国の上海にテーマパーク計画

　2012 年 2 月、ロビオ社のピーター・ヴェスターバッカ最高マーケティング責任者(CMO)がアングリーバードをテーマにした店舗開設と同年内にテーマパークを建設する計画を「TnDAO フォーラム」で発表した。アングリーバードのテーマパークが上海市内のどこに建設されるか決まっていない、と新聞晨報が伝えた。同 CMO は、アングリーバードが中国で人気なのを嬉しく思い、2012 年内に中国でアングリーバードの店を 100 店舗開設すると述べた。上海市にアングリーバードの店が 1 店舗あり、サンダル、腕時計、iPad や iPhone ケース、ぬいぐるみ、チョコレート、月餅など約 2000 点ある。同 CMO は同社本部に中国人技術者が 8 人いてゲームのデザインに携わり、中国の要素を提供すると言う。上海に建設予定のテーマパークは、ゲームだけでなく、キャラクターになりきって遊べるものがある。上海ディズニーランドより先に完成することを目指す。上海ディズニーより規模は小さいが、遊べるものがたくさんあり、楽しい体験に重点を置く[99]。なお、2023 年 6 月現在、上海にこのテーマパークは無さそうである。

2011 年の売上高の 3 割がキャラクター商品やライセンス、売上高 1 億ドル

　同社は 2011 年の売上高が 7540 万ユーロ（9870 万ドル）だったと発表した。アングリーバードは 2011 年の 1 年間だけで 6 億 4800 万件ダウンロードされた。同社の売り上げの約 30%はキャラクター商品やライセンスである。ロビオ社は 2011 年に「アングリーバード」をブランド化した。キャラクターは映画や書籍、玩具、お菓子になった。同社は 2010 年と 2011 年を比較可能な業績内容を公表していないものの、2011 年の従業員数は前年の 28 人から 224 人に急増したと発表した[100]。

---

[98] 2014/06/27 日本経済新聞電子版セクション「目標はディズニー、フィンランドの「怒る鳥」世界へ―北欧ゲーム王国 現地ルポ(下)」
[99] 2012/02/29 人民網「「経済」「アングリーバード」上海にテーマパーク建設へ」
[100] 2012/05/09 ウォール・ストリート・ジャーナル日本版「アングリーバード、売上高 1 億ドルのビジネスに成長」

中国で急拡大計画、フィンランドでアングリーバードのテーマパーク開業

　2012年7月、アングリーバードの関連商品を販売する専門店が同年7月に北京と上海に開業した。アングリーバードの開発・販売会社ロビオ・モバイルの中国を担当する陳博一社長は取材に「2〜3年以内にチェーン店を中国で600店舗オープンさせたい」と述べた。同社は同ゲームの宇宙バージョン「アングリーバード・スペース」の配信を始めた2012年に中国の大手通信「チャイナ・ユニコム」と提携して中国で配信を開始した。世界ダウンロード回数延べ5000万回のうち、中国でのダウンロード回数が延べ1000万回と、20%を占めた。同社はさらなる中国人ファン取り込みのため、中国の象徴である龍を取り入れた「Year of the Dragon」を春節に発表した。ロビオ社は2011年にアングリーバードを中国版Twitter「微博」に登録し、ファンと交流できるようにした。同社が中国市場に進出した代表作「Mooncake Festival」は中国の中秋節をテーマに、中国人ファンの意見を取り入れて制作した。中国最大のSNS「人人網」に同ゲームのPR動画などを視聴できるページを立ち上げた。フィンランドで2012年4月にアングリーバードのキャラクターに扮するなどの体験ができるテーマパークが開業したため、上海や重慶などにもアングリーバードのテーマパークが建設されるとの噂が中国で流れた。記者が陳社長に「専門店の売れ行きが好調なら中国でもテーマパークを建設するか」と質問したら、「当面の課題は専門店を軌道に乗せること。中国市場の購買力には自信をもっている」と明言を避けた[101]。

上海にテーマパーク計画

　2012年6月、ロビオ社は2012年秋に浙江省海寧市に大型テーマパークを開設し、上海の同済大学の中国フィンランド・センター内に小規模のテーマパークを開くと発表した[102]。

パクリ業者と手を組む戦略

　2012年6月、ロビオ・エンターテイメントはパクリ業者に対して法的措置を取らず、手を組むという斬新な戦略で注目を集めている、と新浪科技が伝えた。同社のヴェスターバッカCMOは2012年春に中国を訪問し、アングリーバードの偽物グッズが大量に市場に出回っているのを確認した。同CMOは意外にも「とても喜ばしい」と思い、「我々にとって有

---

101 2012/06/07 人民網「「社会・生活」人気ゲーム「アングリーバード」の専門店、中国でオープンへ」
102 2012/06/21 日経産業新聞 13頁「携帯ゲームの北欧ロビオ社、中国にテーマパーク、ディズニー社モデルに計画。」

73

利だと思った。たくさんの関連商品を見て市場のニーズが高いと分かった」と述べた。パクリ商品が発覚すると嫌悪をあらわにし、法的措置を取るのが一般的だが、同社が選んだのは**ミックス戦略**だった。一部の**悪質なパクリ業者に法的に対抗**するが、そうでない業者とは手を組む。時には業者に意見を求めることもある。パクリ業者を訴えて法廷で勝っても、業者が実際にパクリ商品を市場から引き揚げなければ何も変わらない。同社の戦略は苦肉の策である。香港の大手法律事務所、メイヤー・ブラウン JSM のケニー・ウォン氏は「明らかに従来型ではない」と述べた。同社の中国エリアを統括する陳博一社長はパクリ業者との今後について、「基本的に手を組む方針でいきたい」と述べた。同 CMO は 2012 年春の訪中の際、アングリーバードの風船を売っていたパクリ業者に正規のライセンスを与えた[103]。

ディズニーのビジネスモデル目指す

　2014 年にロビオ・エンターテイメントはスマホ向けゲーム開発を主力にしながら、キャラクターの国際展開で成功している企業として注目されていた。しかしライバル社の台頭で業績が伸び悩んでいた。同社はアングリーバードの 1 ドルでの販売や広告付き無料版の投入などによりダウンロード数を増やし、ブランドを浸透させてキャラクター事業で利益を稼ぐ手法で事業拡大してきた。ところが、急成長するスマホゲーム市場で 2012 年頃から従来より収益性の高いビジネスモデルが普及し始めた。それは「F2P（フリートゥプレイ）」といってユーザーは無料でゲームを始め、アイテムを課金するビジネスモデルである。アップストアでゲームアプリに関するアイテム課金の仕組みが整備され、ユーザーが支払いに慣れてきた。課金して遊ぶユーザーは全体 5%以下とみられたが、熱心なユーザーが支払う金額が大きいため、F2P モデルのゲームがヒットするとゲーム会社は高い利益を得られる。同社のゲームはまだ F2P で大成功した実績がない。同社の企業戦略はスマホゲームを開発する「ゲーム会社」からアングリーバードというキャラクターを中心とした「総合エンターテイメント企業」への成長を志向していた。同社のヘッド CEO はこれまで会合やインタビューなど様々な場で「当社はウォルト・ディズニーのような企業になる」という目標を語ってきた。玩具や菓子、衣料品などでキャラクター事業を積極展開し、世界の子供層への浸透を狙う。実際、2013 年 1-12 月の同社売上高の 47%はゲーム以外のライセンス製品による。「アングリーバード・スターウォーズ」のキャラクター製品がヒットし、ロシアや中南米で

---

[103] 2012/06/28 Record China「パクリ業者と手を組む！大人気ゲーム「アングリーバード」の斬新な中国進出戦略—中国」

キャラクター事業の展開に成功した。同社が重要と位置付けるのが、2016年の米ソニー・ピクチャーズ・エンタテイメント配給による劇場アニメ映画「アングリーバード」の公開である。同社のシニアリリースマネジャー、ジャリ・パルタネン氏によると、同社は2013年ロサンゼルスにアニメーションプロダクションチームを編成した。フィンランド本社にも北欧最大の100人以上のスタッフを抱えるアニメーションスタジオを整備した。同社は短編アニメシリーズ「アングリーバード・トゥーンズ」を制作し、2013年から世界各国のテレビ局で放映している。同社が展開するスマホゲーム内に「トゥーンズTV」というサービスを組み込み、「アングリーバード・トゥーンズ」をストリーミング視聴できるようにした。子供向けの動物ドキュメンタリー番組などもあり、「ゲームを入口とした総合メディアアプリ」を意識している。サービス開始から1年後の同年3月に番組の累計視聴回数が20億ビューを突破した。10代以下の視聴者が60%を占める[104]。

露サンクトペテルブルクに総工費9.6億円でテーマパーク開業

　同社が2015年1月にロシアのペテルブルクのショッピングセンター内にアングリーバードのテーマパークを開業すると、同パーク開設のライセンスを獲得したFortグループが2014年6月16日付で発表した。同パークはFortグループが2014年9月にヴィボルグ地区で開業予定の商業娯楽施設「エブロポリス」の3階に入居する予定で、アングリーバードの屋内型テーマパークとしてはロシア初となる。面積は3900平米、投資額は5億3500万ルーブル（約9.6億円）で、1日800人（受け入れ可能人数2800人）、年間25.5万人の訪問客を予定している。1日の間に何度でも再入場可能なチケット料金は500〜900ルーブルで、レストランやショップ等も併設される。投資回収期間は6年の見込みで、ライセンス期間は10年である[105]。

ユーザー維持に苦心し130人削減

　2014年10月、ロビオ社はフィンランドで最大130人（全従業員の16%に相当）を削減する計画を発表した。同社はユーザー維持に苦戦していた。ミカエル・ヘッドCEOは声明

[104] 2014/06/27 日本経済新聞電子版セクション「目標はディズニー、フィンランドの「怒る鳥」世界へ—北欧ゲーム王国 現地ルポ(下)」
[105] 2014/06/23 JSN ボストーク通信「ロシア・ペテルブルクに Angry Birds のテーマパークが開園へ」

で、「現実よりも早い成長を想定して事業を進めてきたとした」「組織の簡素化を図り、人員削減を検討する必要がある」と述べた[106]。

映画化され北米映画興行ランキング1位

2016年5月、バラエティ・ドットコムなどによると、週末3日間（5月20〜22日）の北米映画興行収入ランキングは、アニメ映画「アングリーバード」が3900万ドル（約43億円）で初登場1位となった[107]。

中国でアングリーバードのテーマパーク9ヶ所計画

2016年、ロビオ・エンターテイメントは今後4年間に中国でアングリーバードのテーマパークを9ヶ所建設と発表した。この頃、外資系企業が中国の観光市場を牽引していた。ユニバーサル・スタジオは2015年に北京市とユニバーサル・スタジオ建設で合意した。2016年になると中国に進出している外資系企業全般から「以前ほど儲からなくなった」と聞くようになっていた。中国支社で業績下降が見られた。しかし次の三大産業が人気で、一部の外資系企業は中国で戦略を積極的に展開すると経済参考報が報じた。(1)先端機械・装置業、(2)バイオ医薬品産業、(3)新興観光業である。中国国家観光局によると、2015年の中国のアウトバンド客は1.2億人に達し、海外での観光支出は6841億元（約10兆6035億円）になった。これらを背景に、外資系企業は中国の観光業へ投資意欲を高めていた[108]。

カタールの首都ドーハにテーマパーク開業

2016年8月、中東のカタールの首都ドーハでアングリーバードのキャラクターを主題にしたテーマパークを含むショッピングモールを2017年にオープンさせる計画が進行していた[109]。そして2018年6月14日にカタール最大のショッピングモールの一つにアングリーバードのテーマパーク「アングリーバード・ワールド」が開業した、とTwitter「VisitQatar[110]」が発表した[111]。

---

[106] 2014/10/02 ロイター通信ニュース「「アングリーバード」開発のロビオ、最大16%人員削減へ」
[107] 2016/05/23 ロイター通信ニュース「北米映画興行収入＝「アングリーバード」が初登場首位」
[108] 2016/08/04 人民網「「経済」中国を好む外資系企業はこの三大産業」
[109] 2016/08/23 ウォール・ストリート・ジャーナル日本版「原油離れする湾岸諸国、テーマパークに熱い視線」
[110] 2018/06/14 06:03 Twitter「VisitQatar」@VisitQatar、2023年2月25日アクセス
[111] ANGRY BIRDS WORLD, 2023年2月25日アクセス https://www.angrybirdsworld.qa/

他のアングリーバードのテーマパーク

　上記に加えて、(1)アフリカ大陸の西サハラの西の離島スペイン領モーガン・グラン・カナリアに「アングリーバード・アクティビティパーク[112]」、(2)マレーシアのジョホールバルに「アングリーバード・アクティビティパーク・ジョホールバル[113]」がある。(3)イギリスのノッティンガムに「サンダウン・アドベンチャーランド[114]」があり、その一エリアがアングリーバードである。(1)と(2)は小型で商業施設の一テナントとして入っているようである。ロビオ社[115]の公式HPを見ると、ほとんど情報公開されていない。

日本のセガがロビオ社を約1000億円で買収

　2023年4月、セガサミーホールディングス（HD）はロビオ・エンターテインメントを7億ユーロ（1036億円）買収すると発表した。セガはロビオ社の買収で知的財産（IP）を拡充し、スマホ向けゲームの開発ノウハウを得る。英国子会社セガヨーロッパを通じて買収する。ロビオ社はナスダック・ヘルシンキ証券取引所に上場している。フィンランド当局の承認を得た後に同年5月に1株9.25ユーロでTOB（株式公開買い付け）を実施する。ロビオ社の複数株主から合計約49.1%分に関してTOBに応募することについて同意を得ている。セガサミーは2022年12月末時点で現預金が1500億円弱あり、買収資金は手元資金で賄う。ロビオ社のモバイルゲームは2022年にダウンロード数が累計50億に達した。QUICK・ファクトセットによると2022年12月期の売上高は3億1772万ユーロ、純利益2287万ユーロである。セガサミーHDは2021年5月に発表した中期計画で、既存IPのグローバルブランド化を進める方針を掲げた。里見治紀社長はロビオ社買収について「両者のブランド、キャラクターやファンベース、企業文化や機能が組み合わさることで大きなシナジーが発揮されると確信している」と述べた。セガサミーとロビオ社が保有する世界的なキャラクターについて、多面的なメディア展開を進め相互のファンベースの拡大を加速させたい。ロビオ社のモバイルゲームの運営ノウハウを活用して世界のゲーム市場における成長を加速させたい[116]。

[112] ANGRY BIRDS ACTIVITY PARK, 2022年3月19日アクセス
https://www.activityparkcanarias.com/
[113] Angry Birds Activity Park Johor Bahru, 2022年3月19日アクセス
https://www.facebook.com/AngryBirdsActivityParkJB/
[114] SUNDOWN ADVENTURE LAND, 2022年3月19日アクセス
https://sundownadventureland.co.uk/
[115] Rovio, About, 2022年3月16日アクセス https://www.rovio.com/about/
[116] 2023/04/17 日本経済新聞「セガ、「アングリーバード」のロビオ買収　1036億円」2023年5月

3.考察

　本章では、ロビオ社のアングリーバードのテーマパーク事業を考察し、次の点を明らかにした。

　第1に、2012年に同社はアングリーバードのテーマパークを上海市と浙江省海寧市にテーマパークを開設し、上海の同済大学の中国フィンランド・センター内に小規模テーマパークを開くと発表した。フィンランドで2012年にアングリーバードのキャラクターに扮するなどの体験ができるテーマパークがオープンした。マレーシアやイギリスにも同様のテーマパークが開業した。アフリカの西サハラのスペイン領にも開業したことから、アフリカもテーマパークが開業するほどに経済成長していることが分かる。全体的に小型のテーマパークを同時に多国籍に数多く展開する方針と思われる。公表されていないので筆者の推測であるが、ロビオ社と地域の事業者がライセンス契約を結び、ロビオ社が設計し、ロイヤルティ収入を得るのだろう。

　第2に、同社は中国のパクリ業者に対して法的措置を取らず、手を組むという斬新な戦略をとった。同社は一部の**悪質なパクリ業者に法的に対抗**するが、そうでない業者とは手を組む<u>ミックス戦略</u>を取る。同社は積極的にこの戦略を取るのではない。苦肉の策である。この戦略が成功して有名になれば、他社も追随し、一般的な戦略になるだろう。

　第3に、ロビオ社はスマホゲームを開発するゲーム会社からアングリーバードというキャラクターを中心とした総合エンターテイメント企業への進化を目指す。同社のヘッド**CEO**は<u>ウォルト・ディズニーのような企業になる</u>目標を掲げていた。ディズニーを目指すと言う企業は、映画事業とテーマパーク事業、両方に多角化するケースが多い。ヘッドCEOはディズニーランドに心酔し、夢とロマンを感じているのか、それとも優れたビジネスモデルを取り入れたいだけなのか、不明である。資本主義なので経済的な動機のみで問題ない。経営者が夢とロマンを感じて心酔していれば事業がうまくいくわけではない。

　第4に、同社はユーザー維持に苦戦し、2014年に最大130人（全従業員の16%）を削減すると発表した。拡大路線をとってきたが、ゲーム業界の栄枯盛衰はスピードが速い。アングリーバードはソニー・ピクチャーズによって映画化され、2016年5月に北米映画興行収入ランキング約43億円、なおかつ初登場1位を獲得した。映画事業は好調なスタートを切った。映画業界も栄枯盛衰が激しいとはいえ、この時点では映画「アングリーバード」は成功したと言える。

---

1 日アクセス https://www.nikkei.com/article/DGXZQOUC170QA0X10C23A4000000/

第5に、2016年になると中国に進出している外資系企業は以前ほど儲からなくなっていたが、新興観光業は好調で、外資系企業は中国の観光業へ投資意欲を高めていた。ロビオ社は今後4年間に中国でアングリーバードのテーマパークを9ヶ所建設すると発表した。4年間で中国に9ヶ所のテーマパーク建設ということは、1ヶ所当たりは小型と思われる。小型のテーマパークを数多く設立することは低リスク・低リターンである。ディズニーランドやユニバーサル・スタジオのような大型テーマパークは高リスク・高リターン型である。そのリスクをとる勇気と気概が経営者にあるという屈強な起業家精神の問題よりも、実際には**資金力不足で大規模テーマパークに挑戦できない**事業者がほとんどである。

4.まとめ

ロビオ社は2003年に創業し、当時、絶大な権力を誇っていたノキアの支配下でゲームを開発するだけの会社で、何度も倒産の危機に陥ったが、iPhoneのアップストアの普及で、自力で勝ち上がってきたと分かった。日本でもNTTドコモの全盛期は、ドコモがコンテンツ事業者に絶大な権力を持っていた。コンテンツ事業者は「ドコモ様」の下で細々と商売させてもらっていた。ノキアもこれと似た状況だったと想像できる。iPhoneのアップストアは全世界の企業に低コストで参入する機会を与えた。ただし、これで世界規模の死闘を繰り広げるレッドオーシャン市場となった。企業も個人も低コストで参入できる。

ロビオ社がディズニーのようなビジネスモデルを志向するということは、**メディア・コングロマリット**を目指すということである。コングロマリットとは、M&Aで複数の事業を獲得した巨大多角化企業である。ゲーム、キャラクター商品、映画、アニメ、テーマパーク、ホテル等どれも激戦の事業で、レッドオーシャン市場である。

では、ブルーオーシャン市場はどれほどあるのか。ブルーオーシャン市場は注目されると、参入が相次いで次第にレッドオーシャン化する。よって、レッドオーシャン市場で勝負するしかない。

そうこうしているうちに、2023年にロビオ社は日本のセガサミーに買収されることとなった。セガは東京・お台場のジョイポリスなどテーマパーク事業も手掛けるので、ゲーム事業、テーマパーク事業ともに相乗効果を得られるだろう。買収後、アングリーバードを中心として総合エンターテイメント企業であり続けるのか、それともセガサミーの一部となるのか。今後もアングリーバードのテーマパーク事業の動向を追いかける。

第4章　フェラーリのテーマパーク事業

1.はじめに

　イタリアの高級スポーツカー、フェラーリはテーマパーク事業に多角化している。中東のアブダビにフェラーリワールド・アブダビ（以降、フェラーリワールド）が開業し、スペインのバルセロナ郊外の既存のテーマパークにフェラーリランドが追加された。

　本章では、フェラーリのテーマパーク事業を考察する。第1に中東のフェラーリワールド・アブダビ、第2にスペインのフェラーリランド、第3に東アジアでのフェラーリワールド計画の経緯を考察する。なお、フェラーリの年次報告書にはテーマパーク事業について記述がないようである[117]。

イタリア共和国の概要

　イタリア共和国[118]（Italian Republic）は面積30.2万km²（日本の約5分の4）、人口6036.8万人（2021年国連推計値）、首都ローマ、言語はイタリア語、宗教はキリスト教（カトリック）が国民の約80%、共和制で元首はセルジョ・マッタレッラ大統領（2022年就任）、ジョルジャ・メローニ首相、議会は上院・下院の二院制である。

外交・国防　地理的、歴史的経緯から地中海・中東諸国との関係を重視しており、2011年初頭からの北アフリカ・中東地域における「アラブの春」（2011年に始まる中東・北アフリカ地域の民主化運動）の動きに際して、民主化を目指す政治的転換と改革を支持した。ドラギ政権においてEU・NATO等に立脚した親欧州主義・大西洋主義という基本姿勢がより鮮明となり、環境問題や移民問題など地中海特有の問題を共有する国との協力強化を示す。国防費約228億ユーロ（2020年度、GDPの1.4%）である。

経済　主要産業は機械、繊維・衣料、自動車、鉄鋼で、GDP21,013億ドル、一人当たり名目GDP35,473ドル（2021年、IMF推計）、輸出総額4959億ドル、輸入総額4226億ドル（2020年、国連統計）である。輸出品目は医薬品、自動車、自動車部品、原油以外の石

---

[117] Ferrari N.V. 2022 ANNUAL REPORT AND FORM 20-F, 2023年5月1日アクセス file:///Users/nakajimamegumi/Downloads/race-2022-12-31-en/reports/race-2022-12-31-en.xhtml#ib8d2df22d9544902b09cd54e56dfc3b8_127

[118] 外務省「イタリア」2023年4月20日アクセス https://www.mofa.go.jp/mofaj/area/italy/data.html

油、輸入品目は自動車、医薬品、原油、ガス（2020年、WTO）である。主な輸出相手国は
ドイツ、フランス、米国、スイス、英国、輸入相手国はドイツ、中国、フランス、スペイン、
オランダ（2021年、ISTAT）である。

二国間関係　日伊は伝統的に友好関係にあり、G7等の場でも協力する。日本からイタリア
へ輸出5492億円、イタリアから日本へ輸入1兆2733億円、対イタリア輸出品目は輸送用
機器、一般機械、原料別製品、化学製品、対イタリア輸入品目はたばこ、医薬品、輸送用機
器、一般機器である（2021年、財務省／貿易統計）。

2.フェラーリワールド・アブダビ

　アブダビ首長国（以降アブダビ）は中東の産油国、アラブ首長国連邦（United Arab
Emirates: UAE）の首長国の一つである。UAEは7つの首長国が集まった連邦国家で、ド
バイ首長国とアブダビが有名である。UAEの石油はほとんどアブダビに集中している。

フェラーリワールド・アブダビの概要

　フェラーリワールドは2010年10月開業で、アブダビのヤス島（大型リゾート島）にあ
るフェラーリ初のテーマパークである。アトラクションが20あり、その中核は世界最速（最
高時速240キロ）のジェットコースター「フォーミュラ・ロッサ」である。F1ドライバー
がレース中に体験する重力加速度を体験できるアトラクション「Gフォース・タワー」、伊
マラネロのフェラーリ工場内を再現したコーナー、フェラーリのオープンカー「カリフォル
ニア・スパイダー」に乗ってヴェネツィアやピサの斜塔、コロッセオなどイタリアの観光地
のミニチュアをめぐる乗り物などもある。F1の12気筒エンジンの内部を探検できるライ
ドアトラクションもある[119]。

アルダール・プロパティーズの概要

　フェラーリワールドを開発した企業がアルダール・プロパティーズ（以降アルダール）で
ある。アルダールは**アブダビ最大の不動産開発会社、都市開発会社**である。本社アブダビ、
2005年設立、代表者、アハマド・サイエ会長（2010年当時）、売上高5億3900万ドル、
純利益2億7400万ドル（2009年12月期）である。アルダールは石油収入を背景に高成

---

[119] 2010/07/23 AFPBB News「フェラーリのテーマパーク、アブダビに10月オープン」2021年
11月1日アクセス https://www.afpbb.com/articles/-/2742376

長を続けるアブダビの象徴的なプロジェクトが多くを実行してきた。2010年までに同社の発表済みのプロジェクト総額は750億ドル（約7.5兆円）以上に上る。同社はヤス島で2009年にUAE初のF1最終戦が開かれたヤス・マリーナサーキットを建設した。サーキットに近隣してフェラーリワールドを建設した。同社はアブダビの観光立国化に向けた重要な役割を担う。ドバイショックでドバイの不動産開発大手が開発を減速させた2010年当時、アルダールは躍進していた。しかしリーマンショック後の不動産価格下落は同社に悪影響をもたらし、同社は2010年2月、ヤス島のインフラなどの資産をアブダビ政府に売却した[120]。

　アルダールの主な開発案件は、ヤス島（ヤス島にF1サーキット、フェラーリワールド、ホテルなどを建設）、アルラハ・ビーチ（海岸沿いに12万人の住宅や商業施設などを複合開発）、セントラルマーケット（住居やオフィス、商業施設などを備えたアブダビ中心部の再開発事業）、アルグルム・リゾート（アブダビ郊外のリゾートホテル・住宅）である[121]。

　アルダールの2021年の年次報告書によると、収益86億ディルハム（約3182億円：1ディルハム＝37円）、総収入36億ディルハム（約1332億円）、純利益23億ディルハム（約851億円）、投資家らの純営業収益17億ディルハム（約629億円）、計画前の販売72億ディルハム（約2664億円）、総資産495億ディルハム（約1兆8315億円）である。同社の会長はH.E.モハメド・カリファ・アル・ムバラク氏、同グループのCEOはタラール・アル・ディイェビ（Dhiyebi）氏である[122]。

フェラーリ社の公式サイト

　フェラーリの公式サイト[123]によると、2005年にテーマパーク計画が初めて議題に上がり、フェラーリとアルダールの間で関係が構築された。2007年11月3日にフェラーリワールドの定礎式が行われ、3年後の開業に向けて着工した。開業式にはフェラーリの首脳陣、フェルナンド・アロンソとフェリペ・マッサというスクーデリア・フェラーリのドライバー2

---

[120] 2010/03/03日経産業新聞10頁「アルダール・プロパティーズ（UAE）（アジア新興国企業ファイル）」

[121] 2010/11/18日経産業新聞13頁「アブダビの不動産開発岐路に、アルダール、政府系が金融支援要請。」

[122] Aldar Properties, 'Annual Report 2021', 2022年7月23日アクセス https://cdn.aldar.com/-/media/project/aldar-tenant/aldar2/2021-annual-report/aldar-39630-ar2021-eng-front-aw-mn.pdf?rev=d5204a7a2136434db080a1595b0f4ca4

[123] Ferrari「2010 新たなゴールに向かって　赤のファン」2023年5月3日アクセス https://www.ferrari.com/ja-JP/history/moments/2010/red-fun/more

名、フランコ・フラッティーニ伊首相も出席した。フェラーリワールドは2015年に「中東ツーリスト・アトラクション・オブ・ザ・イヤー」という最も名誉ある賞を受賞した。

3.フェラーリワールド設立の経緯
フェラーリ初のテーマパーク事業

　2009年11月にアブダビで初めてF1グランプリが開催され、2010年10月にフェラーリが手がける初のテーマパーク、フェラーリワールドが開業した。屋内テーマパークとしては世界最大で、敷地面積8.6万平米で、20万平米の赤い屋根がフェラーリの跳ね馬マークである。このマークのサイズは世界最大である。天井の高さは頭上35〜50メートル、真ん中の通風筒と一列の柱だけで屋根を支える[124]。

アルダールがアブダビ政府にF1サーキットを2200億円で売却

　2009年11月にドバイショックが起こって信用不安を招き、2010年3月にアルダールはF1サーキットなどをアブダビ政府に売却した。売却額は約25億ドル（約2200億円）だった。帳簿価格による売却で、利益は発生していない。売却したのはヤス・マリーナサーキットや港、ヨット係留施設などとみられる。同サーキットは政府所有のモータースポーツ運営会社と共同事業会社をつくり、約14億ドルかけて整備した。アルダールは事業会社の4割を出資していた。アブダビは石油収入を元手に高成長を続けるが、ドバイショック以降の不動産価格下落の影響で、同社は2009年10-12月期に約**1.5億万ドルの純損失**を計上した。同社は資産売却の理由を明らかにしていないが、借入金返済の資金繰りのための売却と見られた[125]。

アルダール赤字166億円でアブダビ政府に金融支援

　2010年11月、アルダールはアブダビ政府に金融支援を要請した。同社はアブダビの大型都市開発を牽引してきたが、不動産市況が冷え込み、販売不振で2010年7−9月期決算が最終赤字となり、借入金返済を控え、資金繰り支援を求めた。ドバイに続き、不動産開発をテコにしたアブダビの成長モデルは見直しを迫られた。同社の2010年7−9月期決算は

---

[124] 2010/07/23 AFPBB News「フェラーリのテーマパーク、アブダビに10月オープン」2021年11月1日アクセス https://www.afpbb.com/articles/-/2742376
[125] 2010/03/16 日経産業新聞9頁「アブダビの不動産開発大手、F1サーキット、政府に売却、借入金返済の資金繰りで?」

住宅などの販売不振に加え、不良資産化した物件の引当金計上により、最終損益が7億3100万ディルハム（約166億円）の赤字となった。前年同期は2.7億ディルハムの黒字だった。1−9月期累計で15.2億ディルハムの赤字になった。同社の債務は200億ディルハムで、うち100億ディルハムが2011年末までに返済期日を迎える。同社は決算発表に合わせ、「アブダビ政府との資金手当ての交渉が最終段階にあり、年末までに合意できる」と発表した。同社はアブダビ政府系ファンドであるムバダラ開発などが2005年に設立し、株式公開後も政府機関が最大株主である。経営陣には政府系ファンドや省庁高官が連なる。UAEの不動産開発はドバイが先行してきたが、金融危機が借り入れに頼る開発モデルを直撃した。政府系不動産会社ナキールの資金繰り悪化はドバイの信用不安の引き金となった。アブダビにはUAEの原油が9割以上集中するので、アブダビ政府には救済する資金力がある[126]。

アルダール、アブダビ政府から4300億円の支援

　2011年1月、アルダールは資産売却や債券発行を通じてアブダビ政府から総額52.2億ドル（約4300億円）の金融支援を受ける計画を発表した。ドバイに続き、アブダビも信用不安に陥った。計画では、アブダビ政府がフェラーリワールドなどの資産を計44.6億ドルでアルダールから買収する。さらにアブダビ政府系ファンドのムバダラ開発が7.6億ドルのアルダールの転換社債を取得した[127]。この頃、ドバイと比べてアブダビ政府は潤沢な石油収入があるため、アブダビ政府の信用への影響はほぼ無いとみられた[128]。

年間入場者数100万人超え、255億円の第2期追加投資

　2017年4月、フェラーリワールドのゼネラルマネージャーのジェシー・バルガス氏によると、フェラーリワールドは年間入場者数100万人を超え、7億ディルハム（約255億円）の第2期拡張はすでに利益を上げていた。バルガス氏はドバイのアラビアン・トラベルマーケットでの講演で「フェラーリワールドは新しいアトラクションをオープンするたび入場者が増えた」「入場者数と収益に関して、世界の中規模テーマパークと比較して競争力がある」と述べた。4つのアトラクションが2018年までに設置される。ヤス島は2021年までに4800万人の来客を目標にする。隣接するショッピングセンターのヤスモールには年

[126] 2010/11/18 日経産業新聞 13頁「アブダビの不動産開発岐路に、アルダール、政府系が金融支援要請。」
[127] 2011/01/14 日本経済新聞 夕刊3頁「アブダビ政府、不動産開発会社を支援。」
[128] 2011/01/17 日経産業新聞 13頁「アブダビ政府がアルダール支援、総額4300億円。」

間約 2000 万人の来客がある。ヤス島に新テーマパーク「ワーナーブラザース・ワールド」が 2018 年に開業し、新テーマパーク「シーワールド」は 2022 年に開業する[129]。

ワーナーブラザース・ワールドはすでに開業している[130]。シーワールドは 2023 年 5 月 23 日に開業した[131]。

フェラーリのモンテゼーモロ元会長とムバダラ・インベストメント

2018 年 7 月、イタリアの経営者紹介として、伊フェラーリ元会長のモンテゼーモロ氏がナショナル誌に掲載された。そこで「モンテゼーモロ氏はアブダビでムバダラ・インベストメント・カンパニーと共に約 10 年前（2008 年頃）にヤス島のフェラーリワールドに着手（launch）した」と書かれた[132]。筆者は、モンテゼーモロ氏（後述）がフェラーリワールドを主導したかはともかく、大きく関与したと予想していたが、予想通りだった。

フィールドワーク：フェラーリワールド・アブダビ

2015 年 1 月 3 日、筆者はフェラーリワールドに客として訪れた。インタビュー調査したかったが応じてもらえず、一般客として入園することとなった。JTB パブリッシングの旅行ガイド『るるぶ』ですら、アブダビは発行されておらず、『るるぶドバイ 2014 年版』にもほぼ情報が無い。ダイヤモンド社の『地球の歩き方ドバイとアラビア半島の国々2013～2014 年版』にアブダビの情報が少し載っているだけだった。

筆者はホテルの入口に並んでいたタクシーの運転手にフェラーリワールドと言ったら問題なくスムーズに到着した。タクシー運転手は何回もそこに行ったことがあると思われる。日本で情報が少ないだけで、タクシー運転手にとって珍しくない行き先のようだ。フェラーリワールドはアブダビ国際空港に近いので、外国人観光客の集客に有利な立地である。筆者がタクシーでフェラーリワールドに到着すると、混んでいた。入口で行列しており、長く待

---

[129] 2017/04/24 The National, Ferrari World Abu Dhabi visitor attendance now over a million annually, 2023 年 4 月 21 日アクセス https://www.thenationalnews.com/business/travel-and-tourism/ferrari-world-abu-dhabi-visitor-attendance-now-over-a-million-annually-1.42399#

[130] WARNER BROS. WORLD Abu Dhabi, 2023 年 5 月 9 日アクセス https://www.wbworldabudhabi.com/

[131] Sea World YAS ISLAND, ABU DHABI, 2023 年 5 月 9 日アクセス https://www.seaworldabudhabi.com/

[132] 2018/07/30 The National, Exclusive: Why Italian business powerhouse di Montezemolo loves Abu Dhabi, 2023 年 4 月 21 日アクセス https://www.thenationalnews.com/business/exclusive-why-italian-business-powerhouse-di-montezemolo-loves-abu-dhabi-1.755095

たされた。全体的に待ち時間短縮や店員による速やかな誘導、混雑状況説明など、オペレーションのクオリティが良くない。客は説明がないまま待たされて不安になる。アブダビは急激なハードの建設に力を入れているものの、現場スタッフの接客、サービスはまだ成長途中のようだ。是非とも東京ディズニーリゾート（TDR）を視察して学んでほしい。フェラーリワールドでのフィールドワークについてはまた別に報告書を書く。

5.スペインのフェラーリランド
アブダビでの成功を受けてバルセロナ郊外にフェラーリランド計画

　2014 年 3 月、フェラーリはスペインに 1 億ユーロ（約 **141 億円**）規模のテーマパーク「フェラーリランド」を 2016 年に開園し、五つ星ホテルを併設すると発表した。フェラーリがヨーロッパでテーマパーク事業に参入するのは初めてである。バルセロナ郊外の「ポルトアヴェントゥラ（Port Aventura）」リゾート内の敷地 7.5 万平米に開発されるフェラーリランドに欧州で最速で最高速度に達する垂直落下マシンの他、運転シミュレーターやレストランを設ける。併設される高級ホテルに 250 室が完備される。フェラーリは伊**フィアット・グループ・オートモービルズ**に属する。フェラーリのブランド関連事業を担当する系列会社フェラーリブランドのアンドレア・ペッローネ代表はポルトアヴェントゥラとの共同声明で、「アブダビのフェラーリワールド成功を受けて、新しいテーマパークを期待する非常に多くの声をもらった」と述べた。フェラーリはポルトアヴェントゥラを所有する伊インベスト・インダストリアル社からの提案を受けた理由として、テーマパーク業に精通していることと、同リゾートがすでに集客力があることを挙げた。ポルトアヴェントゥラには毎年 400 万人が訪れ、その半数は外国人である。ペッローネ氏は「今後もフェラーリは欧州外からのテーマパーク開発提案についても吟味する」と述べた[133]。

フェラーリランド

　フェラーリランドはスペインのコスタ・ドラダにあるテーマパーク「ポルトアヴェントゥラ・ワールド」の一部である。同パークには 3 エリア、「フェラーリ・エクスペリエンス」、乗り物エリア、ショップエリアがある。フェラーリ・エクスペリエンスでは、F1 レースに参加している感覚を再現するレーシング・レジェンドという名のドーム型シアターがある。

---

[133]　2014/03/14 AFPBB News「フェラーリ、スペインにテーマパーク開園へ　141 億円規模」2021 年 11 月 1 日アクセス https://www.afpbb.com/articles/-/3010354

欧州最速のジェットコースター「レッド・フォース」（最高到達点112メートル、スタート後5秒で時速180 km/h）、フリーフォールタワー、レーストラック（ミニサイズのフェラーリでレース、全長570メートル）、レーシング・シミュレーター（F1体験）、ピットストップ・シミュレーションなどがある[134]。

ポルトアヴェントゥラ概要

　上記からフェラーリランドはポルトアヴェントゥラ内に増設されたことが分かった。同パークの公式サイト（英語版）の「About Us[135]」によると、ポルトアヴェントゥラはスペインの主要観光地の1つで、バルセロナ、タラゴナ、ビラセカ、サロウ、カンブリルスからアクセスが良い。「ポルトアヴェントゥラ・ワールド」では、ウォーターパークとホテルと2つのテーマパークがある。「ポルトアヴェントゥラ・パーク」は6つのテーマエリアで構成され、うち5つは世界の様々な地域にインスパイアされた。帝国時代の中国、アメリカ極西部、緑豊かなポリネシア、マヤ文明、地中海の漁村、子供向けのセサミストリートエリアがある。「カリブ・アクアティック・パーク」はカリブ海をテーマに面積5万平米、アトラクション、ショップ、レストラン、リラクゼーションエリア、豊かな緑がある。ポルトアヴェントゥラ・ワールドパークにフェラーリランドが追加された。特に絶叫マシン「レッドフォース」は高さ112メートルと巨大で、発車から5秒で時速180 kmに加速し、1.3の重力がかかる。パーク内には伝統的なイタリア料理、テーマ別のショー、オリジナル商品を扱うショップ等がある。6つの4つ星および5つ星ホテルはすべてテーマに沿ったホテルである。なお、**非上場**のようで公式サイトに会社情報は載っていない。

フェラーリ社の公式サイト

　伊フェラーリ社の公式サイト（英語版）の「About Us[136]」には車の情報のみが掲載されている。同「HISTORY[137]」には1947年から現在まで毎年の新車の写真が掲載されているが、テーマパーク事業について何も書かれていない。

---

[134] 2019/12/17 THE OFFICIAL Ferrari MAGAZINE「フェラーリ・ランドへのドライブ」2023年3月27日アクセス https://www.ferrari.com/ja-JP/magazine/articles/ferrari-gtc4lusso-barcellona-ferrari-land-portaventura
[135] Port Aventura World, About Us, 2023年3月27日アクセス
https://www.portaventuraworld.com/en/about-us
[136] Ferrari, CORPORATE, About Us, 2023年3月28日アクセス https://www.ferrari.com/en-EN/corporate/about-us
[137] Ferrari, HOSTORY, 2023年3月28日アクセス https://www.ferrari.com/ja-JP/history

フィアット・クライスラー・オートモビルズの公式サイト

　フェラーリ社の親会社は伊フィアット・クライスラー・オートモビルズである。その公式サイト[138]（英語版）には車の情報だけで、「About Us」という項目すら無く、テーマパーク事業について何も書かれていない。同社の社史「HERITAGE[139]」には車の歴史紹介のみでテーマパーク事業について何も書かれていない。

親会社のステランティス社

　伊フィアット・クライスラー・オートモビルズ社はフランスの自動車メーカーPSA（プジョー、シトロエン等）が合同で設立した企業である。同社の 2022 年の年次報告書[140]にテーマパーク事業について何も書かれていない。

6.東アジアでフェラーリワールド計画
韓国ソウル郊外に総事業費 1208 億円でフェラーリワールド計画

　2012 年 12 月、韓国の京畿道坡州市は京義線の月籠駅と坡州駅間の敷地（372 万平米）に 1.6 兆ウォン（約 1208 億円）を投じ、自動車テーマパーク「フェラーリワールド」を建設する事業を行う特殊目的会社（SPC）を同月末に設立すると発表した。同法人には国内外の投資家、建設会社、金融会社が参加する予定で、資本金 500 億ウォン（約 38 億円）である。坡州市は 2013 年 5 月に事業施行者を決定し、都市開発区域指定など行政手続を経て 10 月に着工し、2017 年までに完成する。坡州市によると、フェラーリワールドにフェラーリをテーマにした 40 種類以上のアトラクション、文化・展示施設、自動車レース体験コーナーなどを設ける計画である。同時に建設する<u>スマートシティー</u>には IT 関連企業、教育・研究機関、住宅などを集め、自足型企業都市を作る。李麟載・坡州市長が 2011 年 9 月にイタリアのフェラーリ本社を訪問してフェラーリワールドを提案、本格化した。その後実務協議を経て、2011 年 11 月に協約書を締結した。坡州市はプロジェクト・ファイナンスを通じて事業費を集める予定である[141]。2023 年 6 月現在、そこにフェラーリワールドは無い。

---

[138] FIAT.com, 2023 年 3 月 28 日アクセス https://www.fiat.com/
[139] FIAT, HERITAGE, 2023 年 3 月 28 日アクセス https://www.fiat.com/fiat-world/heritage
[140] Stellantis NV 2022.12.31 Annual Report, 2023 年 3 月 28 日アクセス
https://www.stellantis.com/content/dam/stellantis-corporate/investors/financial-reports/Stellantis-NV-20221231-Annual-Report.pdf
[141] 2012/12/05 朝鮮日報「坡州に「フェラーリ・ワールド」建設へ」

中国自動車大手、北京汽車と中国でテーマパーク計画

2016年4月、フェラーリは中国自動車大手の北京汽車などと中国でテーマパーク建設に関する覚書を結んだ。フェラーリは設計や建設、運営に関する**ライセンス**を供与する。オープン時期や都市などは未定だが、東アジア初となる。フェラーリは前会長のルカ・ディ・モンテゼーモロ氏時代に販売台数を絞り込んだ一方、潜在的なファン層の拡大を狙ってテーマパークに着目した。同社を巡ってはオランダに本社を置く親会社のフェラーリ N.V.が2015年に株式を上場した。2016年に入り、以前親会社だった欧米フィアット・クライスラー・オートモービルズが株式を売却しており、中国のテーマパーク進出は新たな成長機会を探る動きとなる[142]。

7.考察

本章では、フェラーリのテーマパーク事業を考察し、次の点を明らかにした。

第1に、フェラーリワールド・アブダビは、フェラーリが初めて手掛けたテーマパークである。実際のディベロッパーはアブダビ最大手の建設会社、都市開発会社である。アルダールはアブダビ政府系企業で、石油収入を背景に高成長を続けるアブダビの象徴的なプロジェクトを行ってきた。2008年のリーマンショック、ドバイショックの後、ドバイの不動産開発大手が開発を減速させる中、アルダールは躍進していた。しかしアルダールは不動産販売不振に陥り、ヤス島のF1サーキットなどの資産をアブダビ政府に売却した。2010年11月、アルダールは最終損益約166億円の赤字に陥り、アブダビ政府に支援を要請した。マンション等は建設する資金力と販売力は異なる。テーマパークも同じで、建設する資金力と開業後の集客力は異なる。

第2に、西バルセロナ郊外の既存のテーマパークにフェラーリランドが増設された。フェラーリはフェラーリワールド・アブダビで多くのことを学び、ノウハウを蓄積し、ヨーロッパに進出したと言える。ディズニーランドとユニバーサル・スタジオはアメリカで開発され、日本に進出し、日米でノウハウを蓄積し、その後、他の地域に進出するケースとなった。フェラーリワールドはオイルマネーを背景に中東産油国に設立し、ノウハウを蓄積し、ヨーロッパに輸出するケースとなった。

第3に、アブダビを含む湾岸産油国はドバイに倣い、**急速に大規模なハードを建設するという開発モデルに依存**している。建設する能力はあっても、販売力や集客力が伴うのだ

---

[142] 2016/04/01 日経MJ（流通新聞）10頁「中国にテーマパーク、フェラーリ、現地自動車と。」

ろうか。これに似た急速な開発が目立つ国として中国が挙げられる。中国の主要都市にテーマパークが乱立するが、大半が赤字とされている[143]。中国以外でも、新興国でのテーマパーク設立ラッシュは供給過剰に陥りやすい。アブダビやドバイも後にテーマパークの供給過剰に陥るのではないか。その対策として、(1)**外国人**観光客誘致、(2)国内の中間層増加による**内需**拡大、がある。湾岸産油国は「石油王」のイメージが強いが、大半の国民はそれほど裕福ではない（国による）。その上、人口も多くない国が多い。UAE の人口[144]は約 977 万人（2019 年）なので、ドバイ、アブダビともに自国民だけでは採算が取れないはずである。日本には約 1 億 2500 万人がいるので自国民だけで採算が取れる事業が多い。自国民だけでは市場が小さい国では、外国人観光客誘致を狙うしかなく、世界的な激戦となる。

　第 4 に、韓国のソウル郊外でフェラーリワールドがスマートシティ構想の一部として計画された。2010 年代以降、テーマパークは単体よりも複合商業施設や IR、より大きなスマートシティ構想の一部とされれるケースがある。

　第 5 に、フェラーリワールドが中国の自動車大手とライセンス契約を結んだ。しかし中国では新規テーマパーク計画が 3000 あるとも言われており、供給過剰である（中島, 2023a）。フェラーリというコンテンツはトップクラスに魅力とブランド力があるため、成功させてほしい。もし失敗するとフェラーリのブランド力が低下する。

　本章の限界は 2023 年 6 月現在、ここまでしか情報が無いことである。

伊フェラーリ社への政策提言

　フェラーリワールドは筆者が知る限りテーマパークの中で最も**大人の男性客の比率が高い**テーマパークである。筆者が来場した時（2015 年 1 月）、18〜49 歳くらいまでの男性客が全体の 8 割程度と感じた。ディズニーランドは最大手なので「フルライン戦略」をとり、老若男女問わず楽しめるようにしている。しかし実際、TDR の客の比率は、女性客 7 〜8 割、男性客 2〜3 割、小人（4〜11 歳）10〜16%、中人（12〜17 歳）10〜13%、大人（18〜39 歳）50%前後、大人（40 歳以上）2 割前後である[145]。TDR は、若い客は多いが、50 歳以上の客は少ない。日本の人口の 28%が高齢者（65 歳以上）である。日本は人口に占

---

[143] 2009/12/21 日本経済新聞　朝刊 6 頁「マカオ将来像、中国に戸惑い、返還 10 年、娯楽産業育成で試行錯誤。」
[144] 外務省「アラブ首長国連邦」2021 年 11 月 4 日アクセス
https://www.mofa.go.jp/mofaj/area/uae/data.html#section1
[145] オリエンタルランド「ゲストプロフィール」2022 年 8 月 3 日アクセス
http://www.olc.co.jp/ja/tdr/guest/profile.html

90

める高齢者比率で世界一である。テーマパークは体力勝負なので、若い人に向いたレジャーである。その点、フェラーリワールドは若い男性を集客できている。フェラーリワールドは園内至る所に本物のフェラーリが展示されている。フェラーリファンに宣伝すると効果的だろう。フェラーリワールド内に「フェラーリ博物館」がある。隣にビルを新設してこの博物館を移設し、もっと大規模化したらどうか。現在の博物館部分に新規アトラクションを追加したらどうか。初期から現在までのエンジンの展示など、技術発展をもっと詳しく展示すると、工業高校や工業大学の学生、技術職の人を集客できるだろう。創業者のエンツォ・フェラーリ氏に関する展示が少ないのでもっと増やし、経営者としての側面も併せて紹介したらどうか。テーマパークに興味はないが、フェラーリ好きを集客できる。

アブダビ政府への政策提言

日本で観光客向けのアブダビのガイドブックが普及していないので、JTB パブリッシングの『るるぶ』等、出版社に依頼し、日本人向けのアブダビのガイドブックを出版してもらうことを勧めたい。もし売れなかったら在庫を買い取るなら出版してくれる出版社はたくさんある。スマホやタブレット端末向けの情報も良いが、旅先で電波が繋がらなかったら使い物にならない。よって紙媒体がいいだろう。オイルマネーが豊富なので本の在庫の買い取りは可能なはずである。紙媒体と並行してオンラインの観光ガイドやアプリを開発して豊富に情報発信してほしい。

8.まとめ

自動車業界でレジャー事業に最初に多角化したのはホンダの多摩テックと鈴鹿サーキットだろう。本田宗一郎氏が「走る場の提供」を、藤沢武夫氏が「子供の頃から運転の楽しさを覚えて一生バイクと車のファンでいてもらうこと」を目的に多角化した (中島, 2021a, 第10 章)。ホンダのテーマパーク事業は一企業の多角化だったのに対し、フェラーリワールド・アブダビは石油依存からの脱却というアブダビ政府の国家戦略の一部だった。フェラーリにとってはコンテンツの二次利用、二次利益が目的だった。アブダビで成功したため、スペイン、韓国、中国へと広がった。

モンテゼーモロ氏はホンダと本田宗一郎氏の存在を知っていたと思われるが、ホンダが多摩テックに多角化したことを知らなかったと筆者は推測する。つまりモンテゼーモロ氏は自動車会社のテーマパーク事業として多摩テックを参考にしなかったと思われる。多摩テックの要素がフェラーリワールドに感じ取れなかったため、そう思う。

表1：自動車会社のテーマパーク事業参入

	ホンダ	フェラーリ
トップマネジメント	本田宗一郎氏・藤沢武夫氏	ルカ・モンテゼーモロ氏（当時）
実際の開発会社	本田技研（現ホンダ）	アルダール・プロパティーズ
サーキット	鈴鹿サーキット	F1（アブダビのヤス島）
テーマパーク	多摩テック（東京・日野） モビリティランド（鈴鹿）	フェラーリワールド（アブダビ） フェラーリランド（スペイン）
経営戦略	多角化戦略	アブダビ：石油依存からの脱却 フェラーリ：コンテンツの二次利用
戦略の位置づけ	一民間企業の戦略	アブダビ：国家戦略の一部 フェラーリ：コンテンツの二次利益

筆者作成

　筆者は前著（2021b）で「テーマパーク業界には**高学歴界の派手担当**が多い」と述べた。モンテゼーモロ氏がフェラーリのテーマパーク事業参入の意思決定を行ったと筆者は推察する。モンテゼーモロ氏はまさに「高学歴界の派手担当」である。画像検索すれば分かるが、モンテゼーモロ氏は俳優かと思う端正な容姿で、若返ったらサッカーのトッティ選手のような感じだと思う。

ルカ・モンテゼーモロ氏

　ルカ・コルデーロ・ディ・モンテゼーモロ（Luca Cordero Di Montezemolo）氏は1947年生まれ、伊ボローニャ出身、名門ローマ大学、米名門コロンビア大学で学んだ後、フェラーリ入社、フィアット関連会社の社長等を務めた後、1991年にフェラーリ社長となり経営を再建した。イタリア産業総連盟の会長を経て、2004年よりフィアット会長、2014年にフィアットを去り、アリタリア航空会長として経営再建した。ローマ五輪招致委員会のトップも務める。イタリアで彼を知らない人はいないほど有名で、芸能人やサッカー選手並みである。同氏は色々なファッション誌で特集され、若い頃にゴシップ（女優と婚約するも婚約破棄）が報道されたとは言え、ここまでの知名度にしたのは経営危機にあったフェラーリとフィアットを再建した功績による。同氏のキャリアの大部分を占め、ここまで有名になったのは本人も「自分の人生で2度の大きな苦難」と言うほど苦労したフェラーリとフィアット

の再建にあった。同氏は大企業再建について、「実業家に求められるものは５つ。パッション、自分より優秀な人材の発掘、そういう人材を周りに置く、仲間とのチームスピリット、クリアな目標を掲げること」「会社の危機を立て直すのはとても大変で、土日も働いた。パッションがあったからできた」「一人ではやり遂げられないことなので優秀で正しい人材を見つけて適材適所に配置することで力を発揮してもらった」という。また「世界で最もファッショナブルな男」の一人と言われ、様々な雑誌で世界のベストドレッサーにランクインした。それについて同氏は「私は人からお洒落の秘訣を聞かれるが、それは**私が人と違っているから**だろうと思う。**型破り**なことが評価されるのかもしれない」「クラシックな着こなしもできて、フリータイムのスポーティスタイルも決まっていたケネディ大統領のスタイルを参考にした」と述べた[146]。

このようにモンテゼーモロ氏は取材で「私は人と違う」「型破り」と答えた。筆者はテーマパーク経営を研究していて、テーマパークを新規に開発する人やデザイナー、アトラクション開発、コンテンツをつくるアニメーターや漫画家などは非常に個性が強く、型破りということに気づいた。日本で公務員、会社員、サラリーマンとして働く人はあまり個性が強くない傾向にある。

テーマパーク業界でファッション誌にファッショニスタとして掲載されたのはモンテゼーモロ氏だけである。前著「アジア編」（2022b）でサウジアラビアのアルワリード王子がテーマパーク業界で一番派手で豪華なセレブと書いたが、アルワリード王子はファッショニスタとしてファッション誌に載ったことはないだろう。モンテゼーモロ氏はアルワリード王子と並ぶ「高学歴会の派手担当」である。非常に目立つ個性ある人は、完全に振り切ることと、仕事能力が高いことが重要である。中途半端なら地味で目立たないほうが無難に過ごせる。魅力的なテーマパーク経営者がイタリアにいらっしゃることが分かった。

---

[146] THE RAKE JAPAN EDITION 「LUCA CORDERO DI MONTEZEMOLO 世界一の洒落者、そのワードローブは?」2023 年 3 月 28 日アクセス
https://therakejapan.com/issue_contents/luca-cordero-di-montezemolo/

短編3　英ハリーポッターのスタジオツアー

1.はじめに

　イギリスのロンドン郊外に映画「ハリーポッター」の「スタジオツアー」が開業し、人気である。2023年6月に東京のとしまえん跡地にもオープンし、大きく報道された。

　本編では、イギリスのハリーポッターのスタジオツアーの経緯を考察する。

2.ハリーポッター・スタジオツアー

ロンドン郊外にハリーポッター・スタジオツアー開業

　2011年10月、映画「ハリーポッター」シリーズの配給を担当した米ワーナー・ブラザースがロンドン郊外にあるリーブスデン・スタジオを改装し、スタジオ内を巡るハリーポッターツアーを2012年春に開業すると発表した。「ワーナー・ブラザース・スタジオツアー・ロンドン―ザ・メイキング・オブ・ハリーポッター」（以降、同ツアー）の所要時間は3時間、料金は子供21ポンド（約2500円）、大人28ポンド、家族チケット83ポンドである。1日当たり最大約5000人が参加可能で、入場券は事前購入の必要がある。リーブスデン・スタジオには映画撮影に使用したホグワーツ魔法魔術学校の大広間が移され、施設の天井から巨大クモのアラゴグが吊るされるなど、作品に使用された大道具、小道具が使われている。「ハリーポッターと秘密の部屋」に空飛ぶ車として登場したフォード・アングリアに乗っての記念撮影など様々なアトラクションがある[147]。ハリーを演じた俳優、ダニエル・ラドクリフは「ここは魔法の世界で、来た人は僕たちが長年仕事をした素晴らしい撮影セットに驚くと思う」とコメントした[148]。

ウィリアム王子、キャサリン妃、JKローリング氏らが開会式出席

　2013年4月、ウィリアム王子とキャサリン妃、ヘンリー王子が同スタジオツアー開会式に出席し、撮影セットの見物ツアーを楽しんだ。キャサリン妃は第一子妊娠中だった。映画「ダークナイト」シリーズでバットマンが乗る車やバイクに乗車したウィリアム王子は「ベ

---

[147] 2011/10/03 ロイター通信ニュース「ロンドン郊外で「ハリー・ポッター」スタジオツアー、来春開始」
[148] 2012/03/17 毎日新聞　朝刊8頁「英国：ロンドンにいらっしゃい　ハリポタ撮影セット、展示施設オープン　郊外に31日」

ビーシートを付けてもらえないかな」と冗談を言い、笑いを誘った。3人はハリーポッターシリーズの撮影セットを展示した施設を訪れ、魔法の杖を持って戦う様子を演じた。作者J・K・ローリング氏も出席し、ウィリアム王子はスピーチでローリング氏の功績をたたえた[149]。

イギリスでは年間150万人程度と人気施設

イギリスにある同ツアーは2012年の開業から11年後の2023年に合計1700万人以上の来場を記録した。2023年の時点で未だに予約困難なほどの人気である[150]。単純計算で年間150万人程度である。

東京にも同様のツアーが2023年に開業

2021年5月、メイキング・オブ・ハリーポッターを運営するワーナー・ブラザース・スタジオツアーズとワーナー・ブラザース・ジャパン合同会社（本社港区、高橋雅美社長兼日本代表）は「ワーナー・ブラザース・スタジオツアー東京—メイキング・オブ・ハリーポッター」を着工し、東京都練馬区としまえん跡地に2023年前半にオープンすると発表した。世界中から多くの人が訪れるロンドンのスタジオツアー成功に続きたい。屋内スペースに映画「ハリーポッター」「ファンタスティック・ビースト」シリーズの印象的なシーンセットなど魔法の世界が展示され、映画の舞台裏の秘密を学べる。スタジオツアー東京は来場者が歩いて回る体験型エンターテイメント施設で、大きな映画撮影スタジオ型の建物や屋外に建てられた家のセットもある。来場者と地域住民のための広場をスタジオツアーの正面入口前に作る。同プロジェクトには西武鉄道、伊藤忠商事、芙蓉総合リース、練馬区、東京都庁が協力している。この美しい緑地を守ることに優先的に対応している[151]。

東京の同ツアーのコンテンツ

2023年6月16日、東京の同ツアーは開業した。東京ドーム2個分、約9万平米の敷地に映画「ハリーポッター」シリーズの製作者が実際に設計し制作した映画セットを再現し

---

[149] 2013/04/27 共同通信ニュース「英王子らが映画スタジオツアー「ベビーシートを」と冗談も」
[150] 2023/06/16 FASHION PRESS「ハリー・ポッターの体験型施設「スタジオツアー東京」東京・としまえん跡地に、映画の世界を体感」2023年6月18日アクセス https://www.fashion-press.net/news/61604
[151] 2021/05/17 日本経済新聞電子版「ワーナー・ブラザースなど、「ワーナー ブラザース スタジオツアー東京-メイキング・オブ ハリー・ポッター」を正式着工」

た。映画で登場する大広間や、魔法界へと続く「9と3/4番線」のホグワーツ特急、ダイア
ゴン横丁など様々なエリアがある。ホグワーツの動く階段のエリアでは、肖像画の前で自分
たちの姿を撮影すると、実際に動く肖像画になったようなインタラクティブな体験ができ
る。9と3/4番線のホグワーツ特急はマグル(人間)の世界とホグワーツ魔法魔術学校を繋ぐ
移動手段で、同ツアーでは実際に9と3/4番線に立ち、手押しカートを壁に押し込むよう
なポーズで記念撮影をすることができる。「大広間」ではホグワーツの教職員らや、ハリー
らグリフィンドール生の制服、スリザリン、ハッフルパフ、レイブンクロー生の制服のほか、
大量の食器などの小道具なども展示されている。ハグリッドの小屋がある「禁じられた森」
を進むと、ヒッポグリフのバックビークなどの魔法動物に出会う。ホグワーツ城の最も高い
塔の奥深くにダンブルドアの校長室も再現されている。天文機器や望遠鏡、星座表が並べら
れた棚や、組み分け帽子、グリフィンドールの剣、ダンブルドアの憂いの篩など、象徴的な
小道具がある。ダイアゴン横丁にウィーズリー兄弟のいたずら専門店「ウィーズリー・ウィ
ザード・ウィーズ店」があり、「伸び耳」「惚れ薬」など120もの商品がある。グリンゴッ
ツ銀行、魔法動物ペットショップ、オリバンダーの店、ハリーの愛用箒ニンバス2000がウ
ィンドウに展示されている高級クィディッチ用具店などが並ぶ。面積900㎡、壁の高さ9m
以上ある「魔法省」の巨大セットも再現されている。19世紀のビクトリア様式の建造物を
モデルにしたオフィス棟をはじめ、「魔法は力なり」の石像、魔法省の入口となる暖炉など
が立ち並ぶ。ここでは、魔法省の職員と同じように暖炉の一つに入り、スモークや照明効果
でフルーパウダー(煙突飛行粉)を体中に振りかける魔法体験の写真や動画を撮影できる。ハ
リーがマグルとして育ったプリベット通り4番地「ダーズリー家」や、ハグリッドのバイ
ク、ホグワーツ橋、『ハリー・ポッターと賢者の石』に登場した巨大なチェスの駒など映画
セットが用意されている。また映画シリーズで使用されたグリーンスクリーン技術により、
箒に乗って空を飛び回りハリーになりきることができる。撮影後、グリーンスクリーン体験
での撮影映像と、本物の映画の映像と合わせて編集した映像が完成する。さらにフードホー
ル、チョコレートフロッグカフェ、バックロットカフェ、バタービールバーの全4ヶ所の
レストランやカフェがあり、それぞれ各寮を表したプレートや「ヘドウィグ」を模した真っ
白なケーキなど、映画の世界を表現したフードメニューが豊富にある。チケットは日時指定
の事前予約制で、大人6300円、中人（中高校生）5200円、小人（4歳～小学生）3800円
である[152]。

---

[152] 2023/06/16 FASHION PRESS「ハリー・ポッターの体験型施設「スタジオツアー東京」東

3.考察

　本編では、イギリスのハリーポッター・スタジオツアーの経緯を考察した。

　第1に、米ワーナー・ブラザースがロンドン郊外にあるリーブスデン・スタジオを改装し、スタジオ内を巡る同ツアーを2012年春に開業した。所要時間は3時間で子供21ポンド（約2500円）、大人28ポンド、家族チケット83ポンドと、家族で約1万円である。ディズニーとUSは1日で大人1万円近いので、同ツアーはお手頃価格である。

　第2に、イギリスの同ツアーは実際の映画撮影所をショービジネスに転用した。アメリカのUSハリウッドは米ハリウッドの実際の撮影所をスタジオツアーにして人気を博している。経営資源をエンターテイメント施設に転用して二次利用し、二次利益を得る。

　第3に、東京の同ツアーは大人6300円と高額で、コンテンツが豊富なTDRの8400〜9400円と比べると割高感がある。イギリスの同ツアーは開業から11年経っても人気施設であるが、東京はイギリスよりもエンターテイメント施設が多いので、エンターテイメント支出が分散する。東京の同ツアーはイギリスの同ツアーよりも集客難易度が高いだろう。イギリスの人気観光地は宮殿、博物館、美術館、史跡がメインである。東京周辺の人気観光地はそれらに加えて人工的な集客施設が多く、それらは人気が高く激戦である。

　同ツアーの開会式にウィリアム王子、キャサリン妃、ヘンリー王子らが出席した。筆者の知る限り、テーマパークを含むレジャー施設の開会式で出席者が歴代で最もVIPである。

　ロンドンでの成功を受け、東京にも同様の施設が2023年6月に開業した。東京の同ツアーは来場者が歩いて回る体験型エンターテイメント施設である。同プロジェクトは美しい緑地を守ることに優先的に対応していると書かれているため、環境保全の意識があると言える。

　本編の限界は、東京での同ツアーの情報ばかりで、事前予想よりロンドンの同ツアーの情報が少ないことである。ここまでしか分からなかった。今後は日英両方の同ツアーの動向を追いかける。

京・としまえん跡地に、映画の世界を体感」2023年6月18日アクセス https://www.fashion-press.net/news/61604

第Ⅱ部　旧東側陣営：ロシア友好国

旧ソ連（ソビエト社会主義共和国連邦）、現ロシアを中心とした旧東側陣営は社会主義・共産主義のため、エンターテイメント産業は少なかった。旧西側陣営に比べると、経済成長が遅れる国が目立つ。しかし 2014 年にソチ五輪が開催され、2020 年にモスクワに「ロシア版ディズニーランド」こと「オストロフ・メチティ（夢の国）」が開業するなど、旧東側陣営で大規模な観光開発が行われるようになった。

第5章　ロシアのレジャー開発と「ロシア版ディズニーランド」

1.はじめに

2020 年 2 月、モスクワに「ロシア版ディズニーランド（露オストロフ・メチティ：英 Dream Island：夢の島）」が開業し、プーチン大統領が視察した[153]。共産主義の国に資本主義の象徴のような大規模テーマパークが建設されたので驚いて研究を開始した。

本章では、ロシアのレジャー開発と「ロシア版ディズニーランド」開発の経緯を考察する。第1にロシアの概要、第2にロシアのレジャー開発の進展、第3にウクライナ侵攻と観光市場の損失を考察する。

2.ロシアの概要

ロシア連邦[154]（Russian Federation）は面積約 1709 万 km²（日本の約 45 倍、アメリカの 2 倍弱。参考：ソ連約 2240 万 km²：日本の約 60 倍）、人口約 1 億 4617 万人（2021 年、参考：旧ソ連：2 億 8862.4 万人／1990 年 1 月 1 日。ロシア国家統計庁）、首都モスクワ、公用語はロシア語、宗教はロシア正教、イスラム教、仏教、ユダヤ教等である。共和制で連邦制（共和国や州等 83 の構成主体からなる連邦国家）で、元首はプーチン大統領である。連邦院（上院）と国家院（下院）の二院からなるロシア連邦議会を有する。プーチン大統領はチェチェン紛争を終了させ、国内の分離主義を掃討し、「強い国家」建設を掲げ、議

---

[153] 2020/02/28 朝日新聞 DIGITAL「「ロシア版ディズニーランド」29 日開園、プーチン大統領が視察」2023 年 2 月 12 日アクセス
https://www.asahi.com/culture/reuters/CREKCN20M0BR.html
[154] 外務省「ロシア連邦」2023 年 2 月 12 日アクセス
https://www.mofa.go.jp/mofaj/area/russia/data.html

会勢力と地方勢力の掌握など中央集権化や反政権の新興財閥解体やマスコミ統制等、政治的な安定を追求した。持続的な経済発展に成功し、「優先的国家プロジェクト」（保健、教育、住宅建設、農業）を通じて国民生活の向上を図った。

外交 2022年2月、ロシアはウクライナの一部である「ドネツク人民共和国」および「ルハンスク人民共和国」を独立国家として承認し、この地域の保護を理由にウクライナへの侵略を開始した。これを受け、日本を含む国際社会はロシアを厳しく非難し、ロシアに制裁措置を課し、即時に攻撃を停止して部隊をロシア国内に撤収するよう求めた。米バイデン大統領就任直後の2021年2月、唯一残された米露間の核軍縮枠組みである新戦略兵器削減条約（新START）の5年間の延長でアメリカと合意し、同年6月にバイデン大統領との初対面での首脳会談をジュネーブで行った。一定の分野での協力を模索する動きは見られたが、2022年2月のロシアによるウクライナ侵略により米露関係は悪化した。アメリカがG7を始めとする同志国による対露制裁やウクライナ支援を主導する中、米露間の対話はほとんど行われていない。

歴史 1917年にロシア革命、1922年にソビエト連邦成立、1991年にソビエト連邦解体、ロシア連邦誕生（エリツィン初代大統領）、2000年にプーチン大統領就任（第1〜2期）、2008年にメドヴェージェフ大統領就任（プーチン首相）、2012年にプーチン大統領就任（第3・4期）した。

CIS 諸国 ロシア外交の最優先地域。ロシアは独立国家共同体[155]に加盟する旧ソ連の諸国を、伝統的な友好善隣関係や歴史的なつながりによって結ばれた特別な国々とみなして積極的な外交を展開している。

ロシア連邦軍 3軍種（地上軍、海軍、航空宇宙軍）、2独立兵科（戦略ロケット部隊、空挺部隊）で構成される。現役約90万人（準軍事組織（国境警備隊等）約55万人を除く）である。国防費は2010年代中盤まで増加傾向にあり、2015年の4兆300億ルーブルをピークに（2016年支出3兆8400億ルーブル：2017年支出約3兆7100億ルーブル、1ルーブル＝約1.7円）、油価下落等による財政状況を反映し減少に転じたものの、2018年から微増を継続している。

---

[155] 独立国家共同体（CIS）：1991年、バルト諸国を除く旧ソ連諸国が外交問題の調整等を行うため設立。2005年、トルクメニスタンが加盟国から準加盟国へ。2009年、ジョージアが脱退。ウクライナは2018年、CIS憲章機関の活動へのウクライナの参加停止およびすべての憲章機関からウクライナの代表を召還する旨決定。

経済 主要産業は鉱業（石油、天然ガス、石炭、金、ダイヤモンド等）、鉄鋼業、機械工業、化学工業、繊維工業で、GDP106兆9675ルーブル（2020年、ロシア国家統計庁）、1兆4835億米ドル（世界銀行）である。輸出総額4923億ドル（原油、天然ガス、石油製品、自動車、鉄鋼等）、輸入総額2935億ドル（機械装置、電気機器、自動車・自動車部品、プラスチック類、医薬品等）である。主な輸出相手国は上位から中国、オランダ、ドイツ、トルコ、ベラルーシ、輸入相手国は中国、ドイツ、アメリカ、ベラルーシ、韓国（ロシア連邦税関庁）である。

3.ロシアのレジャー開発の進展
ソチにディズニーランド型のテーマパーク計画

　1999年3月、ロシア南部、黒海沿岸の保養地ソチに露最大のガス企業ガスプロムや国営石油会社のロスネフチ、さらにアメリカなどの外国資本も参加してディズニーランド型のテーマパークを建設する計画が具体化し、調印式が行われた。インタファクス通信によると、地元ソチの参加企業マジックランドのマトベーエフ社長の説明では、敷地面積が入り江に沿った200haで、中核となる「アクアパーク」だけで建設費2500万ドル（約29.5億円）を見込む。完成時期などは明らかでないが、ロシアからはガスプロムのほか国営石油会社ロスネフチ、アルファバンク、またアメリカやオーストラリア、ドイツからも資本参加する。ソチは年間平均気温13度と温暖な気候で、プリマコフ首相（当時）が別荘を持つ有数の保養地で、ホテルや温泉を利用したサナトリウムが多数ある。外国人保養客も多い[156]。

ディズニーランドをモデルにしたテーマパークがモスクワで決定

　1999年10月、21世紀記念事業を検討しているロシアの「大統領2000年委員会」はディズニーランドをモデルにした歴史パークをモスクワに建設すると正式決定した。1999年内に着工、2001年1月の開業を目指す。ロシア初と銘打った大規模なテーマパーク建設構想は5年前から政府内で浮上していた。有力紙コメルサントによると、計画はディズニーランドをイメージし、ロシアの18～19世紀時代の歴史、風俗を紹介する「ロシア村」「コザック村」を設け、当時のモスクワの刑務所や一般住宅などを再現する。ヨーロッパの城やチンギスハンの宮殿、チベットの修道院なども復元する。建設候補地はモスクワ北部の全ロシア展示会センターか同南部のコロメンスコエ・オープンエア博物館跡地のどちらかにな

---

[156] 1999/03/04 東京新聞夕刊2頁「ロシアにもテーマパーク　黒海沿岸に建設へ」

る。ただし事業費の捻出が問題である。大統領2000年委員会のコルトゥノフ執行委員長は総工費2億ドル（約**212億円**）のうち1億ドルは外国の投資家から、残りは連邦政府とモスクワ市の財政や一般個人の寄付金から得ると計算し、借金しても開業後に返済できると述べた。しかし政府が深刻な財政難にあり、長い冬に集客は望めず、採算性が疑問視された。コメルサント紙は「個人の投資にも期待できない」とコメントした[157]。

韓ロッテ、モスクワに複合テーマパーク計画

　2005年12月、韓国のロッテグループがモスクワにロッテワールドのような複合テーマパークの建設を推進していた。モスクワ駐在のロッテ関係者は聯合ニュースの電話インタビューで「グループ関係者が先週モスクワを訪問し、ルシコフ市長らとテーマパーク建設問題について話し合った」「公園造成計画に対する調査を終え、モスクワ市が提示した条件などについて慎重な検討作業を進めている」と答えた。ロッテは、モスクワ市が提示した条件では収益性が無いとみて、ロッテワールドのように室内外のテーマパーク以外にショッピングセンター、ホテルなど商業施設を含め複合型にすべきだと主張する。また室内型の場合は<u>モスクワ市が厳しい高さ制限</u>を設けていることも解決すべき課題である。モスクワ市はテーマパークの名称を「奇跡の公園」と命名し、完成すれば毎日5万～10万人の市民が訪れると見込む[158]。

観光特別経済区を発足

　2007年8月、ロシア各地の地域経済を活性化する取り組みとして、観光・レクリエーション特別経済区が発足した。自然に恵まれた同特区に企業を誘致し、連邦・地方行政府が基礎的なインフラ整備を支援する。

＜工業ポテンシャルが低い地域を観光特区に転換＞

　2006年、経済発展商務省は観光業振興のための特区設置にかかわる公募を実施した。地方行政府から寄せられた28件の応募案件の中から7地区の「観光・レクリエーション特別経済区（以降、観光特区）」を選定した（表1）。政府は工業発展のポテンシャルに乏しい地域の経済活性化を観光業とその周辺産業で振興を図りたい。経済発展商務省は観光特区導入の狙いは、GDPに占める観光業・周辺産業の割合の増加による経済の多様化である。

---

[157] 1999/10/15 産経新聞　東京夕刊 10 頁「モスクワに初のテーマパーク　事業費ねん出強気の執行部　財政難...採算性に疑問も」
[158] 2005/12/15 聯合ニュース「ロッテ、モスクワで複合テーマパーク建設を推進」

ロシアは観光業がGDPに占める割合は1.5%（2006年、以下同じ）にとどまり、米3.9%、仏4.4%、墺6.2%に比べ拡大の余地が大きい。7ヶ所の観光特区設置で2016年までに観光業で6.4万人の新規雇用が、インフラ整備など周辺産業を含めると15.5万人の新規雇用が創出されると見積もる。課税基盤の強化、歳入増、雇用創出など幅広い役割を担うものとして観光特区に期待をかける。

<観光特区はコスト面で有利>

　観光特区におけるホテルやレジャー施設の建設費用は基本的に民間企業が負担する。特区に入居する企業のメリットは、第1に空港や港湾と特区を結ぶ道路や特区内の上下水道、電気・ガス、通信などのインフラの利用が可能となる。これらインフラ整備は主に連邦・地方行政府の公的予算で行われる。その規模は特区7ヶ所に対する投資総額の4分の1に相当する。第2に事業化にかかわる各種手続を1ヶ所で行う「ワンストップサービス」の提供である。ロシアに投資する上での障害の一つと言われる許認可取得や法的手続の煩雑さが軽減される。税金免除など優遇措置もある。

<東シベリアは日本企業の進出を希望>

　バイカル湖（世界自然遺産：「シベリアの真珠」と呼ばれる）を挟んで東にブリヤート共和国、西にイルクーツク州にそれぞれ特区が指定された。この特区の中心はイルクーツク市から約70キロのリストウァンカ村で、「バイカルシティー」プロジェクトがある。1000人収容の五つ星ホテルやコテージ、スキーリゾートや水族館、国際会議場、研究所などをバイカル湖畔に展開する。スポーツ・レジャーから学術的活動まで幅広くサポートする**テーマパーク構想**である。バイカル湖の自然を生かしたエコツアー、環境関連のサミットや各種国際会議を開催する都市として**ビジネスツーリズム型**を志向する。同村の村長によると、すでにドイツとフランスからプロジェクト参入について打診があり、中国企業2社と投資総額84億円規模に上るホテル・レストラン事業に関する合意文書を締結した。村長は日本の投資家の参画を強く希望している。アレクサンドル・ティシャーニン・イルクーツク州知事の構想はさらに大きい。同州知事は、観光・レクリエーション事業で経済の浮揚を図り、将来は安価な電力や良質の水資源を活用した環境負荷の少ないハイテク型高付加価値産業の誘致へつなげたい[159]。なお、2023年6月現在、バイカル湖周辺にそのテーマパークは無いようである。

---

[159] 2007/08/15 ジェトロセンサー「ロシア「観光特区の導入で地域経済の活性化狙う」（エリアリポート）（ロシアNIS課　下社学)」

表1：観光・レクリエーション特別経済区の概要

連邦構成体	面積 (km²)	連邦・地方行政府 の投資総額(億円)	民間投資額 (億円)	開発テーマ
アルタイ地方	33	340	150	エコツアー、スキー場、洞窟めぐり などアウトドア型レジャーの拠点
アルタイ共和国	16	265	310	
イルクーツク州	4	220	485	バイカル湖岸のエコツアー、スキー 場、クルーズ、コンベンション会場
ブリヤート共和国	701	625	1,800	
クラスノダール地 方	20	1,360	6,900	黒海沿岸にビーチ、クルーズ、レジ ャー施設などリゾート開発
スタウロポリ地方	17	140	2,300	コーカサス山脈のミネラリヌィウ ォディ市周辺に鉱泉治療施設
カリーニングラー ド州	67	84	270	クルシュ砂州周辺にエコをテーマ にしたレジャー施設運営

出典：2007/08/15 ジェトロセンサー「ロシア「観光特区の導入で地域経済の活性化狙う」（エリアリポ
ート）（ロシア NIS 課　下社学）」

＊1ルーブル＝4.69 円として算出、出所：経済発展商務省

バイカル湖畔にディズニーランド型のテーマパーク計画

　2014 年 1 月、古い紙パルプと製紙工場の跡地に近代的なネイチャー・テーマパークとア
クアパークが計画されていた。バイカル湖にロシア人と外国人観光客を誘客することが目
的である。ロシアの天然資源省がディズニースタイルのエコロジカルなアトラクションを
提案した。環境汚染の源になった工場敷地に建設される。1966 年に建設されたバイカルス
ク・パルプ製紙工場は 800 人を解雇し、閉鎖された。そこにテーマパーク、博物館、ホテ
ル等の複合施設を建設する。テーマパークの計画はモスクワのストレルカ建築デザイン研
究所に設計された。計画ではボイラーやセルロース醸造所など工場の一部を維持する。2500
人の雇用を創出し、観光客年間 200 万人を超える観光客が来ると予測される[160]。なお、2023
年 6 月現在、そのテーマパークは無いようである。

---

[160] 2014/01/28 The Siberian Times, Siberia 'to get a world class Disney-style theme park' on
shores of Lake Baikal, 2023 年 5 月 5 日アクセス
https://siberiantimes.com/business/casestudy/news/siberia-to-get-a-world-class-disney-style-
theme-park-on-shores-of-lake-baikal/

米ドリームワークスのテーマパークがモスクワに計画

　2014年4月、モスクワ南部のナガチンスカヤ・ポイマ地区に米アニメーションスタジオ、ドリームワークス（スティーブン・スピルバーグ監督の映画会社）のテーマパークが建設されるとモスクワ市建設評議会サイトが伝えた。米ドリームワークスはモスクワでのテーマパーク建設の意向を2013年に発表していたが、この度クズネツォフ・モスクワ市設計主任が、立地はナガチンスカヤ・ポイマ地区になることをソビャニン市長に報告した。パークの総面積は25万平米で、うち8万平米を占める屋外エリアに通年営業のアトラクションが設置される。年間入場者数400万人を見込む。**サンクトペテルブルク**（以降ペテルブルク）と**エカテリンブルグ**にもドリームワークスのテーマパークを建設する案がある。パークにはドリームワークスのアトラクションの他、ロシアのアニメスタジオ「ソユーズムリトフィルム」の映画館、5000人を収容できるコンサートホール、レストラン、ホテル、子供用品ショップ等が設置される。屋外エリアに子供用ヨット教室やスケートリンクなどのスポーツ施設、観覧車、遊歩道、自転車道等が整備される。園内の多くの部分をアトラクションやスポーツ施設が占め、ショップやレストランなどの商業施設は全体の40%である。収益性確保のために商業エリアを広げるよう投資家らが主張したものの、子供が楽しめることを前提とし、むやみに商業施設を建設しないようソビャニン市長らが主張した。ディベロッパーのレギオヌィが建設する。早ければ同年内に着工し、2017年に完工の予定で、投資額は最大100億ルーブルの見込みである。レギオヌィは3都市のテーマパークの建設費用を合計10億ドルと見ており、うち3割を自己負担し、残りは銀行から借り入れる。テーマパークへのアクセスは2015年に開業予定の地下鉄駅「テクノパーク」、モスクワ環状鉄道の自動車工場「ジル」最寄駅も開設される。モスクワ川の水上バス駅を改修してアクセス可能にする計画もある[161]。

ペテルブルクにアングリーバードのテーマパーク開業

　2014年6月、モバイルゲーム「アングリーバード」のフィンランドのロビオ社（第3章）がペテルブルクのショッピングセンター内にアングリーバードのテーマパークを2015年1月に開業すると、同パーク開設のライセンスを獲得したFortグループが明らかにした。ペテルブルクのパークは、同グループが2014年9月にブィボルグ地区で開業予定の商業娯

---

[161] 2014/04/14 JSN ボストーク通信「米ドリームワークスのモスクワのテーマパークの立地が決定」

楽施設「エブロポリス」の3階に入居する予定で、ロシア初のアングリーバードの屋内テーマパークとなる。面積3900平米、投資額5億3500万ルーブルで、1日800人（2800人受け入れ可能）、年間入場者数25.5万人を予定している。1日に何度でも再入場可能なチケット料金は500〜900ルーブルで、レストランやショップ等も併設される。投資回収期間は6年の見込みで、ライセンス期間は10年である。エブロポリスには、ジェーツキー・ミール、アディダスキッズ、レゴ等の子供用品店も入居する。また墺テーマパーク「ミノポリス[162]」も開設される。同グループはエブロポリスの他にショッピングセンター10軒、ビジネスセンター3軒を所有する。ロシアでは外国ブランドのテーマパークの建設計画が複数出ており、アングリーバードのテーマパークは2013年モスクワの「Vnukovi アウトレットビレッジ」内に第1号がオープンし、カリーニングラード州でも建設が決定している[163]。

米大手旅行代理店TripAdvisor によると、2023年6月現在、ペテルブルクで「アングリーバード・アクティビティパーク」が営業している[164]。

モスクワにユニバーサル・スタジオ計画

2015年9月、ユニバーサル・スタジオを運営する米コムキャストは今後海外展開を拡大する方針で、モスクワにユニバーサル・スタジオを建設すると発表した[165]。

アミューズメント施設はウラル以西、特にモスクワに集中

2010年代にはロシア最大となるモスクワ水族館の開業（2015年8月）や、子供向け職業体験テーマパーク、キッザニアの開業（2016年1月）など、レジャー施設の新設・改修が相次いだ。ロシア・アミューズメントパーク・アトラクション協会（RAAPA）は2015年12月、外国の貿易経済団体向けセミナーをモスクワで開催し、潜在的需要が大きく競争の少ないロシアのアミューズメント産業市場は、外国企業にとって魅力的と PR した。RAAPAは1995年に設立され、アトラクションの安全・サービス基準に関する法令の策定、

---

[162] ミノポリス：墺ウィーンにある子供向け社会職業経験テーマパークでキッザニアに似ている。
Minopolis, Welcome to MINOPOLIS, 2023年2月13日アクセス http://www.minopolis.biz/home/
[163] 2014/06/23 JSN ボストーク通信「ロシア・ペテルブルクに Angry Birds のテーマパークが開園へ」
[164] Tripadvisor, Angry Birds Activity Park, 2023年5月9日アクセス
https://www.tripadvisor.com/Attraction_Review-g298507-d8073278-Reviews-
Angry_Birds_Activity_Park-St_Petersburg_Northwestern_District.html
[165] 2015/09/29 東京読売新聞　朝刊8頁「USJ「本家」傘下入り　米メディアが買収　独自路線　維持見通せず」

会議・セミナー・研修の開催、レジャー施設の従業員研修、情報誌の出版、国際交流支援などを実施する。そのセミナーにはイギリス、オランダ、ベルギー、デンマーク、イタリア、ポーランド、ブルガリア、日本、タイ、韓国、キルギスの11ヶ国から参加があった。イーゴリ・ロジオノフRAAPA第1副会長が、ロシアのアミューズメント産業の概要と外国企業にとっての魅力について以下のように説明した。ロシアのレジャー施設には公園（約700ヶ所）、アミューズメントパーク、家族向け屋内レジャー施設、複合施設（約10ヶ所）、ウォーターパーク（約50ヶ所）、映画館、動物園（約60ヶ所）などがある（表2）。地域別では、中央連邦管区に施設の28%があるほか、沿ボルガ連邦管区18.2%、南連邦管区16.1%、シベリア連邦管区10.3%、ウラル連邦管区9.7%、北西連邦管区7.6%、北コーカサス連邦管区5.8%、極東連邦管区4.3%とウラル以西に集中している。利用者の50%は幼児（3〜6歳）および小学生（7〜12歳）である。

＜競争が激しくないところが魅力＞

ロシアのアミューズメント産業の市場規模は関連インフラの近代化需要を背景に、2010年代の5年で4倍に拡大すると見込まれた。乗り物などのアトラクション、飲食店、小売店、イベント開催、機器レンタル、スペースのサブリースなどがあり、2015年の売上高は24億4700万ルーブル（約36.7億円、1ルーブル＝約1.5円）に上った。アトラクションのチケットの平均価格は130ルーブル（**195円**）である。ロシアのアミューズメント産業市場の魅力は、(1)100万人都市が15ヶ所ある、(2)14歳以下の人口が2300万人に上り新形態の娯楽やレジャーの需要がある、(3)国内旅行が増えており年間旅行者は3270万人に達している、(4)家族向けレジャー施設の建設が進んでいる、(5)競争が激しくない、などが挙げられる。他方、気候条件が厳しく冬季の屋外施設の稼働率が低いこと、経済危機で投資回収期間の長期化、消費需要がわずかながら低下していること、などが懸念事項である。また露国内で利用されるアトラクションやゲーム機器の主要製造企業には、ミール、アトラクツィオン、イタルパルク、プレースペース、ブルンスウィック・キッズプレー、ゲームシティーなどのロシア企業のほか、イタリアのザムペルラなどがある。ロシアCIS地域のメーカーは、子供向け遊戯施設やVRを用いたアトラクションなどに強い。ウォーターパーク向け機器やゲーム機器は9割が外国製となっている（表3）。アトラクション設備の主な輸入先はイタリア、中国、スペイン、トルコ、ドイツ、アメリカ、カナダ、ポーランドである。

＜展示会を年2回モスクワで開催＞

モスクワ市では特別プログラム「レジャー産業とツーリズムの発展」（2012〜2016年）の下、ゴーリキー公園や全ロシア博覧センターの改修事業など、106の公園を含む2.4万の

施設の開発に1億ユーロ以上が投資される。国家プロジェクト「モスクワ郊外の公園」は
モスクワ州に新しい公園を建設するためのプロジェクトで、公園設置に関する統一基準を
策定している。遊びながら学べるエデュテイメント施設の設置も進む。例えば、子供向け職
業体験分野ではキッズブルク（モスクワ、ボロネジ、ペテルブルク）、マステルスラブリ（モ
スクワ）などがある。火星探査の疑似体験ができるインターアクトリアム・マーズ・テフォ
（モスクワ）や実験を通じて自然科学の法則を学べるエクスペリメンタリウム（モスクワ）
などがある。RAAPAは毎年3月と10月の年2回、アミューズメント産業の展示会をモス
クワで開催している。出展企業数は約200社で、外国からイタリア、アメリカ、中国など
25ヶ国50社が参加している（表4）[166]。

キッザニアがモスクワに開業

　2016年1月、キッザニアのロシア1号店（世界で21番目）がモスクワ市ホロショフス
キー地区にオープンした、とモスクワ市政府が発表した。開業記念式典に出席したソビャニ
ン・モスクワ市長によると、モスクワ市では就学前児童向け施設、学校、公園、児童広場な
どの児童向け施設の整備が進んでいる。過去3年で「マステルスラブリ」「キッドブルク」
のような同種の施設がオープンした。投資総額は3000万ドル超で、主な投資家は露オンラ
インゲーム会社「Innova」で、その他に上記パートナー企業の一部も出資した。Innovaは
2017年までにペテルブルクにロシア2号施設をオープンし、その後カタールやロシアの地
方都市に小型施設を展開する。ショッピングセンター、アビアパルク内にあり、面積は欧州
最大の1万平米で、年間100万人以上の子供が訪れる見込みである。キッザニアに参加す
るパートナー企業はロシア郵便（郵便）、MTS、STSメディア（通信・マスコミ）、アル
ファ銀行、マスターカード（金融）、ペレクリョストク、ジェーツキー・ミール（小売）、
ロスインテル・レストランツ、バスキン・ロビンス（外食）、フェレロ、ユニリーバ、ダノ
ン、ペプシコ（食品）、メドシー（医療）、サムスン、キヤノン、LGなど国内外30以上
の企業で60以上の職業体験がある。国営企業「統一ロケット宇宙会社」に設置された「子
供宇宙飛行士養成センター」もある。入場料は1歳まで無料、2〜3歳は350ルーブル（休
日450ルーブル）、4〜14歳は1200ルーブル（同1500ルーブル）、15歳以上は600ル
ーブル（同750ルーブル）である。施設では保護者のために子供たちの様子を観察できる

---

[166] 2016/01/27 通商弘報「拡大するアミューズメント市場をPR－施設の新設・改修が相次ぐ－（モ
スクワ発）」

モニターを供えた休憩所、無料 Wi-Fi、カフェ、図書室も供えられ、子供のしつけに関する心理学者の講義も行われる[167]。

表2：ロシアの主なレジャー施設

種類	名称	場所	概要
公園	ゴーリキー公園	モスクワ	2015年の来場者数1400万人
	ソコーリニキ公園	モスクワ	20のアトラクション。冬季レジャー評価1位
	ゴーリキー公園	ペルミ	60のアトラクション設置
	ベロウソフ公園	トゥーラ	50のアトラクション設置
アミューズメントパーク	ソチ・パーク	ソチ	露初のアミューズメントパーク。投資額130億ルーブル（約195億円）
	ディボ・オストロフ	ペテルブルク	47のアトラクション設置。大規模改修中。2016年再開予定。
	シティパーク「グラド」	ボロネジ	露・CIS・東欧地域で最大の屋内アミューズメントパーク。
家族向けレジャー施設	ハピロン	モスクワ、ペテルブルク、エカテリンブルク、ソチ、スルグト	ショッピングセンター内の室内遊園地。ウクライナ（キエフ）やカザフスタン（アルマトイ、アスタナ、アクトベ、シムケント）などにも展開
	コスミク	モスクワ、ペテルブルク、クラスノダル、クラスノヤルスク、ノボシビルスク、コストロマ、スルグト等	ショッピングセンター内でボウリング、ビリヤード、ゲームセンターなどの家族向けレジャー施設
	ファンシティー	モスクワ、ペテルブルク、カザン	ショッピングセンター内で子供向け遊戯施設
ウォーターパーク	ゾロタヤ・ブフタ	ゲレンジク	黒海沿岸の露最大のウォーターパーク
	カサンスカヤ・リビエラ	カザン	ホテル、レストラン、動物園、ビーチなどを併設した複合レジャー施設

[167] 2016/02/01 JSN ボストーク通信「職業体験型テーマパーク「キッザニア」がモスクワでオープン」

ウォー	リンポポ	エカテリンブルク	ウォータースライダー、ビーチ、ホテル
ター	ピテルランド	ペテルブルク	ペテルブルクで2ヶ所運営。うち1ヶ所はショッ
パーク			ピングセンター併設

出典：RAAPA 資料、各施設の HP を基に作成

表3：レジャー施設における設備・機器のシェア（単位：%）

分野	ロシア CIS 企業	外国企業
アトラクション設備	60	40
ゲーム機器	12	88
膨張式遊具	45	55
子供向け遊戯施設	65	35
VR アトラクション	65	35
ウォーターパーク向け機器	10	90

出典：RAAPA 資料を基に作成

表4：主なレジャー施設計画

名称	概要
ドリーム ワークス	モスクワ市に投資額約10億ドル、総面積25万平米。恐竜ロストワールドやトランシルバニアなど5つのゾーンに40のアトラクション等2018年開業予定。
パトリ オット	モスクワ州西部にある軍事技術を転じたテーマパーク。投資額約3億7700万ドル、総面積5400ha。第1フェーズは2015年に完成。アトラクション、水族館、子供向け遊戯施設などを設置。2017年開業予定。
ロシア	露文化、多民族国家としての発展がテーマ。モスクワ市南部のドモジェドボに建設。投資額78億ドルで2020年開業予定。
ザリャ ディエ	モスクワの赤の広場近くのロシアホテル跡地に建設。投資額250億ルーブル。都市と自然の調和をテーマとした公園。2017年開業予定。
アングリ ーバード	アングリーバードをテーマにした屋内レジャー施設。ペテルブルク市内のショッピングセンター「ユーロポリス」で2015年4月開業。

出典：RAAPA 資料、各種メディア情報を基に作成

4.ロシア版ディズニーランド

「ロシア版ディズニーランド」にキティと忍者エリア

　2020年2月29日、モスクワに欧州最大級の屋内型テーマパーク「ロシア版ディズニーランド」こと「オストロフ・メチティ（夢の島）」がオープンした。「夢の島」は国内外の人気キャラクターをテーマとした9つの娯楽施設、カフェやレストラン、ショップなどが並ぶテーマゾーンを中心に、屋内施設の総面積30ha、テーマゾーン以外の遊歩道や広場は入場無料である。映画館やコンサートホールなどの開業も予定されている。隣接するホテルなども含めた公園ゾーンとして開発する計画で、総面積100haとなる。プロジェクトが始動したのは2017年で、建設主体は実業家ムツォエフ氏らのディベロッパー企業「レギオヌィ」で、投資額15億ドル、年間入場者数750万人を見込む。テーマゾーンでは「スマーフ」「モンスターホテル」「ニンジャ・タートルズ」「ハローキティ」「雪の女王城」「トランシルバニアホテル（お化け屋敷）」「恐竜の国のモーグリ」「おとぎ話の村（ピノキオの家等）」など外国のキャラクターをテーマにした施設や、27のアトラクションなどがある。キャラクターグッズ販売店が11店あり、お土産や玩具、服、鞄、装飾品などここでしか買えない物が販売される。飲食店もキャラクターに因んだ飲食物を提供する。各テーマゾーンの外側は屋内遊歩ゾーンで、バルセロナ、ビバリーヒルズ、パリ、ロンドン、ローマなどの有名建造物を模した施設が並ぶ。隣接地域にスポーツ広場や子供用遊戯施設、300mに及ぶ人工池や噴水を備えた44haの公園ゾーンが開業する。プロジェクトの第2段階として、ホテルや子供向けヨットスクール、コンサートホールなどが計画されている。同園の建設は、モスクワ市が進める旧ジル工業団地跡地再開発計画の一部である。同計画ではスポーツ施設や650万平米の住居・商業施設の建設や交通インフラが整備される。同園の最寄り駅として地下鉄駅「テフノパルク」が建設され、大通りを横断する動く歩道も設置された。2月27日に夢の島のプレオープン式典が行われ、プーチン大統領とソビャニン・モスクワ市長が孤児院の児童など招待客と共に施設を視察した[168]。

露ディベロッパー、レギオヌィが手掛け総事業費約1600億円

　「夢の国」には世界各地から年間入場者数750万人を見込み、モスクワを訪れる観光客が16%増えると試算される。クレムリン（大統領府：世界遺産）と赤の広場、ボリショイ劇場と並ぶ新たな名所になると期待される。モスクワに「ロシア版ディズニーランド」をつくる

---

[168] 2020/03/02 JSN ボストーク通信「ロシア・モスクワに大型テーマパーク「夢の島」がオープン」

構想は1990年代からあり、ようやく実現した。休日入場料は20歳未満の子供が2600ルーブル（約4200円）、10歳からは2900ルーブルとロシアの娯楽施設としては割高である[169]。

　夢の島を手掛けたのは露ディベロッパー大手、レギオヌィである。総事業費は約15億ドル（1600億円）で屋内にある[170]。

　夢の国は2016年に着工した。投資家はアミラン・ムツォエフ氏とアリハン・ムツォエフ氏の兄弟が所有するリージョングループが実施した。モスクワ市の承認を得て15億ドル（うち5億ドルは大手行VTB銀行が出資）を投じ、モスクワの新しい文化的娯楽施設として、都市環境の質の改善に向け、投資や雇用を生み出す社会的に重要な都市開発の1つとして建設された。他方、自然環境の破壊や都市景観にふさわしくない外観などから、地元住民や都市開発の専門家、生物学者などから反対意見が出た。なお、ジル工業地帯のジルとはリハチョフ記念工場の略で、ロシアの高級乗用車、トラック、重機の大手メーカーだったが、2014年に生産を中止した[171]。

新型コロナウィルス流行で夢の島が苦戦

「夢の島」は2020年に始まった新型コロナ流行を受けて苦戦していた。臨時休園から再開した後も入場者数を制限するため、目標の年間来場数750万人の達成は遠い。開業直後の3月中旬から4ヶ月間にわたって臨時休園した。再開後は入場者数を最大受け入れ可能な人数の約3割に制限した。運営するレギオヌィ・エンテルテインメントによると、8月にはほぼ連日、入場制限者数に近い数の客が訪れた。旅行会社が夢の島を行程に含む商品を企画し、地方からの客や団体客も多い。同社のボリス・ピシク社長は新型コロナに伴う規制が完全に解除されれば、年間入場者数750万人、うち外国人は最大15%を占めると予測する。夢の島はモスクワ市が進める工業団地跡地の再開発地区に位置する。開業前の推計では複合施設全体に年間5000万人以上が訪れ、同市への観光客の流入が16%増えると期待された。ロシアでは長らく大型テーマパーク構想があったが、実現しなかった。屋外型施設の通年営業が難しい気候条件や、ライセンスを持つ外国企業との交渉難航などが背景にあると

[169] 2020/02/29 共同通信ニュース「モスクワで室内パークが営業開始―欧州最大「夢の島」、新名所に」

[170] 2020/10/05 日経MJ（流通新聞）8頁「モスクワ「夢の島」、苦難の船出、デベロッパー大手が開発、入場者3割に制限、料金も割高。」

[171] 202/03/09 JETRO「モスクワに欧州最大級のテーマパーク「ドリーム・アイランド」開園」2023年4月2日アクセス https://www.jetro.go.jp/biznews/2020/03/37c401cb8aa07d08.html

みられた。夢の島も当初検討していた**米ドリームワークスとの提携を見送り**、開業が遅れた。夢の島の入場料は身長130センチメートルまでの子供1600ルーブル（約2200円）、大人1800ルーブルで、ロシアの平均賃金月額5万ルーブル（約9万円）弱と比べると高額となる[172]。

5.ウクライナ侵攻と観光市場の損失

2022年2月にロシアはウクライナ侵攻を開始し、世界の観光産業に大打撃を与えた。

ロシアは世界6位の国際観光支出国だったが市場喪失

2022年3月、航空分野ではEUがロシア航空機によるEU領空への飛行を禁止する方針を示し、カナダやアメリカも追随した。ロシアも自国の領空への飛行を制限しつつある。日本航空は情勢に鑑み羽田／モスクワ線を減便し、全日空はロシア空域を運航する欧州便を欠航した。開戦前、ロシアは世界6位の国際観光支出国だった。2016年に日露首脳会談で交流促進に合意し、2019年に2023年には訪日ロシア人20万人、訪露日本人20万人の新目標を設定した。2020年に日系航空会社はウラジオストク線開設など航空路線・座席供給拡大を発表した。相互交流年の開催などを契機にプロモーションが活発化し、航空路線の拡大・増便などアクセス面の基盤整備も加速していた[173]。

韓国企業がウラジオストクでカジノ建設決定

2022年3月、沿海地方ウラジオストク郊外のカジノゾーン「プリモーリエ」にカジノ付きホテルを建設することを検討していた韓国企業、Plgenホールディングスが同ゾーンの開発業者である沿海地方発展公社と事業実施に関する合意書を締結した、と沿海地方政府が発表した。同社はプリモーリエで100室超のカジノ付きホテルを2025年末までに開業する。第2期としてカジノやテーマパークを備えた2つ目のホテルも建設する。第1期の投資総額は約25億ルーブルである。同社は韓国やアジアで同様のカジノや娯楽施設の運営

---

[172] 2020/10/05 日経MJ（流通新聞）8頁「モスクワ「夢の島」、苦難の船出、デベロッパー大手が開発、入場者3割に制限、料金も割高。」
[173] 2022/03/07 TRAVEL JOURNAL ONLINE「ロシア軍事侵攻、観光にも影　有望市場の損失に懸念　旅行先から除外も」2023年2月12日アクセス
https://www.tjnet.co.jp/2022/03/07/%E3%83%AD%E3%82%B7%E3%82%A2%E8%BB%8D%E4%BA%8B%E4%BE%B5%E6%94%BB%E3%80%81%E8%A6%B3%E5%85%89%E3%81%AB%E3%82%82%E5%BD%B1%E3%80%80%E6%9C%89%E6%9C%9B%E5%B8%82%E5%A0%B4%E3%81%AE%E6%90%8D%E5%A4%B1%E3%81%AB/

経験を持つ。プリモーリエではティグレ・ド・クリスタルとシャンバラという 2 つのカジノ付きホテルが営業している。この 2 つを含めて香港のサミット・エンシェントホールディングス、カンボジアのナガ・コーポレーション、ロシアのシャンバラ、マンテラ・グループ、アジア・インベスト・グループ、ダイアモンド・フォーチュンの 6 社が開発を進めている[174]。

ロシア観光業、外国人観光客 96.1%減で危機的状況

　2023 年 2 月、ロシア旅行事業者協会（ATOR）は対露制裁と中国の厳格な渡航制限の影響により、2022 年の外国人観光客数が 20 万 100 人と、2019 年の 510 万人から 96.1%減少したと発表した。2020 年は 33 万 5800 人、2021 年は 28 万 8300 人だった。ATOR は観光客激減について、「ロシアと大半の欧州諸国をつなぐ空の便がなくなった」「外国で発行されたビザやマスターカードなどのクレジットカードが使えないため」と説明した。ロシアがウクライナに侵攻すると、欧州各国は数日後には領空内でのロシア航空機の飛行を禁止した。アエロフロート・ロシア航空は 3 月にすべての国際便の運航を停止したが、「友好国」行きの便は徐々に再開している。しかし中国が新型コロナ感染防止対策として厳格な規制を敷いていたことから、コロナ流行前に外国人観光客の約 3 割を占めていた中国人観光客は回復せず、2022 年はわずか 842 人にとどまった。国別ではドイツ、トルコ、イランが上位だった[175]。

6.考察

　本章では、ロシアのレジャー開発と「ロシア版ディズニーランド」の経緯を考察し、次の点を明らかにした。

　第 1 に、1999 年にソチにディズニーランド型のテーマパーク計画があった。ロシア最大のガス企業や国営石油会社、米・豪・独の資本も参加して、ディズニーランド型のテーマパークを建設する計画が具体化した。中核となるアクアパークだけで建設費約 **29.5 億円**の計画だった。ソチにあるテーマパークは「Nautilus Aqua Park（ノーチラス・アクアパーク）」という。おそらくこれのことだろう。2023 年 2 月 11 日に検索すると公式サイトが出てこ

[174] 2022/03/14 JSN ボストーク通信「韓国企業がロシア極東・沿海地方でカジノ建設を決定」
[175] 2023/02/10 AFP BB News「ロシア観光業崩壊、外国人訪問者激減」2023 年 2 月 12 日アクセス https://www.afpbb.com/articles/-/3450802

ず、米オンライン旅行大手 TripAdvisor[176]等の情報のみである。米旅行大手 Expedia[177]で同園周辺のホテルの予約がサイトが出てくる。1999 年のソチの物価で約 30 億円でディズニーランド型のテーマパークの建設は不可能である。さらに、1999 年にディズニーランドをモデルにした歴史パークをモスクワに総工費約 **212 億円** で計画するも、この金額ではディズニーランド型のテーマパーク建設は不可能である。これが結果的に「ロシア版ディズニーランド」こと「夢の国」になったのか、別の案件なのか不明である。

　第 2 に、好景気に沸いていた 2005 年、韓ロッテグループがモスクワにロッテワールドのような複合テーマパークの建設を計画し、**毎日 5 万〜10 万人**の市民が訪れると見込んでいた。新型コロナ前、TDL と TDS の入場者数はそれぞれ毎日 4〜5 万人平均だった。もしモスクワのロッテワールドに毎日 5〜10 万人来たら、奇跡的な成功である。入場無料の商業施設やレストラン街を公園のように使ってもらえば毎日数万人来る可能性はある。入場無料エリアに企業広告を流すなどすれば、広告費を稼げる。

　第 3 に、ロシアのアトラクションのチケット平均価格は 130 ルーブル（**195 円** : 2016 年 1 月）である。入場料とアトラクション乗り放題で 195 円とは考えにくい。入場料と別に乗り物ごとに課金するシステムだろう。「夢の島」は大人 1800 ルーブル（約 2700 円）で、ロシアの平均賃金月額 5 万ルーブル（約 9 万円）と比較すると高額である。この価格では富裕層と上位の中間層のみが対象になる。

　第 4 に、欧米の資本主義の国の企業がロシア市場に進出している。例えば、2014 年にモスクワに米ドリームワークスのテーマパークの計画が発表された。2015 年にモスクワにユニバーサル・スタジオ計画が発表された。2015 年にフィンランドのロビオ社がペテルブルクにアングリーバードのテーマパークを開業した。2016 年にキッザニアがモスクワに開業した。このように盛況だが、ロシアのアミューズメント施設はウラル以西、特にモスクワに集中している。モスクワに集中していることから、テーマパークを含むレジャー施設は**富の象徴**と言える。ロシア国内のアミューズメント開発がウラル以西、特にモスクワに集中する現象を「**西高東低の富の偏在**」と本書で定義する。

[176] TripAdvisor, Nautilus Aqua Park, 2023 年 2 月 12 日アクセス
https://www.tripadvisor.jp/Attraction_Review-g298536-d2333892-Reviews-
Nautilus_Aqua_Park-Sochi_Greater_Sochi_Krasnodar_Krai_Southern_District.html
[177] Expedia, Find hotels near Aquapark Nautilus, Sochi, 2023 年 2 月 12 日アクセス
https://www.expedia.com/Aquapark-Nautilus-Hotels.0-l6294049-0.Travel-Guide-Filter-Hotels

第5に、新型コロナ流行直前の2020年2月にモスクワに「ロシア版ディズニーランド」こと「夢の島」が開業した。プレオープン式典にプーチン大統領が来たことから、期待の大きさが伺える。露大手デベロッパーが総事業費約1500億円で建設した。日本の物価では1500億円で750万人を集客できるIRは建設できない。また「夢の島」はモスクワ市の旧ジル工業団地跡地再開発計画の一部である。ロシアでも工業地帯がテーマパークなどの観光地に再開発された。日本では、日本製鐵の八幡製鉄所の東田地区にスペースワールドが、クラボウの工場跡地に倉敷チボリ公園が開業されるなど、工業地帯がテーマパークに生まれ変わるケースがある。ただし工業用地は集客に不利な立地のケースが多い。

第6に、夢の島は開業後すぐに新型コロナで4ヶ月間休園に追い込まれたが、2020年8月にはほぼ連日、入場制限者数に近い人数の客が訪れた。寒冷地らしく、夏季の集客状態は良い。ロシアには冬季にレジャーに行く文化がないと思われるので、冬季の集客が課題である。

第7に、2022年2月にロシアがウクライナ侵攻を開始し、観光市場がほぼ喪失した。2022年の訪露外国人観光客数が20万100人と、2019年の510万人から96.1%減少した。日本で報道されていないだけで、観光業界では多くの失業者を生んだはずである。早く平和が戻ってほしい。

7.まとめ

ロシアがウクライナ侵攻を開始した翌月の2022年3月11日、韓国企業がウラジオストク郊外のカジノゾーンにカジノ付きホテルを建設（投資総額約25億ルーブル）する、と沿海地方政府が発表した。ロシアも資本主義陣営の国の資本を導入し、カジノツーリズムで外貨を獲得しようとしているのだろう。ウラジオストクは北朝鮮に近い東部なので、中国を中心に東アジアの富裕層を集客しようとしているのではないか。ウラジオストクはロシアにとってウクライナと逆にあるので、ウクライナと戦争していても安全を確保できると考えたのではないか。ウラジオストクは成田空港、関西空港ともに片道2.5時間程度のフライトで、日本から最も近いヨーロッパである。ロシアは東西に広い。西のウクライナで消費し、東のウラジオストクでカジノツーリズムで外貨を獲得するのではないか。カジノ都市マカオの大成功で、中国人のカジノ好きは有名となった。ウラジオストクをマカオのようなカジノリゾートに育成したいのだと筆者は推察する。

第6章 ルーマニアにドラキュラ伯爵のテーマパーク計画

1.はじめに

　東欧や旧東側陣営のテーマパークを調べていて、このルーマニアのドラキュラ伯爵のテーマパーク計画を知った。

　本章では、ルーマニアのドラキュラ伯爵のテーマパーク計画の行方を考察する。本章では、第1にルーマニアの概要、第2にドラキュラ伝説と小説の概要、第3にドラキュラを使った観光政策を考察する。

2.ルーマニアの概要

　ルーマニア[178]（Romania）は面積約23.8万平方キロメートル（本州とほぼ同じ）、人口約1903万人、首都ブカレスト、人口約216万人（2022年、ルーマニア国家統計局）、民族ルーマニア人（83.5%）、ハンガリー人（6.1%）など、公用語はルーマニア語（公用語）、ハンガリー語、宗教はルーマニア正教、カトリック、プロテスタントである。1878年にオスマン帝国から独立、1881年にカロル1世が即位し、ルーマニア王国が発足した。1947年に王制を廃止し、人民共和国樹立、共産主義になった。1989年に政変により共産党一党独裁を廃止し、国名をルーマニアに改称した。2004年にNATOに加盟し、2007年にEUに加盟した。共和制で二院制である。

外交　EU・NATO関係およびアメリカとの戦略的パートナーシップを外交の基軸に置き、欧州への更なる統合（シェンゲン協定加盟や将来のユーロ圏加入）、地域における安全保障の提供国となることを目指す。隣国であるモルドバ、ウクライナや西バルカン諸国の欧州統合を積極的に支援する。経済外交を重視して、アジアを含む同志国との関係強化を目指す。軍事予算は約52億米ドル（ミリタリーバランス2022）である。

貿易　主な産業はサービス業（59.9%）、工業（20.0%）、建設業（6.6%）、農林・水産業（4.2%）（2020年、ルーマニア国家統計局）で、GDP約2,840.9億米ドル、1人当たりGDP14,790米ドル、経済成長率5.9%、物価上昇率8.2%、失業率5.6%（2021年、IMF）である。輸出総額747億ユーロ、輸入984億ユーロ、輸出品目は機械・電子部品、輸送用

---

[178] 外務省「ルーマニア」2023年2月27日アクセス
https://www.mofa.go.jp/mofaj/area/romania/data.html

機器、食品、化学製品、冶金製品等である。輸入品目は機械・電子部品、化学製品、食品、冶金製品輸送用機器等で、輸出相手国はドイツ、イタリア、フランス、ハンガリー、ポーランド、輸入相手国はドイツ、イタリア、ハンガリー、中国、ポーランド（2021年、ルーマニア国家統計局）である。

経済　1989年の体制転換直後に高インフレ率、マイナス経済成長となるなど、ルーマニア経済は混乱したが、2000年以降には安価な労働力やEU加盟への期待感を背景として外国直接投資も増加し、高い経済成長率を維持した。2005年にはインフレをほぼ収束させ通貨のデノミネーションを実施した。しかし、EU加盟後はサブプライムローン問題に端を発する世界経済危機の影響を受け景気が後退し、2009年以降、ルーマニアは再びマイナス成長に陥った。景気後退を機にそれまでの消費に頼る経済成長ではなく、生産と輸出を増加させる健全な経済成長を目指した結果、2011年にはGDP成長率がプラスに転じ、国内消費も回復傾向に向かったことで、2016年に5％、2017年に6.9％、2018年に4.1％、2019年に4.1％の成長を記録した。2020年は新型コロナウィルス感染拡大を受け、GDP成長率は−3.9％を記録した。

二国間関係　日・ルーマニア関係は1902年に両国の駐オーストリア公使が外交関係を樹立し、最初の協議を行った。両国は外交関係を1944年に断絶したが、1959年に回復し、良好な関係を維持している。日本からの輸出496億円、ルーマニアからの輸入1028億円（2021年、財務省貿易統計）である。日本からは機械類、自動車、自動車部品等を輸出し、ルーマニアからはたばこ、機械類、衣類等を輸入している。

日本の経済協力　日本は体制転換後のルーマニアの民主化・市場経済化を支援するため、1991年から技術協力、文化無償資金協力による経済協力を開始し、その後1996年のコンスタンティネスク大統領の訪日を契機に円借款および一般無償資金協力の実施を開始した。これまでのルーマニアへの円借款供与案件として、コンスタンツァ南港整備計画（約128億円）、道路整備計画（約92億円）、ブカレスト＝コンスタンツァ間鉄道近代化計画（約256億円）、トゥルチェニ火力発電所環境対策計画（約287億円）があり、ルーマニアから高い評価を得た。また1997年以降、青年海外協力隊を派遣し、2008年の終了までの期間に青少年活動や医療の分野を中心として延べ112人が派遣された。ルーマニアに対する支援は経済発展とEU加盟で段階的に縮小され、2011年度末にすべて終了した。日本の援助実績（2010年度までの累計）は無償資金協力約26億円、技術協力実績約98億円、有償資金協力約1182億円である。2004年の主要援助国はドイツ、フランス、アメリカ、日本、スイスで、2005年にDACリスト（ODAによる援助を受ける国のリスト）から卒業した。

二国間関係 ルーマニアにおける<u>日本文化に対する関心は高い</u>。日本研究・日本語学習に対する関心も高く、ルーマニアにおける日本語学習者数は東欧ではポーランドに次いで多く、約1900名にのぼる（2021年度、海外日本語教育機関調査）。ブカレスト大学は2005年に日本研究コースの修士課程を開設し、2010年に日本研究センターを設立した。2017年にバベシュ・ボヤイ大学（クルージュ・ナポカ市）が、2018年にブカレスト経済大学がそれぞれ日本文化センターを設立するなど、日本研究・日本文化発信の拠点が整備されている。大学間交流も活発でブカレスト大学およびバベシュ・ボヨイ大学はそれぞれ6校の日本の大学と学術交流協定を締結しているほか、10校以上のルーマニアの大学が、30校近くの日本の大学と学術提携している。

3.ドラキュラ伝説と小説の概要

本編に入る前に、ドラキュラ伝説と小説の概要を見てみよう[179]。

ドラキュラ伯爵 アイルランドの作家ブラム・ストーカーが1897年にルーマニアのトランシルバニア地方を舞台にした吸血鬼物語『ドラキュラ（Dracula）』を出版し、30ヶ国以上で翻訳され出版された。映画やアニメなどを通じて吸血鬼ドラキュラの名は世界中に浸透した。15世紀、ルーマニア南東部のワラキア公国を統治したブラド・ツェペシュ公が「ドラキュラ伯爵」と呼ばれていたことから、小説のモデルとされる。

ブラド公 15世紀の小公国ワラキアの王で、オスマン・トルコ軍を撃退して祖国を守り、ルーマニアの独立と発展に尽くした勇将・英雄として知られる。トルコ人らを串に刺して殺したことから、「串刺し公」の異名もある。ブラド公の残酷な刑罰や、敵対していたハンガリーが流した中傷などが、生き血を求めてさまよう吸血鬼のイメージにつながったようだ。「ドラキュラ」はブラド公の父、ブラド・ドラクルからとられたという。ルーマニア国内では、オスマン・トルコの侵略と戦い、祖国を守った英雄として知られる。

ブラン城 観光案内等で「ドラキュラ城」と紹介されている城である。実際はドラキュラが客人として3ヶ月程度宿泊しただけである。城の形は小説に出てくるドラキュラ城によく似ている。1918年にこの城はルーマニアのホーエンツォレルン王家に与えられた。その王妃マリアが小説のドラキュラのファンだったことからも、これをドラキュラ城と呼ぶようになった。しかし、現在の持ち主がドラキュラのイメージを払拭して「中世の学校」のよう

---

[179] 2011/06/08 大阪日日新聞11頁「「ドラキュラ」作者　ブラム・ストーカー没後100年記念　ルーマニア紀行　受け継がれる中世の風景」

な施設にしようとしているらしく、ドラキュラ目当ての観光客を当て込んだ周辺のお土産店は猛反対している。

ポエナリ城　もともと廃墟だった城をブラド公が修復して作り上げた城である。彼が秘密の通路を通って隣のアレフ村へ逃げ去った後、オスマン・トルコによって破壊された。後にルーマニア政府に修復された。

コルヴィヌス城　13世紀からある古城で、ブラド公が作ったポエナリ城も当時はこの城に似ていたと言われる。城主のコルヴィヌスは一時期、ブラド公を幽閉したことで知られる。まことに謎めいた伝説の多い城で、夜間は幽霊も出没するという。コルヴィヌス城の大広間で、2010年、夜中に魔女が集会を開いた。その時、実際に雷が落ち、どしゃぶりの雨になった。ルーマニアには**魔女という職業**が存在し、「税金を払え」と言うルーマニア政府ともめている。

ドラキュラの生家　ブラド公の生家で、元は父ドラクルの家だった。今はドラキュラをテーマにした**レストラン**になっている。ドラクルとは悪魔または龍の意味で、ドラキュラは悪魔の子という意味である。しかし「悪」は強いという意味もあり、悪いだけはない。

　強くて残虐非道な英雄ならば、日本でいう織田信長のような人物と筆者は推測する。織田信長は比叡山焼き討ちなど残酷なエピソードもある。

4. ドラキュラを使った観光政策

「世界ドラキュラ学会」で外貨獲得、観光利権で汚職か

　1995年5月、日本や米英など7ヶ国のドラキュラファン約100人が集い、初の「世界ドラキュラ学会」が開催された。この怪奇ファンタジーの歴史的、文学的、民話学的側面を話し合う。ルーマニア政府は外国人観光客誘致と外貨獲得が目的である。旧共産党政権は吸血鬼のイメージを嫌い、商業化を抑えてきた。黒や赤の紙を切り抜いたコウモリなどが飾り付けられた会場に200人近くの報道陣が詰めかけ、撮影やインタビューでごったがえした。外国プレスが約7割だった。カナダの大学から出席したエリザベス・ミラー教授（文学）は「外国人だけが興奮しているのは分かっています。でも楽しい」とコメントした。旧共産党政権の意向を反映してか、ルーマニアの歴史学者の間では、ストーカーのドラキュラとブラド公は無関係とする説が少なくない。ミラー教授は「これにチャレンジしたい」と述べた。外国人とは対照的に、ルーマニア国内での関心、知名度は驚くほど低い。ブラド公が幼少期を過ごしたといわれる館があるトランシルバニア地方の街シギショアラは、首都ブカレストからカルパチア山脈を越えて北西に約450キロのところにある。暗く沈んだ町並みには

中世の面影がそのまま残り、吸血鬼が出てきそうな雰囲気が漂う。しかし「あまり吸血鬼と騒がれるのは嬉しくない」と土産物店の店員は言う。店頭には、地元のアマチュアが彫ったブラド公の似顔の木工品が数個並ぶだけで、吸血鬼グッズは一つもない。1989 年の革命で共産党政権が崩壊し、このギャップに目をつけた観光ガイドやホテル経営者らは「トランシルバニア・ドラキュラ協会」を設立した。「非営利」「非政府」とはいうものの、観光省や海外の業者を巻き込み施設整備や販売戦略を考える。原作でドラキュラ伯爵の居城があったとされる北部ビストリツァ郊外のホテルを「ドラキュラ城」として売り出し、「魔女裁判ショー」を演出するなど、各種アトラクションを加えた協会認定ツアーを企画した。露骨な外国人観光客狙いだが、「ファンタジーの世界を楽しむディズニーランドのようなもの」と協会幹部はいう。協会は財布やキーホルダー、コーヒーカップにドラキュラのイニシアル D をかたどった協会のマークを彫り込み、認定グッズを製作した。「トランシルバニアの古城を舞台にドラキュラのテレビシリーズを作れば、世界中に売れる」「協会マーク入りのクラシックカーを作ってくれるメーカーはないか」と外国人のドラキュラ需要を当て込む。なお、1995 年にブラン城の管理所長が**汚職**容疑で解任されるスキャンダルがあった。事件の真相は不明だが、地元ではドラキュラ城の**観光利権**をめぐる政府内部の確執との見方がもっぱらだった。新任のバウマン所長は「失望させて申し訳ないが、この城とブラド公は歴史的に何の関係もない」と、これまでの観光路線を転換し、城内にブラド公がらみの展示をなくした。そのため多くの外国人観光客は「ドラキュラはどこにいる」と、失望と怒りの言葉を備え付けのサイン帳に書く[180]。

　ブラド公をドラキュラ伯爵として外国人に売り出すことに反対する人がいる。外国人観光客はドラキュラ目当てで来るので、ドラキュラの要素がないと集客が難しいだろう。

ドラキュラ小説生誕 100 周年で「正確な歴史 VS 観光論争」

　1997 年は吸血鬼ドラキュラを創作した小説が出版 100 周年となり、ルーマニアでは救国の英雄を歴史どおりに正確に伝えて小説の虚構を強調するか、それともフィクションをある程度許容し、観光客誘致のために宣伝するか、「正確な歴史 VS 観光論争」が浮上した。ブラド公はオスマン・トルコ帝国のモハメド 2 世が率いる大軍がヨーロッパに進撃するのをヨーロッパの入口にあたるルーマニアの戦場で果敢に撃退した。国内では救国の英雄と

あがめられてきた。一方、小説の大ヒットでドラキュラの名は吸血鬼として世界に広がり、1997年に英国やアイルランドでドラキュラ100周年記念の歴史、文学、娯楽の国際的行事がある。ルーマニア政府観光局は小説の舞台となったトランシルバニア地方への観光客誘致にこの「ドラキュラ100周年」の宣伝を利用する。小説の吸血鬼ドラキュラはブラド公が治めたワラキア王国領の北に隣接するトランシルバニア地方のボルゴ峠に居城があったという設定だが、ブラド公の実際の軌跡はこの峠とは縁がない。それとは別に同地方ブラショフ市近郊のブラン城が「ドラキュラ城」と呼ばれ、ルーマニア政府刊行物にも「ブラド公が一時、住んだともいわれる城」と記されて、「ドラキュラをたどる旅」の中核にされている。しかしルーマニアでブラド公研究の第一人者とされる歴史学者のステファン・アンドレエスク・ブカレスト大学教授は「ブラド公が吸血鬼というのは創作で、ルーマニアの歴史上の英雄を政府当局までが観光のためとはいえ、フィクションで売り出すことに絶対に反対する」と主張した。同教授によると、ブラン城がドラキュラ城とされるのはアメリカの歴史作家が「ブラド公はブラン城に住んだことがある」という推定を発表したためで、ルーマニアの歴史学者の間ではブラド公はその城を訪問したことさえないというのが定説である。ルーマニアで史実として受け入れられているのはブラド公が、(1)トランシルバニアのシギショアラの街で生まれた（現在その街区は「ドラキュラの生家」として保存されている）、(2)首都ブカレスト北40キロほどのスナゴフ地区で殺され、そこの修道院に葬られた、(3)首都北西100キロほどのポエナリ城に居住した、などである[181]。

「ドラキュラ城」客の4分の3が外国人

　1997年、ルーマニアの観光業界はワインやTシャツからヘリコプターまで「吸血鬼ドラキュラ」を売りに外国人観光客を誘致していた。ブラド公がトルコ軍に追われる途中、味方の裏切りにあって3日間だけ幽閉されたという説があるブラン城が「ドラキュラ城」として注目を集めていた。ブラン城のガイドを務めるグランチャ・マニエラ氏は「彼はここに3日間幽閉されていただけ。伝説が独り歩きしているけれど、私たちは外国人観光客に、彼が吸血鬼ではなく、我々の英雄だったと説明している」という。1日に1000〜2000人の観光客が訪れ、4分の3が外国人という盛況だった。ブラン城の前にはドラキュラを描いたTシャツ店が並び、ワインやヘリ会社にまでドラキュラ・ブランドがある。ドラキュラ研究家

---

[181] 1997/04/01 産経新聞　夕刊1頁「ドラキュラ　救国の英雄か吸血鬼か　小説誕生100年で観光資源に　ルーマニア」

の国立民族学研究所、ステファン・アンドレスク教授は「外貨獲得の商業主義は必要だが、歴史上の真実も伝えられねばならない」とコメントした[182]。

巨大テーマパーク「ドラキュラランド」計画発表

2001年7月、ルーマニア政府はドラキュラの物語の舞台となったシギショアラに巨大テーマパーク「ドラキュラランド」を建設すると正式決定し、2001年秋に着工すると発表した。約60haの敷地にドラキュラにちなんだ娯楽施設を設置する。同国政府は年間100万人の集客と同2000万ユーロ（約**21.3億円**）の売り上げを目指している。周辺地域のインフラ整備には、ドイツの電機大手シーメンスが参画する[183]。

ドラキュラ城を所有していた王家の子孫が返還要求

2001年8月、ルーマニアのテオドレスク文化相はブラン城を保有していた王家の子孫が同国政府に対し、城の返還を求めてきたことを明らかにした。国営ロムプレスによると、同文化相は王家の子孫の弁護士から返還要請の手紙を受け取ったものの、14世紀に建てられたブラン城に対し、国家がすでに修復のため多額の投資をしてきたとして、要求を拒否する。子孫は城の返還か2500万ドル（約30億円）の支払いを求めた[184]。

ドラキュラのテーマパークの建設候補地をめぐり与野党対立

2001年11月、ドラキュラランド建設候補地をめぐり政府と野党、国民自由党から別々のアイディアが浮上し、観光相が同党案をばかげているとかみつくなど、醜い政争になっていた。観光相が発表した案は、ブラド公の生誕地に3000万ドル（約36億円）を投じて建設し、何十万人もの外国人観光客が見込まれ、3000人の新規雇用を創出できると見込む。国民自由党案では、同じ地方だが、ブラン城近くに建設（建設費1800万ドル）する[185]。

[182] 1997/08/18 毎日新聞　夕刊4頁「[世界見てある記] ブラン村（ルーマニア）地元は「英雄の素顔も知って」」
[183] 2001/07/10 産経新聞　東京夕刊2頁「ルーマニア、「ドラキュラランド」建設へ　年間100万人の集客めざす」
[184] 2001/08/24 北海道新聞朝刊全道9頁「「ドラキュラ城」を返せ＊ルーマニア政府に王家の子孫が要求」
[185] 2001/11/16 北海道新聞朝刊全道7頁「＜海外こぼれ話＞血で血を洗う争い」

政府が国債「ドラキュラ債」6.3億円発行

　2001年12月、ルーマニア国営通信によると、ルーマニア政府はドラキュラにちなんだ巨大テーマパークの建設資金を調達するため、総額1550億レイ（約6.3億円）の国債を発行した。「ドラキュラ債」の売り出し期間は2002年2月半ばまでである。ルーマニアの経済再建に取り組むナスタセ首相の思い入れが強く、国債売り出しとともに、率先して一万枚を購入した[186]。

吸血鬼学研究所を含むIR計画

　シギショアラはドイツ人植民者が12世紀に築いた城塞都市をそのまま残し、「トランシルバニアの真珠」とも呼ばれる同国中部の町（人口約3.7万人）である。その北西に広がるブレイテの森は樹齢400〜500年のカシの木々が群生し、中世のままの森が生存している。この一体は自然保護区である。そのためシギショアラがテーマパーク建設を誘致したことから、反対派と政府や当局との緊張関係が続いている。チャウシェスク大統領の独裁政権崩壊から13年経過し、それまで小説の発行さえ禁じられるほど不遇だったブラド公は、体制転換とともに市民権を得た。観光業者はブラド公のゆかりの地を訪ねる「ドラキュラツアー」を組む。政府にとって、ドラキュラパークはその集大成である。上空から見下ろすと翼を広げたコウモリの形に展開する敷地は面積約50万平米、総工費約3100万ドル（約**40.3億円**）である。ドラキュラ城を中心にホテル、レストラン、劇場、大型遊具、国際吸血鬼学研究所などを設置し、開業予定の2004年から3年で入場者数110万人を目指す。ユネスコの世界遺産に登録されている旧市街と組み合わせて観光客を呼びたい。しかし反対派は英国の環境団体などと連携し、同計画を「自然破壊」「悪趣味」などと指弾した。さらに国民の平均月収が120ドル前後のこの国で、「入場者の8割を同国民、うち75%は80キロ以内の住民」「客単価約25ドル」という政府の予測を非現実的と批判した。ドリン・ダネシャン市長は「ドラキュラは観光の呼び水。この町を東欧の真珠にする」と2001年11月に市民に宣言した。インフラ整備からゴルフ場建設まで計画している。政府は建設国債を発行して、オーストリアのビール会社や米系清涼飲料水の会社も独占販売権を買い取った[187]。

---

[186] 2001/12/13 北海道新聞夕刊全道2頁「経済再建　切り札に「ドラキュラ」＊国債発行し"古里"にテーマパーク建設＊ルーマニア」
[187] 2002/05/02 東京読売新聞　夕刊11頁「[名作 JOURNEY] ルーマニア　小説「吸血鬼ドラキュラ」の舞台」

別の市が娯楽施設「ドラキュラ帝国」計画発表

2002年5月、ドラキュラ伯爵ゆかりの街である**ブラショフ市**は100キロ離れたシギショアラ市近郊で建設が進むテーマパーク「ドラキュラランド」に対抗し、娯楽施設「ドラキュラ帝国」の建設計画を発表した。2つのテーマパークがトランシルバニア地方に並び立つことになる。ブラショフ市は以前から、ブラド公が住んだ館をドラキュラ城と名づけ、観光客誘致に取り組む。一方のシギショアラ市はブラド公生誕の地とされる。「ドラキュラランド」建設は、貴重な森林を破壊する懸念から環境保護団体の反対が強い[188]。

観光大臣がドラキュラ城で外資導入と観光誘致

2002年8月、ルーマニア政府が外資導入と観光客誘致の切り札として、ドラキュラを題材とした巨大テーマパークの建設を計画していた。トランシルバニア地方のシギショアラ市は人口4万人弱で、小高い丘の上に城壁で囲まれた静かな中世の街並みが残り、1999年に**世界遺産**に登録された。シギショアラ市のマヌエラ経済部長は「2001年の観光客は前年の4倍の20万人。テーマパーク構想のおかげだ」と言う。テーマパーク建設のため市有地を担保に資金を集め、史跡保護と用地整備を行う。失業率13%の同市に工事で5000人、開業後は3000人の雇用を生み出す。土産店には「吸血赤ワイン」やドラキュラTシャツが並ぶ。ブラド公の生家はレストランになっており、ドラキュラの看板が手招きしている。人気料理は肉をトマトソースであえた「血まみれオードブル」である。店長のアッティ氏は「お客さんみんなにドラキュラパークはどこか聞かれる。工場閉鎖で景気が悪いこの街に明るいニュース」と言う。過去にも大型リゾート開発を打ち出し、アイディアマンとして知られるアガトン観光相がこのプロジェクトを牽引し、「歴史と伝説、現実と神話の入り交じった真のルーマニア風テーマパーク」と言う。同国経済はチャウシェスク時代の巨額の対外債務などの負の遺産に加え、汚職が深刻で外国投資が進まない。経済成長は2000年にプラスに転じたが、インフレ年30%、失業率約9%で、2004年のEU拡大で候補国から外された。経済再建を目指すナスタセ首相は市有地を担保にした「ドラキュラ債」1万株を購入し、「他の国がドラキュラの本や映画で大もうけしている。我々こそ自らの文化資産を使うべき」と言う。しかし多くのルーマニア人にとって、ドラキュラはブラド公と結びつかない。吸血鬼伝説はセルビアやブルガリアなどスラブ系の民間伝承で、ルーマニアとは縁がない。

---

[188] 2002/05/14 産経新聞　大阪夕刊12頁「ゆかりの2市でドラキュラ戦争　テーマパークまた建設」

マスコミは批判キャンペーンを展開し、教会も「悪魔信仰を助長する」との声明を出した。また、トランシルバニアの歴史はルーマニア人、ドイツ人、ハンガリー人の共生の歴史である。シギショアラは 12 世紀以降に入植したドイツ人がつくった都市の一つで、ブラド公とその父王が住んだのは数年に過ぎない。環境保護団体のメンバー、ハルメン牧師は「大規模開発は歴史的な街の環境を台無しにし、一部の業者が潤うだけ。今ある環境を楽しむエコツーリズムなどに見直すべき」と言う。政府は「反対運動は野党の差し金」というが、計画の採算性にも疑問がある。ブカレストから一般道路を車で 6 時間かかる立地で、入場者の 8 割にルーマニア人を見込むが、平均月収 115 ドルの国民が一人当たり 25 ドルを使うとの皮算用には無理がある。**世界銀行は「過大な計画」**と断じ、世界遺産リストを作る**ユネスコも史跡への影響**を懸念、難色を示した。ブラド公の遠縁にあたる**チャールズ英皇太子**（当時）は現地を訪れた後、イリエスク大統領に見直しを求め、政府は窮地に追い込まれた。観光省のブルセア次官は「ユネスコは史跡を大切にしろというが、カネは一銭も出さない。パークで金が入らなければ修復できず、50 年で旧市街の建物は崩壊する」と言う。しかし予定していた外国からの投資も集まらず、米コンサルタント会社に改めて採算性の調査を依頼するはめになった。9 月には、候補地を含め計画全体の見直しが必至である。シギショアラ市は市有地を担保にすでに 300 万ドルを集めた。ドラキュラパークは総工費 3100 万ドル（約 37 億円）で、2004 年開業を目指し、年間 100 万人、2500 万ドルの売り上げを見込んでいる[189]。2001 年のルーマニアの物価で総工費 37 億円で年間 100 万人も呼べるテーマパークは建設不可能だろう。同パークは商業施設やホテルを組み合わせた IR として計画されていた。商業施設など入場無料エリアを設け、IR 全体としての集客力を上げ、さらに客単価を上げたい。

ユネスコに史跡保護を言われ計画中断

　2003 年 5 月、ドラキュラのテーマパーク計画は迷走していた。観光省は総面積 120ha のドラキュラパークを建設し観光の起爆剤にする壮大なプロジェクトを掲げる。しかし着工前に環境保護などの面から反対意見が続出し、建設候補地が二転三転し、計画は難航していた。ルーマニアでは、ブラド公は外敵を撃退した祖国の英雄で、国民の人気が高い。知名度抜群のブラド公を観光資源とすることを提案したのがダン観光相である。ルーマニアは

---

[189] 2002/08/29 朝日新聞　朝刊 6 頁「吸血鬼パーク計画立ち往生「世界遺産で街おこし」ルーマニア政府」

1989 年の民主化後も経済改革が遅れ、中・東欧諸国の中でも経済成長が遅れていた。外国人観光客もハンガリーの約 2 割である。同計画は吸血鬼の恐怖が味わえる「ドラキュラ城」などのアトラクション、ホテル、ゴルフ場を備え、年間約 100 万人の集客を見込み、予想売上高は 2700 万ドル（約 31.5 億円）である。2002 年に着工し、2004 年秋に開業予定だった。しかし、ユネスコがシギショアラは**世界遺産**のため史跡保護の観点から巨大開発は望ましくないとした。採算性も計画より実際は低いと見られた。入場者の約 8 割を地元からとするが、平均月収 100 ユーロ（1 万 3500 円）のルーマニア人に 5 ユーロ（約 675 円）の入場料が払えるのかと批判され、観光省は建設候補地の見直すことにした。一時は黒海沿岸のコンスタンツァの名も挙がったが、首都ブカレスト近郊への変更を発表した。しかしすでに建設資金を集めたシギショアラ市が猛反発し、計画は宙に浮いた[190]。

所有者だったハプスブルク家に 58 年ぶりに返還

　2006 年 5 月 26 日、ブラン城がチャウシェスク政権時代に没収されて以来 58 年ぶりにかつての所有者であるハプスブルク家の子孫に返還された。返還を受けたのはニューヨーク在住の建築家ドミニク・フォン・ハプスブルク氏（68 歳）である。ブラン城は推定資産価値 2500 万ユーロ（約 36 億円）である。5 年前から弁護士を通じて同国政府に返還を求めていた[191]。

ドラキュラパーク、資金不足で白紙に

　2006 年 7 月、AP 通信によると、世界初のドラキュラパークを建設する計画が白紙に戻った。運営に携わる予定だった同国政府が建設用地の賃貸契約を破棄した。資金が思うように集まらなかった[192]。

ハプスブルク家の売却希望額 93 億円は法外な価格

　2007 年 1 月、ブラン城が 6000 万ユーロ（約 93 億円）で売りに出され、地元自治体が購入する意志を示した。ブラショフ地区議会の Aristotel Cancescu 議長は、「ブラン城はブ

---

[190] 2003/05/16 中国新聞夕刊 2 頁「◎ドラキュラパーク迷走　ルーマニアに建設計画「史跡保護を」反対続出　採算性に疑問も」
[191] 2006/05/28 朝日新聞　朝刊 4 頁「「ドラキュラ城」58 年ぶり返還　ハプスブルク家の子孫にルーマニア」
[192] 2006/07/07 秋田魁新報　朝刊 10 頁「ドラキュラ・パーク、資金不足で白紙に　ルーマニア」

ラショフ地区の重要な観光資源。5人のメンバーで構成される委員会を設立し、購入する手立てについて話し合う」と述べた。ブラン城は共産主義政権時代に没収され、2006年5月に58年ぶりにルーマニア政府からハプスブルク家の末裔でメアリー王妃（Queen Mary of Romania）の孫に当たるドミニク・フォン・ハプスブルク氏に返還された。ハプスブルク氏は、ブラン城を少なくとも3年間は博物館として残すことで文化省と合意し、ルーマニア政府に売却する意向を示した。アドリアン・イオルグレスク文化相によると、ブラン城（美術収集品含む）の価値はせいぜい2500万ユーロ（約39億円）なので、ハプスブルク氏が提示した6000万ユーロは「法外な値段」と述べた[193]。

ハプスブルク家の希望で「脱ドラキュラ」

　2009年8月7日から3日間、初の「ブラン城まつり」が開かれた。「お伽噺の中の現代文化」をテーマに野外コンサートや花火大会、熱気球試乗会が行われ、数万人を集めた。ブラン城は長年、郷土の文化や歴史を今に伝える博物館として地方政府が運営してきたが、2009年5月に管理権が王族の子孫であるハプスブルク氏に移り、大幅な改装が始まった。同氏は特に「脱ドラキュラ」にこだわった。城内に作家ブラム・ストーカーの小部屋を新設し、小説の内容が歴史的事実とかけ離れていることをパネル展示などで説明する。城内ガイドのマテイン・シミョン氏は「来場者の8割近くがドラキュラ伯爵とブラン城の関係に期待している。その誤りを正すのも大事な仕事」と言う。ハプスブルク氏は「私の親類に夜空を飛び回る怪物はいない」と言う。ただ、米ニューヨーク在住の同氏は3回しか城を訪れたことがなく、実際の運営は地元の弁護士やイベント会社に任せている。若者や家族連れを意識し、城内に展示されていた王族ゆかりの古びた家具をイタリア製の高級家具に換え、庭園茶室も現代風のカフェに改装した。城外へ通じる隠しトンネルをめぐるツアーや城内結婚式を計画する。運営を取り仕切るイリヤ・トランダフィル弁護士は「ドラキュラがいなくても、大人から子供まで楽しめるアミューズメントパークをめざす」と述べた。一般のルーマニア人にはドラキュラになじみが薄い。世界に知れ渡ったドラキュラ・ブランドは不況にあえぐ観光業界で頼みの綱である。ブラン城周辺の土産物店にはマスクや人形、Tシャツなどドラキュラグッズが並ぶ。店主の一人は「15年以上ドラキュラ一筋で売ってきたのに今さら変えられない。金融危機でただでさえ客足が落ちている」と言う。トランシルバニア地

[193] 2007/01/18 AFP BB News「ドラキュラの城の価格は約93億円・ルーマニア」2023年2月27日アクセス https://www.afpbb.com/articles/-/2168537

方の観光資源はドラキュラだけではない。中世の教会を囲むように要塞化した村落群が150余り点在し、一部は世界遺産に登録されている。くしくも、ドラキュラのモデルとなったブラド公の遠縁にあたる**英チャールズ皇太子**が保護を後押しするが、交通の便が悪いことなどから客足は伸び悩む[194]。

隣国ブルガリアの「吸血鬼伝説」、オカルト好きを呼ぶ戦略

　2012年7月、ルーマニアの隣国ブルガリアで胸に鉄杭を打ち込まれた人骨が続々と発見された。黒海沿岸の古都ソゾポルで教会跡を発掘中、胸に数十センチの鉄杭が突き刺さった人骨2体が出てきた。いずれも13〜14世紀の男女とみられる。調査団は「死後、吸血鬼としてよみがえらないよう儀式が施された」と発表した。ブルガリア国立歴史博物館のボジダール・ディミトロフ館長によると、ブルガリアでは古くから生前に悪行を重ねた人は死後、吸血鬼となり人々を襲うという信仰があった。吸血鬼になるのを防ぐため、遺体を鉄杭などで地中に固定する習慣が20世紀初めまで続いた。ソゾポルで見つかった人骨は夫婦で、教会の近くに埋葬されていたことから高い身分だったとみられる。同年6月にブルガリア中部の僧院でも鉄製の留め具で固定された人骨が見つかった。こうした「吸血鬼の骨」はブルガリア全域で見つかっており、ここ10年ほどで100体を超えた。幼い子供も含まれていたため、悪行説だけでは説明がつかない。当地での吸血鬼のイメージは、映画や小説の吸血鬼ドラキュラ伯爵とは似て非なるものである。30年以上、数百の村々で調査してきたブルガリア科学アカデミーの文化人類学・民俗学研究所のラチコ・ポポフ教授は「鋭い牙を持ち、夜中に人間や動物の生き血を吸うが、姿形が獣に近い」と言う。伝承では、自殺した人も吸血鬼になると信じられていた。吸血鬼に血を吸われた人は体に青あざができたり、病気になったりするが、自身が吸血鬼になることはない。コウモリも出てこない。撃退するにはドラキュラと一緒で十字架と聖水が効果的とされた。「バンパイア・キラー」と呼ばれる男性たちも最近まで存在していた。1970年代、ポポフ氏が何人かに聞き取り調査したところ、依頼を受けて墓を掘り返し遺体に鉄杭を突き刺すのが仕事で、吸血鬼が出ないとされる土曜日に生まれた人しかキラーになれなかった。かつて恐れられた吸血鬼は、今では観光資源になりつつある。ソゾポルの人骨は発掘後ブルガリアの首都ソフィアの国立歴史博物館で一般公開され、入場者数を3割増やす人気だった。発掘現場はビーチのすぐそばにあるため、

---

[194] 2009/10/15 朝日新聞　朝刊11頁「(世界発2009) ドラキュラ、城追われる　小説の舞台、現代風に改装　ルーマニア」

連日見物客が来た。人口約6000人のソゾポルは黒海に面した美しいビーチと石畳の街並みが売りで、夏はロシアや欧米からの観光客で人口が10倍以上に増える。金融危機後、混乱が続くギリシャなどから流れた観光客を吸収してしのいできた。今では観光業界が吸血鬼にかける。そのためソゾボルはルーマニアのシギショアラ市と組みたい。ブラド公の生誕地と姉妹都市になり、吸血鬼ツアーを企画したい。**オカルト好きを呼ぶ作戦**である。ただしシギショアラ市は「具体的なことは何も決まっていない」と言う。**ブラン城もドラキュラ色を排し、現代風テーマパークを目指す**。それでもソゾポルのレイジ町長はあきらめず、「吸血鬼の故郷として町を売り出す絶好のチャンス。世界各地の吸血鬼ゆかりの地と『バンパイア同盟』を結成したい」と述べた[195]。

ハロウィンの夜にブラン城に宿泊するイベント

　2016年11月31日、ブラン城にハロウィンイベントとして2人の客が宿泊した。ブラン城に宿泊したのは、過去70年でこの2人が初めてである。この滞在は、民泊仲介サイトが企画し、**8.8万件の応募**の中から選ばれた。その2人は姉と弟で、弟はカナダのオタワでイベント企画会社を運営するロビン・バルマ氏、姉はタミー・バルマ氏で、その祖父はゴシック文学[196]の世界的な権威である。両氏は日暮れとともに馬車で到着し、原作者ストーカーの子孫に迎えられた。次に赤いベルベットに縁取りされた黒い棺に入った。「家のマットレスより快適。でも今夜寝られるかどうか分からない」と述べた。夕食の食器は金メッキ製で、ドラキュラが苦手な銀の食器ではない。両氏の祖父はこの周辺を1976年に歩いたことがあり、「出ていく途中、背後に足音を聞き、ドラキュラの気配を感じたと語っていた」という。ブラン城は博物館となり、2015年は63.2万人が訪れた[197]。

外国人観光客1000万人超え

　2019年10月、ルーマニアの観光資源といえば東方正教会の流れを汲む教会群（スチャヴァの周辺の「5つの修道院」など）もあるが、最大の観光資源は「ドラキュラ伝説」であ

[195] 2012/07/25 朝日新聞　朝刊10頁「（世界発2012）吸血鬼、ブルガリア起源？鉄杭を胸に打たれた人骨続々」
[196] ゴシック文学：18〜19世紀にイギリスで流行した文学の様式。幽霊、亡霊、生ける屍、生霊、モンスター、ゾンビなどの恐怖小説。代表作は『フランケンシュタイン』『ジキル博士とハイド氏』『ドラキュラ』などである。
[197] 2016/11/01 ロイター通信ニュース「ドラキュラ城、ハロウィーンに棺でおもてなし　70年ぶりの宿泊客」

る。「ドラキュラ観光」のガイドの話では、世界中から 600 万人が来るという集客力である。国連統計でルーマニアの外国人観光客数 1092.6 万人 (2017 年) と、多くがドラキュラ観光を期待している[198]。

ブカレストに「ドラキュラ博物館」がオープン

　2020 年 2 月、朝日新聞 GLOBE の編集部員がブカレストに取材に行き、ブカレスト市立博物館で歴史家に話を聞いたら「本物のドラキュラは英雄。吸血鬼の物語は偽りで侮辱」と言われた。同国では不名誉な印象を解消するため、史実に基づくブラド公しか扱わない。だから首都ブカレストではお土産店以外に吸血鬼はいない。しかし新しい動きとして、史実を正しく学びつつ、ブラド公をモデルにした文化芸術を楽しむ目的で、2019 年 8 月末にドラキュラ博物館が開館した。1 階には国内外から集められたブラド公に関する文献、武器や装飾品が展示され、模型や絵画も用いて英雄の人生を詳しく学べる。2 階は世界中で上映された 1000 作品を超える吸血鬼ドラキュラの映画・演劇のポスター、ブラム・ストーカー関連の情報など、階段の壁には、ルーマニアに存在したとされる吸血鬼伝説の説明がある。ブカレスト市内のお土産店には吸血鬼ドラキュラ関連の商品が多く扱われていた。外国人観光客にはブラド公より吸血鬼ドラキュラの方が人気があるという。ドラキュラの国際的な知名度を生かして集客を図る東欧レストラン「iDracula」もある。「中世の供宴」を謳う店内にブラド公や一族の肖像画等が飾られている。外国人観光客に人気の「ドラキュラカクテル」（ウォッカなどにクランベリージュースを入れて血の色を演出）は 25 レイ（約 630 円）である[199]。

ブラン城で新型コロナワクチン接種

　2021 年 5 月、ルーマニア保健当局はブラン城に新型コロナウィルスワクチンの接種会場を設置した。不気味さとスリルで国民の関心を集め接種を加速したい。ブラン城によると、ドラキュラの牙を注射針に変えた案内板を置き、医療スタッフのユニホームに血が滴るドラキュラをデザインした。接種した人は城内で中世の拷問道具などを無料見学できる[200]。

[198]　2019/10/01 旬刊旅行新聞 8 頁「「街のデッサン(222)」ドラキュラ現象を使いこなす、ルーマニアの物語観光が底知れない」
[199]　2020/02/07 The Asahi Shimbun GLOBE 「ルーマニアで「ドラキュラ」探したら怒られた「吸血鬼じゃない、英雄だ」」2023 年 6 月 21 日アクセス https://globe.asahi.com/article/13105166
[200]　2021/05/15 東京新聞夕刊 6 頁「ドラキュラ城でワクチンを　ルーマニア　スリルで接種加速へ」

5.考察

　本章では、ルーマニアのドラキュラ伯爵のテーマパーク計画を考察し、次の点を明らかにした。

　第1に、ルーマニアは1989年に独裁者のチャウシェスク大統領政権が崩壊し、危機的な経済状態に陥った。そこでルーマニア政府は1990年代半ばからドラキュラを使って外国人観光客を誘致し、外貨獲得を目指し始めた。1995年に世界ドラキュラ学会が開催され、カナダの大学教授（文学専攻）や英シャーロック・ホームズ協会のメンバーなども来た。マニアックなだけではない。1997年のブラン城には1日に1000〜2000人の観光客が訪れ、**4分の3が外国人**と、外国人誘致に成功していた。また2016年にブラン城でハロウィンイベントとしてカナダからの2人の姉弟が宿泊した。この2人の祖父はゴシック文学の世界的な権威である。この姉弟は文学の研究者ではないが、世界的な文学研究者の孫なので、祖父の影響が強いと思われる。マニアックなファンも多いはずだが、学術的な観点でドラキュラに関心のある人もルーマニアに来ることが分かった。

　第2に、1995年にブラン城の管理所長が**汚職**容疑で解任されるスキャンダルがあった。ブラン城の観光利権は汚職事件を誘発するほどルーマニアでは良い資源なのである。旧共産党政権は吸血鬼のイメージを嫌い、商業化を抑えてきたが、チャウシェスク政権崩壊後、観光ガイドやホテル経営者らはブラン城をドラキュラ城として売り出し、「魔女裁判ショー」を演出するなど観光資源化した。これが成功し、外国人観光客を引き寄せた。隣国ブルガリアの吸血鬼伝説のあるエリアとコラボして観光資源として売り出したらどうか。日本に吸血鬼伝説は無い。魔女もいない。日本では史実と結びつけた吸血鬼伝説ツアーや魔女裁判は実施不可能である。

　第3に、ルーマニアでは「正確な歴史 VS 観光論争」が起こった。この論争の勝敗はともかく、国民の平均月収が120ドル前後の同国で、入場者の8割をルーマニア人、客単価約25ドルとの計画は現実的ではない。東欧は西欧の主要国のような経済力ではないので、いかに外国人を誘致できるかにかかっている。多くの国の観光ガイドにブラン城は「ドラキュラ城」と書かれていることから、ドラキュラを全面に押し出した方が外国人に理解しやすく、すでに集客力あるコンテンツに育っていると言える。

　第4に、2001年にルーマニア政府はドラキュラランドを正式決定し、総額約6.3億円の国債「ドラキュラ債」を発行した。総工費約40.3億円、ドラキュラ城を中核施設とするIRを建設し、年間入場者110万人を目指す。地元の市長は「ドラキュラは観光の呼び水。この街を東欧の真珠にする」と宣言した。クロアチアのドゥブロヴニクが「アドリア海の真珠」

と呼ばれる人気観光地になったことに影響されたのではないか。経済改革が遅れているルーマニア政府は外資導入と観光客誘致の切り札にドラキュラを観光資源にしたい。この企画のリーダーは、過去にも大型リゾート開発を打ち出したアイディアマンの観光相で、「歴史と伝説、現実と神話の入り交じった真のルーマニア風テーマパーク」と、史実とフィクションの融合を試みたと思われる。大阪のUSJを企画したリーダーは、海遊館（水族館）を企画して成功させた人物である。何か成功させた実績のある人が次の観光政策のトップに立つが、テーマパーク事業との共通部分が小さいため、過去の経験を活かしにくい。

　第5に、ユネスコは史跡を大切にしろというが、カネは出さない。世界中にユネスコの世界遺産に登録された観光地がある。世界遺産に登録されると世界中から観光客が来るというメリットはあるが、経済力に劣る国では史跡維持は簡単ではない。

　第6に、ブラド公の遠縁にあたる**チャールズ英皇太子**（当時）は現地を訪れた後、イリエスク大統領に見直しを求めた。2007年にブラン城はハプスブルク家の末裔でメアリー王妃の孫に当たるハプスブルク氏に返還された。ハプスブルク氏の希望で「脱ドラキュラ」が進められた。若者や家族連れを意識し、城内に展示されていた王族ゆかりの古びた家具をイタリア製の高級家具に換え、庭園茶室を現代風のカフェに改装し、城外へ通じる隠しトンネルをめぐるツアーや城内結婚式も計画する。これなら現代の一般的なテーマパークであり、うまくいけば人気が出るが、特色が薄れることが多い。ヨーロッパでは古城を観光客に開放して観光収入を得る国が多い。ドイツのロマンス街道など古城巡りが人気である。ブラン城は古城巡りの中でドラキュラ伯爵の城として売り出せば、圧倒的な人気を得られるだろう。

華麗なる一族、ハプスブルク家とは

　ハプスブルク家は、家柄と血統の良さが原因でドラキュラに振り切れなくなっているのだろう。ハプスブルク家はオーストリア・ウィーンの名家で、フランス・パリのブルボン家（ルイ14世など）とならぶヨーロッパでトップの名家である。ハプスブルク家の有名人はマリア・テレジア、その娘マリー・アントワネット、その息子ルイ17世（ルイ16世とマリー・アントワネットの子）などである。

　ハプスブルク家の家訓は「汝、オーストリアを結婚によって幸福にすべし（Tu felix Austria nube）」で、600年以上にわたりほぼヨーロッパ全土を統治した。華麗なるハプスブルク家の類稀な外交手段の一つが結婚だった。同家はオーストリアを拠点に中東欧、オランダ、スペインなどに支配を広げ、カール5世の時代に中南米やアジアにも領土を獲得した。15世紀以降、神聖ローマ帝国皇帝位を代々世襲した。ナポレオン戦争による神聖ロー

マ帝国解体後は、後継のオーストリア帝国の皇帝となった。同家は第一次大戦後に帝国が終焉を迎えるまで、数世紀にわたり広大な領土と多様な民族を統治したヨーロッパ随一の名門家である。同家は芸術家を育て、その作品は建築、絵画、彫刻、陶磁器、銀食器、宝石、音楽、衣装、食事に至る生活全般を作り上げ、宮廷でのパーティなどを通じて洗練された[201]。脱線するが、同家はマリー・アントワネットと同じ匂いがする。

　ハプスブルク家が結婚による外交政策を 600 年以上続けたため、ヨーロッパ中の名家と親戚のようで、英チャールズ国王とブラド公は遠縁である。チャールズ皇太子（当時）はドラキュラのテーマパーク化に反対した。現当主のドミニク・フォン・ハプスブルク氏は「うちの先祖に吸血鬼はいない」と名家に傷がつくことを恐れて反対しているのだろう。しかし旧王侯貴族というだけでは生活できないので、ヨーロッパの貴族は仕事をするか、資源を活かして収入を得ている。

　例えば、ゲーザ・フォン・ハプスブルク大公はオーストリア皇帝フランツ・ヨーゼフ（マリー・アントワネットの父）直系の末裔で、ザクセン最後の王の孫、なおかつ美術史と考古学の博士である。同大公は 7 ヶ国語を自在に操り、23 年間クリスティー（オークション）を始め、ハプスブルク・オークションハウスなど 2 つのオークションハウスの議長を務めた。ファベルジェ（高級宝石、時計、金具細工など）の世界的第一人者で、メトロポリタン美術館をはじめ世界的な美術館でキュレーターとして何十万人も集客した 3 つのファベルジェ展覧会を大成功させた。同大公はヒストリーチャンネル、NHK など 6 本の映画やドキュメンタリー番組で特集された。ファベルジェやクリスティー、サザビーズなど 13 冊の本を出版し多くの論文を発表した[202]。

　そして同大公は、日本でハプスブルク式の結婚式を上げるサービス開始した。2019 年 11 月、同大公は日本でウエディング会場の運営や企画などを手がけるサンライズジャパングループ・ドーモ社とライセンス契約を交わした。この取り組みは名門一族のマナーや習慣などの文化継承を目的としたもので、日本を皮切りに広くアジアに展開したい[203]。

[201] 一般社団法人ハプスブルク「ハプスブルクウェディング」2023 年 3 月 24 日アクセス https://habsburg-wedding.com/habsburg
[202] 一般社団法人ハプスブルク「ゲーザ・フォン・ハプスブルク大公プロフィール」2023 年 3 月 24 日アクセス https://habsburg-wedding.com/habsburg
[203] 2019/11/21 TABI LABO「日本初！華麗なる一族ハプスブルク家の正統ウエディングが挙げられることに」

ルーマニアのハプスブルク家の末裔、ドミニク・フォン・ハプスブルク氏もハプスブルク家の資源を活かした仕事で稼ぎ、さらにルーマニアが外貨を獲得できるようにしてあげてほしい。

　本章の限界は、ルーマニア語ができないためここまでしか分からなかったことである。旧社会主義陣営は今も秘密主義のことが多く、ルーマニア語ができても資料収集は難航するだろう。

6.政策提案

　ルーマニア政府と観光省への政策として、(1)廃墟マニアと廃墟観光、(2)ビジュアル系バンドとゴスロリイベント、(3)コンセプトカフェを提案できる。

　(1)日本には「廃墟マニア」が一定数おり、廃墟観光が人気である。潰れたテーマパークに廃墟マニアが来る。中国・北京郊外のテーマパーク「沃徳蘭遊楽園」が廃墟化し、メディアやYoutuberなどが撮影に来ていた。一方、ドイツやポーランドには「拷問の博物館」がある。日本では「明治大学博物館」の「刑事部門」に拷問道具やギロチンなどがある。ブラン城に拷問道具などの展示があるためオカルトファンを呼べるだろう。またルーマニアに魔女という職業の人たちがいるので、ドラキュラとこの人たちを合わせてイベントにしたらどうか。日本に魔女という職業はない。ハロウィンナイトなどドラキュラを合わせてイベントにできる。ハロウィンだけでなく、通年営業できるだろう。世界中でSNSブームで、フォロワー数を増やして収益化したい人がたくさんいる。ドラキュラやお城は写真や動画で映えるコンテンツである。

　(2)日本のビジュアル系バンドの一部はゴシック様式のビジュアルと音楽を売りにして、国内外で人気を博し、一ジャンルを確立している。ゴシック系かつ幼い少女（ロリータ）のファッションを売りにしたゴスロリ（ゴシック・アンド・ロリータ）も一ジャンルとして確立され、フランスなどヨーロッパでも人気である。特にMALICE MIZER（マリス・ミゼル：Gacktがボーカルとして所属していたビジュアル系バンド）のギターのMana（マナ）は世界的にゴスロリ・ファッションの第一人者となっている。このタイプのビジュアル系バンドのファンはトランシルバニア地方のドラキュラ伝説の見た目と雰囲気が好きなはずである。ここでゴスロリのイベントを開催すれば、日本から集客できるかはともかく、フランスなど西欧のゴスロリファンを集客できるのではないか。イベントが無理なら、プロモーションビデオの撮影地として誘致したらどうだろうか。

(3)日本ではコンセプトカフェ（通称コンカフェ）が人気である。コンセプトを定めて全面に押し出す飲食店で、メイドカフェ、執事カフェ、忍者カフェ、猫カフェなどがある。人気コンテンツとコラボするカフェでは、ガンダムカフェ、ムーミンカフェ、ハリーポッターカフェなどがある。飲食店なので小さい箱に低予算で出店できる。ルーマニアではドラキュラカフェ、魔女裁判カフェなどが可能である。

ヨーロッパに多い名家の末裔への提案

　ハプスブルク家について調べていたら、ハプスブルク家は各ジャンルの芸術を育てたことを知った。ここでいう芸術とは絵画、陶磁器、銀食器、宝石、音楽、衣装、食事のことである。画像検索すれば分かるが、ハプスブルク家のメンバーはマリー・アントワネットと似た雰囲気とオーラをまとっている。ハプスブルク家の末裔ゲーザ・フォン・ハプスブルク大公もマリー・アントワネットと似た雰囲気とオーラをまとっている。ハプスブルク家の血統と環境、躾とマナー教育なのか。庶民が一代や二代で大富豪になって美術品を買い漁って美術に詳しくなったとしても、短期間でこの雰囲気は出せない。家名のブランド力を活かした仕事で稼ぎ、国や地域に還元したらどうか。ヨーロッパ全域には没落した名家が細々と暮らしているらしい。何か資源を活かして地域と国に還元してほしい。

第Ⅲ部　原子力とテーマパーク

　ヨーロッパの主要国は原子力発電先進国で、電力輸出大国である。原子力発電に依存する
理由は、日本と同じで、石油などの地下資源に乏しいからである。原子力とテーマパークは
無縁と思っていたが、ヨーロッパではそんなことはないと気づいた。テーマパークは平和だ
から成立する「平和の象徴」である。ウクライナのチェルノブイリ原子力発電事故に関して
報道される際、廃墟化した観覧車が背景に写っており、悲劇の象徴とされている（第7章）。
ドイツではチェルノブイリ原発事故を受け猛烈な反対で原発が廃止に追い込まれ、テーマ
パークに生まれ変わった（短編3）。そして英画家バンクシーのテーマパーク「ディズマラ
ンド」には絵画「ミニー・ヒロシマ」が展示された（第8章）。

第7章　チェルノブイリで被爆したプリピャチ遊園地

1.はじめに

　2021年3月にウクライナの文化情報政策省がチェルノブイリ原発の**世界文化遺産**登録を
目指していると、読売新聞に明かした[204]。チェルノブイリ近くの「プリピャチ遊園地
（Pripyat Amusement Park）」は原発事故で被爆し、閉鎖され、廃墟化している。チェル
ノブイリ原発が報道される時、廃墟化した観覧車が背後に写るため、プリピャチ遊園地はチ
ェルノブイリ原発事故の悲劇を語る上で有名である。世界遺産には「負の遺産」と一般に呼
ばれる、広島平和記念公園やアウシュビッツ強制収容所などが登録されている。すでに同園
を含むチェルノブイリ原発周辺は観光地化されている。

　本章では、プリピャチ遊園地に何が起こり、なぜ観光地化されたのか考察する。

先行研究レビュー

　チェルノブイリ原発事故に関する研究は、原子力関連のみならず、事故の悲惨さを訴える
書籍などが膨大にある（尾松、2018等）。チェルノブイリ原発周辺が観光地化している現象
をジャーナリストらが調査したこともある（東ら、2013）。しかしどの研究もチェルノブイ

---

[204] 2021/03/19 読売新聞オンライン「チェルノブイリ原発、世界遺産申請へ…ウクライナ」2023年
3月2日アクセス https://www.yomiuri.co.jp/world/20210319-OYT1T50194/

リ全体を対象としており、プリピャチ遊園地をメインとした調査や研究はない。また経営学的な視点での研究がない。また外国人観光客による外貨獲得を目指すツアーなどは研究されていない。

ウクライナの概要

　ウクライナ[205]は面積約60万km²（日本の約1.6倍）、人口4159万人（クリミアを除く、2021年ウクライナ国家統計局）、首都キーウ、民族はウクライナ人（77.8%）、ロシア人（17.3%）、ベラルーシ人（0.6%）ユダヤ人等（2001年国勢調査）、言語はウクライナ語、宗教はウクライナ正教と東方カトリック教等である。共和制で元首はヴォロディミル・ゼレンスキー大統領（2019年就任）、デニス・シュミハリ首相（2020年就任）、議会はウクライナ最高会議である。

外交　ゼレンスキー政権はポロシェンコ前政権の親欧州路線を継続しつつ、ロシアとの対話の用意がある等表明し、2020年に停戦合意が実現した。しかし2022年に情勢が緊迫化した。ウクライナ国境周辺地域を中心にロシア軍が増強される中、2月19日に行われたG7外相会合を始め、緊張緩和に向けた外交交渉が各国間で続けられたが、2月24日、プーチン大統領はウクライナ政府による「ジェノサイド（genocide：大量虐殺）に晒されてきた人々の保護」を目的とすると主張し、ウクライナにおける「非軍事化」「非ナチ化」を追求するとして、「特別軍事作戦」開始を発表し、ロシアによる侵略が始まった。

経済　主要産業は卸売・小売業、自動車・二輪車修理業、製造業、農業、林業、漁業等（2020年、ウクライナ国家統計局）である。GDP1555億ドル、一人当たりGDP3726ドル（2020年、世銀）、GDP成長率3.8%（2021年予測値、世銀）、物価上昇率2.7%、失業率9.5（2020年、世銀）である。輸出総額492億ドル、輸入総額543億ドル（2019年、ウクライナ国家統計局）、輸出品目は穀物（19.1%）、鉄・鉄鋼（15.6%）、鉱石（9.0%）、電子機器（5.2%）、輸入品目は鉱物性燃料（14.7%）、機械類（11.2%）、輸送機器（10.1%）、電子機器（10.1%）、医薬品（4.6%）である。輸出相手国は中国、ポーランド、ロシア、輸入相手国は中国、ドイツ、ロシア（2020年、ウクライナ国家統計局）である。独立後の市場経済化による混乱から、1990年代は生産低下とハイパー・インフレーションを経験した。2000年代に入り、経済成長率がプラスに転じ、好調な鉄鋼輸出や内需拡大により高い成長

---

205 外務省「ウクライナ」2023年4月23日アクセス
https://www.mofa.go.jp/mofaj/area/ukraine/data.html

率を実現させたが、2008年夏以降、鉄鋼需要の頭打ち、金融危機で株価下落や外資流出し、財政が悪化した。2010年～2011年、経済は順調に回復した。

二国間関係　日本は1991年に同国を国家承認し、1992年に外交関係を開設した。日本の対ウクライナ貿易（2020年、財務省貿易統計）は輸出541.8億円、輸入568.8億円、輸出品目は自動車、機械・装置類、光学機器、医薬品、電気電子機器、輸入品目は鉱石、タバコ、アルミニウム、水産物、化学製品、木材加工品（2020年、ウクライナ国家統計局）である。

チェルノブイリ原子力発電所事故の概要

　1986年4月26日、チェルノブイリ原発で原子力発電開発史上最悪の事故が発生した。保守点検のため前日より原子炉停止作業中だった4号炉（出力100万kW、1983年12月運転開始）で、26日午前1時23分（モスクワ時間）、急激な出力上昇をもたらす暴走事故が発生し、爆発した。原子炉とその建屋は一瞬のうちに破壊され、爆発とそれに引き続いた火災にともない、大量の放射能放出が継続した。最初の放射能雲は西から北西方向に流され、ベラルーシ南部を通過しバルト海へ向かった。4月27日にスウェーデンで放射能が検出され、ソ連政府は事故発生の公表を余儀なくされた。チェルノブイリからの放射能は4月末までにヨーロッパ各地で、さらに5月上旬にかけて北半球のほぼ全域で観測された。京都大学原子炉実験所（大阪府泉南郡）で最初にチェルノブイリからの放射能を観測したのは、5月3日に降った雨水からだった。燃え続ける原子炉を封じ込めて火災を消火するため、4月末から5月始めにかけて、砂、鉛、ホウ素など5000トン以上の資材がヘリコプターから炉心めがけて投下された。崩壊した原子炉と建屋を丸ごとコンクリートで囲い込む「石棺」の建設が6月から始まり11月に完成した。火災の鎮圧、汚染除去、石棺建設といった事故処理作業には、軍隊をはじめ大量の作業員がソ連各地から動員され、その数は60万人から80万人に及んだ。1991年末、チェルノブイリ事故に対して第一に責任を負うべきソ連が崩壊し、汚染対策はそれぞれの共和国の責任となった。しかし、経済危機の中、汚染対策や被災者救援の問題は各国の重荷になっている。1986年8月のソ連政府報告は、事故の原因は「運転員による数々の規則違反の類まれなる組み合わせ」として、制御棒を引き抜き過ぎの状態での運転、原子炉停止信号のバイパスなど6項目の違反を上げ、事故の責任を全面的に運転員に押しつけている[206]。

---

[206] 京都大学原子力安全研究グループ「チェルノブイリ原発事故」2023年6月20日アクセス http://www.rri.kyoto-u.ac.jp/NSRG/Chernobyl/Henc.html

2.観光地化の経緯

チェルノブイリが観光地化するも取材陣優先

　2006年4月、中国新聞の記者が国の機関を通じて1泊2日の**ゾーン巡回ツアー**に参加した。費用は通訳との2人分が日本円で約8.4万円だった。ゾーン内のチェルノブイリ市で働く職員の平均賃金が月約3万円なので、高額である。ツアーで用意された車でしばらく走ると、原発4号機が見えてきた。次に原発から約3キロ離れたプリピャチ市に向かう。プリピャチ市はかつて約5万人の原発職員とその家族が住んでいた。事故の翌日、住民は強制疎開させられ、二度と戻ることはできなかった。高層アパートや商店、ホテルが立ち並ぶ。無人の街にプリピャチ遊園地があり、そこに有名な観覧車がある。黄色いゴンドラは、底が抜けそうに劣化していた。5月1日（メーデー）に開業予定で完成していたが、開業せずに廃墟化した。チェルノブイリ市には住民3000人、運転停止した原発の保守や今も続く事故処理作業のため、約3200人が列車で通勤してくる。その大半は事故後、ゾーン外に建設された街スラブチッチに住んでいる。チェルノブイリ市にはプリピャチという名のホテルがある。事故前から存在するホテルで、出張の行政マンが利用する。報道関係者などが泊まる別のホテルは、簡易の2階建てで客室は13室、シャワーからは熱い湯が出るし、快適だった。キエフ中心部のホテルにある外国人観光客向けのパンフレットに、「どこにでもある海外旅行ではありません。史上最悪の原発事故の舞台を訪れるチャンスです。首都キエフから車でたった2時間。親切な運転手がお迎えに上がります」「どうしても放射線が心配ならチェルノブイリ博物館を見学すればまったく安全です」と書いてある。原発周辺の立入禁止ゾーンを訪ねる日帰りツアーについて旅行会社に問い合わせると、2人以上の参加で1人175〜220ドル（約2.1万〜2.6万円）という。ウクライナ非常事態省の関連機関のガイドは「今年は2万人以上がゾーンに来るだろう」と言う。見学希望者が殺到し、事故20年後の4月26日までは一般観光客の入場を制限している。ゾーンの観光地化に伴い、トラブルも発生している。無人の街プリピャチでは何ヶ所も建物の壁に落書きがある。プリピャチの街は長年、風雨にさらされ、建物の傷みが激しい。キエフ市内にあるゾーン見学を請け負う会社によると、アメリカの映画会社から無人の街を舞台に映画撮影したいとの打診があったが、政府が許可しなかった[207]。

---

[207] 2006/04/23 中国新聞朝刊18頁「原発事故20年チェルノブイリに暮らす　間近に石棺要塞。鳴り響く放射線測定器、気味が悪い　5万人の営み、子の歓声　都市ごと捨てられ」

米フォーブスが「世界で最もユニークな観光地」に選出

　2010年、チェルノブイリは一大観光地となっていた。米経済誌フォーブスが「世界で最もユニークな観光地」の1つに選んだこともあり、2009年に約7500人が訪れた。入場料は1日160ドル（約1.4万円）である。観光客は被爆防止の諸規則を厳守する旨の誓約書を手渡され、「飲食ならびに喫煙は厳禁、中の物に決して触らない、地面に座らない、所持品を地面に置かないこと」などと書かれている書類を読む。観光客らは引きつった笑みを浮かべながら誓約書にサインする。一団はコンクリートで覆われている問題の原子炉に近づき撮影する。原子炉を覆うコンクリートは所々ひび割れている。撮影後、廃虚化したプリピャチの街に向かうと、プリピャチ遊園地のさび付いた建物にはソ連時代の垂れ幕が下がっている。アパートの部屋には本や玩具の残骸が、学校の食堂の床にはおびただしい数のガスマスクが散乱している[208]。

観光地化に賛成派と反対派

　2011年1月、ウクライナは原発周辺の半径約30キロに設定された立入禁止区域（通称ゾーン）に観光客の受け入れを認めた。当局は「現地を訪れたいという内外の要望に応えた。安全性には十分配慮している」と述べた。現地の状況はまだまだ危険と観光地化に反対する人も多い。毎日新聞の記者が同月、チェルノブイリ周辺の標準的な「観光ルート」を体験した。そのツアーの案内役はゾーン内を管理する国営企業「チェルノブイリ・インターインフォーム」のガイドで、ツアーに同行する。事務所で「建物や植物に触れない、地面に座らない、物を外部に持ち出さない」などの注意事項や、健康被害が出ても自己責任と書かれた誓約書にサインを求められた。車で最初に向かったのは4号炉である。次に原発から約3キロ離れた廃虚の街プリピャチに入った。ホテルや学校などが昔のまま残る。建物内はガラスや崩れた外壁などが散乱し、水たまりもあって滑りやすい。無人の街に積もった雪の上に、動物の足跡があった。猟ができないので、オオカミやキツネなどがたくさん生息している。約2時間の見学後、事務所で野菜や鶏肉などの昼食が出た。体内被爆がないよう、食材はすべてキエフから運んでいる。帰りは体に浴びた放射線の検査を受け、クリーンであることを確認してゾーン外に出る。キエフから車で片道2時間の日帰りツアーの費用は計3288グリブナ（約3.4万円）で、団体だともっと安くなる。ウクライナ非常事態省のゾーン責任者、

208　2010/10/12 AFPBB NEWS/AFP通信「チェルノブイリへようこそ、原発事故現場が人気の観光スポットに」

ボブロ氏は「規制は従来通りで、完全に開放するわけではない」と言う。観光できるのは18歳以上で、決められたコース以外の自由行動は認められない。ゾーン内の立ち入りはこれまで研究者やジャーナリストなどに認められ、2010年は約8000人が訪問した。ウクライナは2011年に事故25年を節目とした首脳級の国際会議を主催し、2012年に隣国ポーランドとサッカー欧州選手権を共催する。これらのイベントに合わせて多くの観光客を呼びたい。国連開発計画でチェルノブイリの復興問題を2010年まで担当していたシェルバク氏は「人類の悲劇を象徴するチェルノブイリは観光要素を満たしている。目的意識を持った人が規則に従って訪問するなら問題ない。観光収入で地域振興にもつながる」と述べた。一方、稼働当時のチェルノブイリ原発で核安全課副主任をしていたカルパン氏は「現実的かつ潜在的な危険がある中での観光地化には反対」と言う。支援組織「チェルノブイリの医師たち」のニャーグ代表は「多くの被災者が今も病気などで苦しんでいる。観光地化でチェルノブイリの悲劇は終わったとの誤った認識が広がる恐れがある」と述べた[209]。

ツアー解禁から1年間で1.3万人の観光客

2012年、チェルノブイリ原発の見学ツアーが盛況で、居住禁止区域に多くの人が来ていた。ツアーが始まったのは2011年12月で、ウクライナ緊急事態省の外郭団体が20ほどの旅行会社にツアー客の募集を委託し、料金は昼食付きで1人約150米ドルである。開始当初から世界中から申込が殺到し、多い時で1日約20組、約300人が訪れる。ツアー開始から約1年間で約1.3万人が訪れた。福島第一原発の事故の影響で、日本からの参加者が増えた。立入禁止区域管理庁のボブロ第一副長官は事故現場を「負の教訓」として活用すると言う。ありのままの姿を見てもらうことで放射能濃度が低下していることや、新しいシェルターの建設など、復興に向けた作業をアピールする。一方、反原発の市民団体「国民エネルギーセンター」幹部のアルトゥール・デニシェンコ氏はツアーについて、「あくまで原発の危険性を深く理解するために行われるべき」とコメントした[210]。

---

[209] 2011/01/31 毎日新聞　朝刊6頁「チェルノブイリ原発事故：発生25年、観光地化　不安残し公開」
[210] 2012/12/27 朝日新聞　朝刊14頁「（世界発2012）観光地・チェルノブイリ　当局企画のツアー、世界中から客」

ウクライナ政府は「究極の観光」と販売促進

2016年、ウクライナ政府はこのゾーンを「究極の観光（Extreme Tourism）」の場として販売促進していた。チェルノブイリ市は約3000人の管理者の拠点で、ごく一部の科学者と一泊以上滞在する訪問者のための宿泊施設がある。プリピャチは1970年に緑の野原に建設され、ソビエトの独裁的な支配下にあったものの、快適な住宅だった。建設から16年後の1986年4月27日、事故の翌日に住民は避難を強いられた。災害前には、1.3万室以上のアパート、5000人の子供のための学校、20以上の店舗とカフェ、映画館、スポーツホール、文化センター、工場、病院があった。1986年5月1日に毎年恒例のメーデーのお祝いのためにオープンする予定だった同遊園地は一度も営業機会がなく、廃墟化した[211]。

2015年に観光客1.5万人、うち半分が外国人、15の民間業者

2016年4月、北海道新聞の記者が取材に行った。ツアーガイドによると、プリピャチには観覧車や飛び込み台付きのプールがあり、物不足の旧ソ連時代に「夢の街」と言われた。立入禁止区域内で盗難が相次ぎ、放射性物質に汚染された家具が盗まれないよう、政府がわざと壊したケースもある。帰り際に検問で汚染された土などが付いてないか簡易検査機で確認し、汚染がひどいと靴の廃棄を求められることもある。有料観光ツアーが盛況で、約15の民間業者がツアーを企画している。2015年は約1.5万人の観光客が訪れ、半分以上が外国人だった。ツアーに対して、被災者から「悲劇を金もうけに使っている」との批判や、観光客が増え安全対策を徹底できるか疑問視する声もある[212]。

プリピャチは未来の街のモデル

何人かの元住民が中日新聞の記者に思いを語った。元住民らによると、幸せな生活が事故で一変した。原発職員とその家族ら5万人が暮らしていたプリピャチでは、事故翌日「身分証明書と3日分の食料を持って」との指示で、1200台のバスで全住民が一斉に避難し、そのまま戻ることはなかった。元住民は「プリピャチは未来の街のモデルだった。高層の集合住宅が並び、カフェやレストラン、文化会館や芸術学校もあった」「事故当日の夜も文化

---

[211] 2016/04/18 USA TODAY, Pillaged and peeling, radiation-ravaged Pripyat welcomes 'extreme' tourists, 2023年3月2日アクセス
https://www.usatoday.com/story/news/world/2016/04/17/pripyat-chernobyl-30th-anniversary/82897578/
[212] 2016/04/26 北海道新聞朝刊全道（総合）5頁「チェルノブイリ原発事故30年＊悲劇伝える「廃虚ツアー」＊昨年、1.5万人観光／安全対策に疑問も」

会館で映画を観賞していた」と言う。ウクライナ政府は観光地化を進めており、プリピャチはそのシンボルである[213]。

米ドキュメンタリー番組人気でチェルノブイリへの観光客増加

　2019年6月、米HBOのドキュメンタリー番組がきっかけでチェルノブイリへの観光客が増加していた。同番組では爆発の余波、大規模な除染作業、その後の調査が描かれた。ソロイーストツアーズによると、5月の同地域への旅行者数は前年比で30%増加、番組放映以降、6〜8月の予約は約40%増加した[214]。

自撮りに夢中の若い観光客急増

　2019年9月、同番組の影響でチェルノブイリ周辺を訪れる若い世代の観光客が増えていた。ツアーガイドらは、多くの客は原発事故について学ぶより自撮りに夢中だと言う。AFPの取材に応じた公式ガイドのイェウゲン・ゴンチャレンコ氏は「ツアー客は情報を必要としていない。ただ自撮りしたいだけ」と言う。同番組が放映される前からチェルノブイリは**ダークツーリズム**の対象になっていた。地元旅行会社の中には、同番組のロケ地巡りをするツアーを実施し、立入禁止区域周辺の川でカヤックを楽しめる特別ツアーを提供するところもある。チェルノブイリ情報センターの代表オレクサンドル・シロタ氏は、一部の旅行会社は原発事故地域周辺で手軽に旅行体験を味わえる旅行プランを提供していると言う。旅行客の増加傾向は今後も確実に続くとみられる。同年5月に大統領に就任したゼレンスキー氏はチェルノブイリ原発周辺を観光地としてさらに開発する大統領令に署名した[215]。

放射能アイスクリームなど原発事故跡地がテーマパーク化

　同番組は第71回エミー賞で、エミー賞リミテッド・シリーズとしては同年最多受賞となる10部門で受賞するというアメリカで絶賛された番組である。現地の旅行会社が人気に乗じて「放射能アイスクリーム」や「チェルノブイリ空気缶詰」などを売り出し、原発事故跡地が「テーマパーク化」していると米紙ワシントン・ポストが伝えた。ツアーを提供する旅

---

[213] 2016/05/19 中日新聞朝刊28頁「汚染大地の今　チェルノブイリ原発事故30年（中）廃虚の都市　観光地化　薄れる記憶」
[214] 2019/06/05 ロイター通信ニュース「チェルノブイリへの観光客が増加、米ドキュメンタリー放映で関心」
[215] 2019/09/22 AFPBB NEWS/AFP「通信 立ち入り禁止区域で自撮りに夢中、チェルノブイリに観光客急増」

行会社、ソロイーストによれば、2019 年 5 月の予約数は前年同時期比 30%増で、その後の 3 ヶ月間も同様の伸びがみられた。別の旅行会社「CHERNOBYLwel.com」も予約数の増加を予想している[216]。

観光地化してガスマスクや防護服を販売

2019 年秋、チェルノブイリ観光に行った人が目撃し衝撃を受け、朝日新聞の記者に「チェルノブイリの検問所近くの土産物店にガスマスクや防護服のようなものが売られ、事故現場にいるような気分を出すために観光客が防護服姿で写真を撮っていた」と話した[217]。

チェルノブイリはエンターテイメントとして遊びに行く旅行とはコンセプトが異なる。

3.考察

本章では、プリピャチ遊園地に何が起こり、なぜ観光地化されたのか考察し、次の点を明らかにした。

簡潔にまとめると次のようになる。プリピャチ遊園地は共産主義の国らしくメーデー（May Day：5 月 1 日：労働者の日）にオープン予定だったが、1986 年 4 月 26 日に原発事故があり、開業せずに廃墟化した。チェルノブイリ原発に勤務する人とその家族がその周辺に住んでいた。物資不足のソ連にしては裕福な街だったため、「未来の街」と呼ばれ憧れの対象だったが、原発事故ですべて奪われた。後にウクライナ政府は財政難から観光化し、外国人観光客から外貨を稼げるようになった。ダークツーリズムとして人気が出た。フォーブスで「世界で最もユニークな観光地」に選ばれた。ウクライナ政府は「究極の観光」として販売促進した。米ドキュメンタリー番組の大ヒットで若い観光客が増えたが、自撮りに夢中でツアーガイドの話を聞かない人が多い。この人たちは SNS に載せるのだろう。SNS ブームの時代と合った。悲惨な街に廃墟化した観覧車などは「廃墟ツアー」と銘打てば人気コンテンツとなるだろう。福島第一原発事故の時にチェルノブイリ原発は注目され、日本人観光客が増えた。「放射線アイスクリーム」発売など、観光地化、テーマパーク化が進む。不

---

[216] 2019/09/29 クーリエ・ジャポン「ドラマをきっかけに観光客急増　チェルノブイリ原発事故跡地「テーマパーク化」の倫理を問う」2023 年 3 月 2 日アクセス
https://courrier.jp/news/archives/175840/
[217] 2021/03/08 朝日新聞　夕刊 5 頁「（現場へ！）チェルノブイリを伝える：1 ダークツーリズムの光と影」

謹慎だが、地元の人はアメリカ人などから外貨を稼げるのでやめられないだろう。アメリカ人から稼げるとなると大きな収入が期待できる。

　物価の割に高額な料金を観光客から取るが、現場のツアーガイドや運転手の給料が高いとは考えにくい。ウクライナ政府は民間旅行会社が上げた売上から中間マージンを取るのではないか。それが国家運営に使われると推察できる。

　東西冷戦時代、ソ連が威信をかけて作ったチェルノブイリ原発が大事故を起こし、悲劇の街は米フォーブスに選出され注目されて、米ドキュメンタリー番組で脚光を浴びた。若い外国人観光客、得にアメリカ人は旧東側陣営の人にとって驚くほど金遣いが荒いはずである。現地の飲食店や小売店、お土産店、ホテル、旅行代理店などは収益を上げる絶好のチャンスである。特に「放射能アイスクリーム」「チェルノブイリ空気缶詰」などはインチキ商品と言える。つまり**低俗**化した。ガスマスクや防護服は、サバイバルゲームなどを好む層に受けるだろう。観光地は「1回だけ需要[218]」になりやすいので、このようなインチキ商品の販売が可能である。これらが売れるのなら止められないだろう。旧共産主義時代の貧しさを経験した人ならなおさら、アメリカ人相手にインチキ商売で稼げるようになったのなら、貧乏時代に戻れないだろう。

　ウクライナ政府が観光地として解禁するまで、チェルノブイリは一部の科学者、研究者、ジャーナリスト、マスコミだけが入場可能だった。その時までは節度ある行動をする人だけが入場したが、観光客を許可したことで客の質の低下が見られた。特にSNSで収益化できる時代になったため、SNSドリームを目指してフォロワー数と再生回数を上げようとする人が多い。チェルノブイリに行くということは、その人たちは収益化しているか、本気で収益化を目指しているのだろう。皮肉にもこの社会の動きとマッチした。

　本章の限界は、筆者がロシア語やウクライナ語ができないためここまでしか分からなかったことである。仮に言語が分かったとしても旧ソ連時代は秘密のベールで覆われていた。共産主義の国はほとんど情報公開しない。プリピャチ遊園地は国営だと思われるが、経営する会社名、資本関係などすべて不明である。また2022年に始まるロシアのウクライナ侵攻でどうなったのか不明である。今後もプリピャチ遊園地の研究を続ける。

---

[218] 1回だけ需要：観光地などに1回だけなら行ってもいいが、2回以上行かないことを筆者がこのように定義した。

短編2　原発を廃炉にしてテーマパークに転換した

独ワンダーランド・カルカー

1.はじめに

　前章で、チェルノブイリ原発近くで被爆したプリピャチ遊園地について調べていた際、原発を廃炉にしてテーマパークにしたドイツの「ワンダーランド・カルカー（Wunderland Kalkar）」の存在を知った。本編では、ドイツのワンダーランド・カルカーが原発を廃炉にしてテーマパークに転換された経緯を考察する。

ドイツ連邦共和国の概要

　ドイツ連邦共和国[219]（Federal Republic of Germany）は人口約8319万人（2020年9月、独連邦統計庁）、面積35.7万km²（日本の約94%）、首都ベルリン（約367万人、2019年、ベルリン＝ブランデンブルク統計庁）、言語はドイツ語、宗教はカトリック（27.2%）、プロテスタント（24.9%）、ユダヤ教（0.1%）（連邦統計庁）である。連邦共和制で、元首はフランク＝ヴァルター・シュタインマイヤー大統領（2017年選出）、オラフ・ショルツ首相である。二院制で、社会民主党（SPD）とキリスト教民主同盟（CDU）が二大政党である。

外交・安全保障　従来より(1)欧州統合の積極的推進と、(2)NATOを軸とする大西洋関係を基本としてきた。「ドイツのための欧州」ではなく、「欧州のためのドイツ」を標榜する。メルケル首相は長期政権と強力な経済力を背景として、EU首脳の中で大きな影響力を有しており、欧州経済危機、ウクライナ情勢、難民問題、英国のEU離脱等の対応に存在感を示してきた。1955年にNATOに加盟し、国防予算456億ユーロ（2020年）である。

経済　ドイツは世界有数の先進工業国で貿易大国、GDPの規模では欧州内で第1位である。主な輸出相手国は米国、フランス、中国、オランダ、英国（日本は16位）、輸入相手国は中国、オランダ、米国、フランス、ポーランド（日本は15位）である。主要産業は自動車、機械、化学・製薬等である。

---

[219] 外務省「ドイツ連邦共和国」2023年4月22日アクセス
https://www.mofa.go.jp/mofaj/area/germany/data.html

二国間関係　日独は基本的価値を共有し、G7等において国際社会の問題に対し協調して取り組むパートナーであり、軍縮・不拡散、国連安保理改革その他様々な地域情勢で緊密に協力している。ドイツは日本にとって欧州最大の貿易相手国で、日本はドイツにとって中国に次ぐアジア第2位の貿易相手国である。

2. ワンダーランド・カルカーの概要

　ワンダーランド・カルカーの公式サイト[220]（英語版）によると、ワンダーランド・カルカーはオランダ人のヘニー・ファン・デル・モスト（Hennie van der Most）氏が稼働しなかった原子力発電所を買い取って創設された。1991年に同氏はこの土地を購入し、ホテル、会議場、レジャー等の複合施設として再開発した。1996年に正式に開業したホテルは年間約15万人の宿泊客を受け入れる。原子炉建屋と冷却塔を残して、「カーニーズ・ファミリーパーク」として知られるテーマパークが2001年に開業した。合計40のアトラクションがあり、ハイライトは冷却塔に収容された高さ58メートルの「バーティカル・スイング」である。同園は年間30万人が来場する。ホテルと合わせて短期休暇、グループツアー、日帰り旅行、パーティー、ビジネスなどの用途で利用されている。

　同園の公式サイトのチケット購入ページ[221]（英語版）を見ると、大人料金（3〜64歳）が27.5ユーロまたは29.5ユーロ、子供料金と65歳以上は22.5ユーロまたは24.5ユーロである。<u>非上場</u>のようでここまでしか公表されていない。

ヘニー・ファン・デル・モスト（Hennie van der Most）氏の会社の概要

　オランダ人の同氏の会社HP[222]はオランダ語のみで英語がないので、英語とドイツ語の知識で推測する。筆者の第二外国語はドイツ語である。オランダとドイツは隣国で、ドイツ語とオランダ語は似ている。下記のレジャー施設はオランダ語、ドイツ語、英語対応である。同氏の会社は1980年にDe Bonte Weverというホテル、フィットネスクラブ、マッサージ店、コンサート会場、飲食店棟を有する複合レジャー施設を開業した。1985年にシュピールシュタット・オランジェ・ピボドルプを開業、1988年に「プレストン・パレス」という

[220] Wunderland Kalkar, About us, 2023年3月1日アクセス
https://www.wunderlandkalkar.eu/en/about-wunderland-kalkar
[221] Wunderland Kalkar, Choose your tickets, 2023年3月15日アクセス
https://www.wunderlandkalkar.eu/en/themepark
[222] Hennie van der Most, Succesformule, 2023年3月2日アクセス https://www.most.nl/over-ons/

ウォーターパーク、アミューズメント施設、飲食店を有する複合レジャー施設をアルメロー
に開業した。1994 年に Evenementenha ハーデルベルグという商業施設とコンサート会場
を有するレジャー施設を開業した。1995 年にドイツにワンダーランド・カルカーを開業し
た。1997 年にアッセンに Sport-en evenementencentrum De Smelt というスポーツイベ
ントとウォーターパーク、ボーリング、ホテルなどを有するレジャー施設を開業した。2003
年に Evenementenhal in een voormalig bakkerij というイベント会場とコンサート会場を
レイスウェイクに開業した。2005 年に Evenementenhal in een voormalig
distributiecentrum という施設をホルクム市に開業した。2008 年に Dorf Wangerland と
いう海水浴場とホテルのリゾートを開業した。2017 年に Mobiele restauranttoren という
タワーの上の部分が回転するレストランを開業した。現在、Ontwikkeling attractiepark ロ
ッテルダムというテーマパークをロッテルダムに建設している。

3.ワンダーランド・カルカーの経緯
高速増殖炉施設をリサイクルしてレジャー施設に

　1996 年 11 月にレジャー施設「ケルン・バッサー・ブンダーラント」が開業した。ケル
ンはドイツ語で「核」を意味するので、同園は「核のワンダーランド」である。同園はオラ
ンダ国境に近い人口約 1.3 万のカルカー市にある。同市で完成直前に建設が打ち切られた
高速増殖炉（FBR）がレジャー施設に変えられたのである。FBR の建物と冷却塔など発電
所の施設をそのまま利用している。すでに 57 室のホテルとレストランが完成し、テニスコ
ートなどを造成中である。炉は一度も運転されなかったので、放射能の危険はない。見どこ
ろは原子炉本体の見学コースである。同園のマスコット「ケルニー（核ちゃん）」が描かれ
ている案内板に従い、薄暗い迷路のような通路を進む。炉心やナトリウムタンクなど、もし
炉が動いていたら見られないところまで見て回れる。中央制御室の操作盤には、炉の状態を
表示するディスプレーの代わりにテレビが埋め込まれ、建設反対運動の様子などを収録し
たビデオが放映される。できるはずだった FBR は「SNR300」といい、旧西ドイツ、オラ
ンダ、ベルギー、英国の共同で 1973 年に建設が始まった。建設費は約 100 億マルク（約
7300 億円）だった。もんじゅ（福井県敦賀市）とほぼ同じ約 30 万キロワットの発電を目
指していた。しかし建設場所がオランダ国境に近いことなどから、オランダ人らが猛反対し
た。小規模な冷却材のナトリウム漏れ事故が起き、逆風が強まった。その後、カルカー市や
発電所の所有会社が残った建物の使い道を検討した。他の発電所でも使える機材は売却し
た。土地と建物は 1995 年にオランダの実業家ファン・デル・モスト氏が買い取り、再開発

することになった。同園では 2002 年頃まで工事が続く。冷却塔を気球の発射場にしたり、射撃場、プールを造ったりして総合レジャーランドにする。原子炉の建物は大幅に改造され、最終的には炉の形跡はほとんどなくなる[223]。

2000 年代半ば、盛況

　2005 年に毎日新聞の記者が取材に行ったところ、同園は盛況だった。その記者がドイツ西部のオランダ国境付近の農村カルカーを走っていると突然巨大な富士山型のドームが見えた。そのドームは高速増殖炉「SNR300」で、ワンダーランド・カルカーとして運営されている。55ha の敷地に回転木馬や観覧車など 37 の遊戯施設がある。旧冷却塔の下にはボートで水路をめぐるアトラクションがあり、子供が長い行列を作る。側面にアルプスの絵が描かれ、クライミングできる。年間 58 万人の宿泊客がおり、熱交換タワーを利用したホテルを増設中だった。支配人は「現在の 450 室を倍にする」と言う。SNR300 はテスト段階の 1984 年にもんじゅと同様のナトリウム火災を起こした。ナトリウムのトラブルは 10 回以上起き、ノルトライン・ウェストファーレン州政府が安全基準を強化した。1986 年のチェルノブイリ原発事故で不安が膨らんだこともあり、1991 年に廃炉が決まった[224]。

福島原発事故が起こり比較対象となる

　2011 年 3 月 11 日、日本で東日本大震災が起こり、巨大な津波が発生し、東京電力福島第一原発の事故が起こった。事態の深刻さから反原発の世論が高まった。この頃、ワンダーランド・カルカーの年間入場者数約 60 万人である[225]。

　同年 6 月、AFP によると、同園の営業シーズンにおよそ 550 人雇用されている[226]。

脱原発の象徴となる

　2016 年 9 月、朝日新聞によると、同園は脱原発の象徴になっていた。朝日新聞の記者が取材に行くと、同園では家族連れが回転木馬やミニ列車に並ぶ盛況ぶりだった[227]。

---

[223] 1997/11/15 朝日新聞　夕刊 1 頁「原発テーマパークへようこそ　高速増殖炉施設をリサイクル　ドイツ」
[224] 2005/06/01 毎日新聞　大阪朝刊 2 頁「もんじゅ・運転再開への現実：／上　安全、コストの課題重く」
[225] 2011/06/21 ロイター通信ニュース「再送:ドイツの高速増殖炉、メリーゴーラウンドとして再生」
[226] 2011/06/04 AFPBB/AFP「通信原発跡地の遊園地、ドイツ西部」2023 年 3 月 1 日アクセス
https://www.afpbb.com/articles/-/2803985
[227] 2016/09/26 朝日新聞　朝刊 1 頁「（天声人語）遊園地になった高速増殖炉」

3.考察

本編では、原発を廃炉にしてテーマパークにしたワンダーランド・カルカーを考察し、次の点を明らかにした。

第1に、同園はオランダ人のモスト氏が1991年に土地を購入し、ホテル、会議、レジャー等の複合施設として開発し、1996年に開業した。同氏の会社は1980年にホテル、フィットネスクラブ、コンサート会場、飲食店などを有する複合レジャー施設を開業し、その後オランダ各地で複数のレジャー施設を運営している。現在、新しいテーマパークをロッテルダムに建設している。建設中のアムステルダムのテーマパークにワンダーランド・カルカーでの経験とノウハウを活かすはずなので、今後研究したい。

第2に、同園が1996年に開業した時は「ケルン・バッサー・ブンダーラント」という名称だった。高速増殖炉（FBR）は一度も運転されなかったので、放射能の危険はない。原子炉本体を見学でき、学習要素が大きいので、修学旅行などの行き先に適している。もっと学校に営業すれば修学旅行や社会見学需要が見込める。同園のマスコット「ケルニー（核ちゃん）」が解説するような映像を作ったらどうか。

第3に、その高速増殖炉は旧西ドイツ、オランダ、ベルギー、英国の共同で1973年に建設開始され、建設費約100億マルク（約**7300億円**）だった。1970年代の物価で、この額を投じて原発を建設したのに稼働せずに廃炉にするとは、よほど大きな反対があったのだろう。他の発電所で使える機材を売却し、土地と建物をモスト氏に売却し、テーマパークがそれなりに成功しているとはいえ、ディズニーランドのような規模ではない。この立地で年間入場者数60万人、営業シーズンに550人雇用ならば成功している。営業シーズンとは、ヨーロッパのテーマパークの多くは寒すぎる冬季の半年ほどを休業するので、夏季が営業シーズンである。ヨーロッパで冬季の寒さは地域によるので、冬季休業がいつからいつまでかはテーマパークごとに異なる。年間60万人のテーマパークで7300億円という巨額の初期投資の回収はほぼ不可能だろう。高速増殖炉の総工費が7300億円で、テーマパークとしての初期投資額と追加投資額は不明である。37の遊戯施設があるなら少なくとも100〜300億円程度を投資したと思われる。入場料は子供、大人、65歳以上と3種類、それぞれ2段階の料金設定で、子供22.5ユーロ（約3100円）から大人29.5ユーロ（約4300円）で、年間60万人である。おおまかに計算すると**年間入場料収入約24億円**（1人4000円で計算）となる。参考までに、TDRの客単価は1万円強である。同園は飲食、物品販売、宿泊などを組み合わせた滞在型リゾートとして収益を上げたい。しかし、ヨーロッパ人は日米に比べて1回の旅行先での消費額が小さいので、日本人、アメリカ人ほど客単価が高くない。

この時代のドイツの郊外に7300億円もかけたら、TDL（初期投資額1800億円）とTDS（同3340億円）を合わせた以上の規模の世界トップクラスに豪華なテーマパークができた。

　第4に、同園は独西部のオランダ国境付近の**農村カルカーを走っていると突然**巨大な富士山型のドームがあると毎日新聞の記者は表現した。ここから「筑波大学型」の立地と言える。筑波大学型とは、低予算で用地を取得する方法の一つで、郊外に突然観光施設が出現することと、前著（2022a）で定義した。原発は地方の中でも特に住宅地から離れた場所に建てられる。この立地なら55haの敷地は確保できる。参考までに、TDLとTDSは両方とも約50haである。この立地に回転木馬や観覧車など37の遊戯施設を設置したら自然と融合した大型レジャー施設だろう。

　第5に、日本の東日本大震災（2011年）で東京電力福島第一原発の事故が起き、同園が比較対象とされるようになった。さらに同園は脱原発の象徴になっていた。日本では、福井県が原発依存からの脱却を目指している。福井県西側の敦賀地域にもんじゅなど原発が多数ある。東側の勝山市に福井県立恐竜博物館があり、地方博物館にして年間90万人（2017年）という大成功を収めている。敦賀原発が不調で国からの補助金カットに備えて、福井県内で独自の産業を育てている（中島, 2022a）。テーマパークや博物館は原発に比べて安定して稼げる事業ではない。ワンダーランド・カルカーが原発として予定通り稼働した場合に生み出した売上に比べて、同園が生み出す売上は少ないだろう。しかし隣国オランダのレジャー経営者に買収されてテーマパークとして生まれ変わったという物語があるので、同園には社会的意義がある。このまま集客力と売上高アップを目指してほしい。

　本編の限界は、日本語と英語の情報がほとんど無く、ここまでしか分からなかったことである。同園についてはテーマパークとしてよりも原発事故の象徴として記事が書かれている。同園の日本語の記事には、同園についてよりも福島原発事故の悲惨さが主に書かれており、同園の経営に関する記載はほとんどない。いつもは日本経済新聞から引用するが、本編では朝日新聞などから多く引用した。

　筆者は2004年にTDRの研究を始め、世界中のテーマパークの研究をしているが、同園とチェルノブイリ原発近くのプリピャチ遊園地ほど悲しい気持ちになったのは初めてである。テーマパークを研究していて、悲しく気の毒なのは通常、経営難での人員削減や倒産である。原発事故にあったら、人間は成すすべがない。被爆を避けるためそこから逃げるしかない。原発事故にはどんな努力も吹き飛ばす威力がある。

第8章

英画家バンクシーのディズマランドとミニー・ヒロシマ

1.はじめに

イギリスの覆面画家バンクシー[228] (Banksy) が社会風刺テーマパーク「ディズマランド」（Dismaland）を 2015 年に期間限定でオープンし、好評を博した。英語でディズマル（dismal）とは陰鬱な、陰気な、鬱陶しい、不愉快な、という意味である。英語で書くと、夢の国ディズニーランド（Disneyland）と似たスペルと発音で、ディズニーランドのパロディである。

本章では、謎の画家バンクシーのディズマランドがどのような企画か考察する。そのため第 1 にディズマランドの企画と経緯、第 2 にその経済効果と閉園後に仏カレーの難民キャンプに移設されること、第 3 にバンクシーが知名度を上げパレスチナ（中東）でコンセプトホテルを作ったこと、第 4 に芸術家としての評価と政治活動家としての側面を考察する。

2.ディズマランドの企画と経緯

広告動画の内容

2015 年 5 月、ディズマランドの映像が覆面画家バンクシーの公式サイトで公開された。公開された映像[229]は、父、母、息子、娘の 4 人家族が「ディズマランド」を訪れる様子である。ナレーションで「地球で最も幸せな場所」と説明されるも、そこにはボロボロのシンデレラ城をはじめ、退廃的でダークな雰囲気が漂う展示が多数ある。「DREAMLAND」の「N」の字が地面に落ちた看板の絵や、横転したカボチャの馬車の中で死んでいるシンデレラ、その様子を撮影するパパラッチ、ネズミの耳を模したカチューシャを着けた不機嫌そうなスタッフなど、皮肉に満ちた内容である。入場料は**3 ポンド（約 570 円）**で 5 歳以下無料である。公式サイトで発売された**チケットが完売**するなど、世界中から注目を浴びた[230]。

---

[228] Banksy Official Site, 2021 年 5 月 5 日アクセス https://www.banksy.co.uk/menu.asp

[229] バンクシー公式 Youtube チャンネル内の「banksyfilm」にディズマランドの広告動画がアップされた。この動画は 2015 年にアップされ、2021 年 5 月 5 日現在、362 万回以上再生されている。https://youtu.be/V2NG-MgHqEk

[230] 2015/08/28 シネマトゥデイ「かぼちゃの馬車の中で死んだシンデレラ…"夢の国"を風刺した「ディズマランド」の映像公開」2021 年 5 月 1 日アクセス
https://www.cinematoday.jp/news/N0076037

期間限定テーマパークを英国にオープン

　2015年8月、ディズマランドが期間限定でオープンした。焼け焦げたようなシンデレラ城や難民で溢れるボートなど、来場者は「英国で最もがっかりするアトラクション」を体験した。同パークは英ブリストル近郊の町、ウェストンスーパーメアの使われていない屋外プール施設に設置された。バンクシーの他にも、英ダミアン・ハーストなどの作品もある。バンクシーは「ミッキーマウスのイメージはまったく使っていない」「テーマパークというものは、**より大きなテーマを掲げるべきだ、ということをテーマ**にしたテーマパークだ」と発表した。地元住民やバンクシーのファンはこのプロジェクトを歓迎した。8月から9月27日までの営業で、ロシアのパンクバンドらのパフォーマンスも実施される[231]。

ディズマランドのコンテンツ

　ディズマランドのコンテンツ (アトラクションや展示物) はボロボロのシンデレラ城を中心に、陰鬱な展示物が並ぶ。「お伽噺の中に入って、本物のプリンセスとはどういうことか見てください。お土産の写真もあります」と説明書きが付いたシンデレラ城の中に入ると、カボチャの馬車が横転し、ブロンドの髪をたらして死んだシンデレラにパパラッチが群がりフラッシュをたいて撮影している。チャールズ皇太子妃 (当時) だったダイアナ元妃の死を連想させるシーンが広がっている。またアヒルの玩具を釣り上げるゲームではそのアヒルが石油まみれで汚れている。おそらく環境破壊、水質汚染を批判している。スタッフたちはみな不機嫌である。ミッキーマウスの耳を着けた不機嫌なスタッフが「私は低能です」と書かれた風船を売っている。水に浮かぶ小さなボートに移民がいっぱい乗っていて、水の中で死んでいる人もいる。この難民の船がパトロール船から銃を突き付けられている。一見普通のメリーゴーランドも、一体の木馬は食肉加工のために上からつり下げられ、近くでナイフを手に作業服を着た人間が「ラザニア」と書かれた段ボールに座っている。欧州では一時、牛肉加工食品に安価な馬肉を混ぜる不正が相次いで明らかになった。このように現代社会を痛烈に風刺している。バンクシーの新作10点の他、17ヶ国50人のアーティストによる作品も展示されている[232]。

---

[231] 2015/08/21 ロイター通信ニュース「覆面芸術家バンクシー、期間限定テーマパークを英国にオープン」
[232] 2015/08/22 シネマトゥデイ「シンデレラの死体にボロボロの城…"夢の国"を風刺したテーマパーク「ディズマランド」英国にオープン」2021年5月1日アクセス
https://www.cinematoday.jp/news/N0075887

米ウォルト・ディズニー社の法定代理人の入場お断り

ディズマランドは**ディストピア**・テーマパークである。そこには無政府主義者たちの訓練キャンプなどがある。米ウォルト・ディズニー社の法定代理人の入場をお断りとした。同パークには、スプレーペイント缶、マーカーペン、刃物の持ち込みは禁止されている。バンクシーが自ら選んだイスラエルやパレスチナ、シリアのアーティストたちの作品が展示されている。またベネチア・ビエンナーレ国際美術展で初の女性アメリカ代表となったジェニー・ホルツァー氏、自宅で労働組合旗を作って40年の年金生活者エド・ホール氏などが参加アーティストとして名を連ねる。地元の町役場は同パークを歓迎し、観光客を再び呼び戻すことができるのではと期待していた。ノース・サマセット議会のナイジェル・アシュトン氏は「色々と考えさせられる企画だ。いくつかのメッセージは受け入れがたいものもあるが、でも真実だ」とコメントした[233]。

「幼い子供に不適切」を謳うも家族連れ多数

ディズマランドは約1haの園内に社会の不公正や商業主義、監視社会を風刺する絵画や造形物が展示された。「幼い子供には不適切」が売り文句にもかかわらず、家族連れやカップルが開園前から並んだ。バンクシーは公式パンフレットで「上辺だけのお伽の世界に出かけるよりも大事なメッセージを次世代に届ける試み」と説明した[234]。

反資本主義の芸術の経済効果36億円

英大手メディアBBCによると、ディズマランドの地元への経済効果は約2000万ポンド（約36.6億円）となった。一日あたりチケット4000枚、さらに500枚追加発売し、数時間待ちも出た。ディズマランドは「入門レベルの**アナキズム**[235]」であり、観光とテーマパーク産業を風刺した。近隣のホテルはディズマランドの客が多く泊まった。メキシコ、タイ、中国、アメリカなど世界各国から宿泊客が来た。前年同期比5万泊増えた。客単価（飲食込み）は一泊当たり150ポンド（2万2685円）、その期間に750万ポンド（約11.3億円）を売り上げた。またディズマランドに行くために数千人が電車に乗ったため、パディントン

---

[233] 2015/08/21 AFPBB NEWS/AFP 通信「バンクシーがテーマパーク開園、現代社会を鋭く風刺 英国」
[234] 2015/08/27 朝日新聞　朝刊13頁「悪夢の国、英で開園　社会の不公正を風刺」
[235] アナキズム：既存のヒエラルキーに反対する政治哲学、政治思想、政治活動。国家を望ましくない存在と考え国家廃止を訴える。無政府主義。反権威主義。

駅からウェストン駅まで約 450 万ポンド（約 6.8 億円）を売り上げた。反資本主義の芸術がビジネスになると分かった。バンクシーがウェストンを選んだ理由は、バンクシーはここに子供の頃から 17 歳まで毎年夏に行き、大企業よりも地方中小企業に**敵意**を感じなかったからと言う[236]。

閉園後、設備は仏カレーの難民キャンプへ移設

　2015 年 9 月、ディズマランドの解体作業が行われた。設備の一部はフランス北部カレー近くにある難民キャンプに輸送され、シェルターとして利用される予定だと主催者が発表した。ディズマランドは「**ビミューズメントパーク**（困惑する遊園地）」として、風刺アトラクションをするために作られ、5 週間で 15 万人が訪れた。仏カレーでは、内戦にあるシリアなどから渡ってきた数千人の移民らが、イギリス入国を希望しながら、惨めな生活を余儀なくされている。ディズマランドの HP に「Coming soon．．Dismaland Calais（近日公開…ディズマランド・カレー）」と書かれた。最終日の夜にディズマランドで閉園コンサートが開かれ、ロシアの女性パンクバンド、米ヒップホップグループ、英ロックバンドなどが出演した[237]。

　このように多くの歌手のコンサートが開催されたので、ディズマランドに行きたい人以外にも、その歌手のファンを集客して複合的なエンターテイメント事業となった。

仏カレー市と難民申請団体、何も知らされていない

　2015 年 10 月、バンクシー公式 HP に「ディズマランド・カレー……もうすぐオープン」という見出し、そして「ディズマランドで使用された木材と設備はすべて、仏カレー近郊の難民キャンプ『ジャングル』に送られ、シェルターの建設に利用されます。オンラインチケットの販売はありません」と書かれた。仏難民キャンプ「ジャングル」では、スーダン（北東アフリカ）やアフガニスタン、エリトリア（エチオピアから独立）などから逃れてきた3000 人以上が過酷な生活を強いられており、その人数は増え続けている。芸術作品で社会問題を風刺してきたバンクシーが国際的な課題となっている難民問題で物理的な支援に乗

[236] 2015/09/25 BBC NEWS "Banksy's Dismaland 'gave Weston-super-Mare a £20m boost'", 2021 年 5 月 1 日アクセス　https://www.bbc.com/news/uk-england-bristol-34347681
[237] 2015/09/30 AFPBB NEWS/AFP 通信「バンクシーのテーマパークが閉園、設備は移民キャンプへ」

り出した。なお CNN によれば、バンクシーからカレー市に対して資材の輸送に関する通知はなく、難民支援の団体も何も知らされてないようだ[238]。

3. バンクシー作品の海外輸出と観光資源化
バンクシー作品が外国人観光客を呼ぶ経済効果

　イギリスの壁の落書きは「グラフィティ」と呼ばれ、芸術性やメッセージ性が高いものが多い。これを目当てに国外から観光客が来る。特にバンクシーの作品が人気を博していた。バンクシーは誰なのか、イギリスだけでなく世界中いつどこで作品を発表するか分からない神出鬼没の「ゲリラ芸術家」の素性を巡って長年議論されてきた。本名非公表で、1970年代生まれの英国南西部ブリストル出身の男性という説が有力だが、女性説や複数人説もある。英メディアは正体を暴こうと躍起になっていた。バンクシーの作品はメッセージ性が強い。例えば、EU 旗の星の一つを砕いて消そうとする人の絵が英国南東部ドーバーの壁に出現した。作品は競売などを通じて 1 億円以上で取引されることもある。米歌手ジャスティン・ビーバーや米女優アンジェリーナ・ジョリーら著名人にもファンが多い。バンクシーはパレスチナとイスラエルを分離する壁に風船を手に空に昇る女の子の絵を描いたことがある。仏北部カレーにある難民キャンプ「ジャングル」に、シリア人の父を持つ米スティーブ・ジョブズ氏（アップル共同創業者）を描いた。バンクシーの壁画は、かつては落書きとして消されたり、別の絵を上書きされたりしてきたが、経済的効果が期待できると評価が高まり、透明な板を設置して作品を保存する場所も増えてきた。有名になってからも路上で描き続けている[239]。

中東のパレスチナでバンクシーの「世界一眺めの悪いホテル」人気

　2017 年 3 月、「世界一眺めの悪いホテル」として「ザ・ウォールド・オフ・ホテル（The Walled Off Hotel：壁に囲まれたホテル）」がパレスチナ自治区ベツレヘム（イエス・キリスト生誕の地）にオープンし、人気を博していた。全 9 室の窓からの眺望は、パレスチナ人を隔離するためイスラエルが建設した分離壁に遮られ、客室に直射日光が入るのは 1 日 25分だけである。東京読売新聞の記者がホテルを予約しようとしたら、向こう 1 ヶ月間予約

---

[238] 2015/10/06 映画.com「史上最低のテーマパーク“ディズマランド”が閉園　仏の難民シェルターに変身」2021 年 5 月 1 日アクセス https://eiga.com/news/20151006/11/
[239] 2017/08/11 中国新聞セレクト 3 頁「英や世界の「今」壁画に　謎の芸術家バンクシー　EU 離脱や難民問題」

で満室だった。人気の理由は、ホテルに出資したバンクシーの絵である。ホテルにはイスラエルの占領を風刺したバンクシーの絵画があふれる。バンクシーは**芸術テロリスト**と呼ばれるようになっていた。同年、その記者は 1 ヶ月待ってベツレヘムへ行った。記者はパレスチナ自治区の出入口でイスラエルによる検問を受けた。高さ約 8 メートルの壁をくぐると、街はアラビア文字であふれ、景色は一変した。検問所から 500 メートルほど進むと同ホテルの看板が見えた。ホテル前に分離壁がそびえ立つ。ロビーに入ると酸素マスクを付けた天使の絵など風刺の利いた作品が並んでいた。標準タイプの部屋は 1 泊 265 ドル（約 **3万円**）である。チェックインし、3 階の部屋に入ると、薄暗い室内の壁にイスラエル兵とパレスチナ人が枕を投げ合うバンクシーの作品が飾られている。窓から分離壁や監視塔が見える。分離壁に描かれたトランプ大統領の巨大な風刺画も見える。ロビーに下りると、朝から旅行客で賑わっていた。イスラエルが分離壁の建設を始めたのは 2002 年だった。第 3 次中東戦争（1967 年）でイスラエルがヨルダン川西岸などを占領し、反発したパレスチナ人による自爆テロが相次いだため、テロ防止が理由である。その後も建設が続き、総延長は約 450 キロとベルリンの壁（約 160 キロ）を上回る。地元の人は「このホテルができたおかげで観光客が増え、街が活気づいた」と言う。観光客は「一歩街に出るとイスラエルの圧倒的な軍事力の下、窮屈な生活を強いられている人々の姿にショックを受けた」と言う。ホテルのマネジャーは「バンクシーは占領や分離壁を憎んでいる。この現実を多くの人に知ってもらうことが大切」「周辺の分離壁には世界のグラフィティアーティストが競うように描いている」と言う。バンクシー作品は、防弾チョッキを着たハトやイスラエル兵をボディーチェックする少女、石の代わりに花束を投げようとするパレスチナ青年などである。イスラエルに対する風刺だけでなく、闘争を続けるパレスチナにもメッセージを投げかけている[240]。

4.「政治批判のアート」で社会的価値向上
絵画 1.5 億円で落札直後に細断するパフォーマンスを SNS に投稿

　2018 年 10 月、バンクシーの絵画がオークションで落札された直後、バンクシーが内部に仕掛けたシュレッダーで細断された。この模様はインスタグラムで拡散され、世界中で報道された。AFP 通信などによると、バンクシーの絵画「少女と風船」は競売大手サザビーズのロンドンのオークションで約 1 億 5500 万円で落札された。その直後、額縁から絵が突

---

240 2017/12/20 東京読売新聞　夕刊 5 頁「［旅］ベツレヘム（パレスチナ自治区）「世界一眺めの悪いホテル」」

然すり抜け、額縁内に仕掛けられたシュレッダーによって下半分が細断された。バンクシーがどのように機械を起動させたかは分からない。現代美術で**自己崩壊**する作品は、彫刻家ジャン・ティンゲリーの燃えて無くなる「ニューヨーク賛歌」（1960 年）など例はある。しかしバンクシーの場合、周到なメディア戦略を考えていた点が現代的である。バンクシーは自らの意に反して作品が競売に掛けられた場合に備え、シュレッダーを事前に仕込んでいたと説明し、「破壊衝動は創造の衝動でもある」という**ピカソ**の言葉も添えた。騒動は世界中に拡散した。サザビーズは、落札者は落札価格通りで作品の購入を決め、細断後の作品名が「愛はごみ箱の中に」に改称されたと発表した。バンクシーに関する訳書がある東京芸術大学の毛利嘉孝教授（社会学・文化研究）は「落札された時『こんな作品が 1.5 億円もするのか』と多くの人が思ったはず。そんな現代美術のある種のクレージーさを逆手にとって、皮肉な笑いのパフォーマンスへ見事に転換した。<u>騒動自体も作品の一部</u>」と言う。バンクシーは、アメリカ文化の玄関口としてヒップホップやグラフィティアートが流入した英西部の港町ブリストルから活動を始めた。世界中でゲリラ的に出没し、型紙にスプレーを吹き付ける「ステンシル」という方法でグラフィティを壁などに描き、その様子を公式 HP で公開する。白黒のコントラストで描かれる作品は、強いメッセージ性と誰もが分かるポップさを持ち、世界で最も影響力のあるアーティストの 1 人となった。ストリートアートでのし上がったバンクシーは、2010 年代に入り「悪ふざけ」とも言えるパフォーマンスやプロジェクトを越境し、賛否両論を巻き起こした。大英博物館の一室に壁画片のような作品を勝手に置いたりした。英国在住の美術ライター菅伸子氏は「アートを使って政治的なコメントをする活動家的な側面が強い」と言う。現代美術に詳しいアメリカの美術ライター藤森愛実氏は「制度批判のアート」は 1970 年代から存在するが、それらのアーティストは<u>バックに画廊</u>がついていたり、<u>美術大学</u>で教えたりすることも多かった。「その点、バンクシーは徹底してアート界のアウトサイドにいる。作品は可愛いのにチクリとした社会批判があり、アメリカでも大人気。活動の支援者はたくさんいるのではないか」と述べた。バンクシー自身は姿を現さず、取材に応じることもほぼない。かつてバンクシーにインタビューした人に、後になって「あれはバンクシーを名乗る別人だった」と「代理人」が否定したことがあった。毛利教授は「バンクシーは、『アートとは何か』という論争を仕掛けられる稀有な存在。近年は 1 人では到底なしえない大がかりなパフォーマンスも多く、作品も世界中に出てくる。現在は複数のメンバーで活動しているのでは」と推測する[241]。

---

241 2018/10/16 朝日新聞　朝刊 27 頁「アートとは何か、バンクシーの謎かけ　1.5 億円落札直後、

158

横浜で本人非公認のバンクシー展

　2019年に東京都港区の防潮扉にバンクシーの作品かもしれないネズミの絵が見つかった。小池百合子知事がSNSで発信し、絵を都庁で公開した際、約2週間で3.5万人が来る人気だった。2020年3月、横浜市で「バンクシー展　天才か反逆者か」で収集家の作品を中心に初期から近作まで70点以上が展示された。この展覧会は次に大阪に巡回する。この展覧会では映像やインスタレーション[242]も使って社会を風刺する作品が発展してきた軌跡をたどる。この展覧会は、作家本人は非公認ながら、収集家が集めた70点以上の作品や、各地に描かれたストリートアートの写真、インスタレーションを展示した。港町ブリストルを拠点に非合法な落書きをしていた画家が、現代アートの旗手として大規模なプロジェクトも手掛けるようになる流れを理解できる。

　2003年のイラク戦争をきっかけに、反戦などの政治的主張を作品に織り込んだことが、一介のグラフィティアーティストにすぎなかったバンクシーを有名にした。この展覧会は「消費」「政治」「警察」「抵抗」「戦争」などの章立てで、**反資本主義や反権力、反戦争**というテーマを扱う代表的な作品のシルクスクリーンを展示する。「政治」コーナーではヴィクトリア女王やチャーチル首相を皮肉った版画が並ぶ。併せて2017年に英ドーバーの民家の壁に描いた亀裂の入った欧州連合（EU）旗が大きな写真で示される。当時EU離脱問題に揺れていた英国を風刺した。最も大陸に近い海峡でEU旗の星が削り取られていく様子は、寛容さを失う英国社会を象徴する。「抵抗」コーナーには最も有名な作品の一つ「花束を投げる男」がある。もとはイスラエルのベツレヘムに描かれた壁画で、いまにも爆弾を投げそうな身ぶりの男性が手に握っているのは花束である。戦争か平和か、選ぶのは人間というメッセージが込められている。ユーモアを交えつつ、社会批評を前面に押し出した作品が増え、同時にバンクシーはグラフィティアートの枠を出て、「参加型アート」と言われる大規模プロジェクトも手掛けた。会場ではこれらも写真や映像で示している。それがザ・ウォールド・オフ・ホテルとディズマランドである。アートを手段に自らの主張を発信するバンクシーの活動は批評家らに「アートテロリスト」と呼ばれる。圧倒的で暴力的、理不尽な権威への「怒り」を含んだ作品が世間の関心や共感を呼ぶ。その怒りは「権威的で、金銭で売買する資本主義に毒された既存のアートシーンに対するテロリズムでもある」と毛利教授は述べた。横浜で展覧会に並べられると、バンクシー自身が美術館やギャラリーを中心と

シュレッダーで細断」
[242] インスタレーション：室内や室外の空間にオブジェなど美術作品を置き、装飾し、空間全体を作品として体験してもらう美術様式。

するアートシーンに組み込まれた印象を与える。パレスチナや仏カレーという場所でこそ意味を持つ作品を、土地と切り離して鑑賞することの限界が感じられた[243]。

5.考察

本章では、謎の覆面画家バンクシーのディズマランドがどのような企画でどのように評価されたのか考察し、次の点を明らかにした。

第1に、ディズマランドのテーマは「テーマパークというものは、より大きなテーマを掲げるべきだ、ということをテーマにしたテーマパーク」である。英語でユートピア（Utopia：理想郷）の反対が**ディストピア**（Dystopia：反ユートピア、反理想郷、暗黒世界）である。**反ユートピア**をテーマにしたエンターテイメント施設が人気を博したのは他に類を見ない。大多数のテーマパークは子供とその親という家族連れを主要顧客とする。「幼い子供には不適切」を謳ったテーマパークは世界初と思われる。またディズマランドは「ビミューズメントパーク」（bemusement：困惑する）と銘打った。英語で遊園地をアミューズメントパーク（amusement park）と言う。アミューズメントとは楽しませるという意味である。ビミューズメントとは混乱させる、物思いにふけらせる、ぼんやりさせるという意味である。ビミューズメントをテーマにしたテーマパークという発想は世界初と思われる。このようなネガティブなコンテンツのテーマパークが成功したのは世界初だろう。

第2に、バンクシーのテーマパークであるが、動物の死体を使った作品で知られる芸術家ダミアン・ハーストら17ヶ国の約50人が参加した。ディズマランドは1人で制作するのは不可能な規模である。他の芸術家も特徴ある人が選ばれたようだ。社会風刺作品の芸術家なので、癖の強い人が多いのだろう。画家の周りには画家を含む芸術家が多いと気付いた。筆者の周りに画家と画家を目指す美大生は1人もいない。筆者の周りは研究者が多い。

第3に、ディズマランドは**ウォルト・ディズニー社の法定代理人の入場お断り**とした。ユーモア溢れる断り文句である。訴訟になったと報じられていないので、訴訟にならなかったようだ。訴訟大国の大企業を相手に、バンクシーは非常に勇気があり、肝っ玉が座っている。バンクシーは反権力主義なので米ディズニー社に屈しない姿勢が好感を与えたと思われる。バンクシーはそもそも大企業に敵意を感じるようである。

---

[243] 2020/03/28 日本経済新聞電子版「謎の芸術家バンクシー、政治や社会皮肉る活動の軌跡－作品70点以上に映像やインスタレーションも、横浜市で」

第4に、「反資本主義の芸術」がビジネスになると分かった。ディズニーランドと違って別の事業者が模倣したディズマランドを新設しないので、ディズマランドは**模倣困難性**が高い企画と推察できる。またバンクシーは反資本主義であるが、社会主義や共産主義ではなさそうだ。一般的に反資本主義の人は社会主義や共産主義を理想に掲げていることが多いが、バンクシーはそうではないようだ。

　第5に、ディズマランドは敷地面積1ha（TDLとTDSはそれぞれ約50ha）と小型なので、5週間で15万人来たら常に混んでいたはずである。しかし入場料3ポンド（約570円）なので、**入場料収入**45万ポンド（約**8550万円**）である。飲食と物品販売の売上は不明である。ディズマランドの建設費が1億円未満とは思えない。おそらく10億円以上かけて建設されたはずなので、大赤字である。それを可能にしたのは、(1)絵画等の売上で補填したから、(2)**スポンサー**が付いているから、と推察できる。イギリスの物価なら10倍の30ポンド（約5700円）でも15万人来たはずである。もっと高額にして仏カレーの難民支援団体に寄付してほしかった。または中流階級以上の人から30ポンドとって、貧困層を無料で招待するなどしてほしかった。

　第6に、パレスチナ自治区ベツレヘムでバンクシーの「世界一眺めの悪いホテル」ことザ・ウォールド・オフ・ホテルが人気を博した。新約聖書によると、ベツレヘムはイエス・キリスト生誕の地である。この街を選んだこと自体に意義がある。イギリス人のバンクシーは、宗教は英国国教会（プロテスタント）の可能性が高い。キリスト教の聖地で、戦争を批判し、平和を願ったのだろう。バンクシーの絵によってこのホテルの人気が出て、街が活気づき、地域振興につながった。地域振興につながる芸術家とは素晴らしい。自己満足の作品制作で終わらない。

　第7に、バンクシーは政治批判のアートで政治活動家となり社会的価値を向上させた。制度批判のアートはあるが、これらのアーティストはバックに画廊がついたり、美術大学で教えたりする。経済的なバックがあってこそできる大胆な活動である。バンクシーはアメリカでも大人気なので、経済的な支援者がいるのではないか。

　第8に、ディズマランドやイスラエルのホテルはどのように資金調達したのか不明である。誰と誰が接触し、交渉し、ビジネスとして契約をまとめたのか。バンクシー自身がビジネスマンとしての要素が強く、資金調達し、契約をまとめている可能性もある。そうだとすると、プロデューサーと言える。前著（2021）『テーマパーク事業論—プロデューサーの仕事内容—』で、「プロデューサーとは**企画立案、資金調達、人材獲得、人材育成、人事管理、予算配分、制作指揮、広告、広報、営業の全てまたは一部を担う人**、総責任者で、トップに

立つ人」と定義した。バンクシーは企画立案、資金調達、人材獲得、制作指揮、広報（SNS で拡散）を行ったと推測できる。バンクシーはプレイヤー（画家）とプロデューサーを兼ねたプレイングマネージャーだと思われる。

　本章の限界は、バンクシーがどのようにディズマランドの企画を通したのか、総工費いくらだったのか、ディズマランドの売上高や利益率などすべて不明である。またディズマランド・カレーがどうなったのか不明である。

6.まとめ

　バンクシーの代表作の一つは絵画「ナパーム弾の少女」（ベトナム戦争批判）である。ナパーム弾（焼夷弾）を逃れるために全裸で泣きながら逃げてくる少女と、その左隣りに笑顔のミッキーマウス、右隣に笑顔のロナルド・マクドナルド（米ハンバーガー大手、マクドナルドのキャラクター）が手をつないでいる。この少女の絵は有名な戦場カメラマンに撮影された写真を複写したとされる。ベトナム戦争でアメリカは北爆を開始し、多くのベトナム人の命を奪い、同時期に米国内では豊かな経済の中、テーマパークで遊び、マクドナルドで食事する生活を謳歌していた。バンクシーはこれを強烈に批判したと思われる。是非ともこの絵をディズマランドに飾って反戦運動の一環としてほしかった。

　ウォルト・ディズニーが考えたディズニーランドのコンセプトは、家族全員が一緒に楽しめる「ファミリー・エンターテインメント」である。他のテーマパークでも楽しさやメルヘンの世界を売りにしている。絶叫マシンなら迫力やスリルを、お化け屋敷やハロウィンイベントなら怖さとスリルを売りにしている。陰鬱がテーマのビミューズメントパークが成功したのはこれが世界初と思われる。ディズマランドは画家バンクシーのアイディアのため、乗り物というより展示物を見るタイプのテーマパークである。テーマパークでは、動かない展示物より乗り物（ライド・アトラクション）が、初期費用も運営コストも高額である。動かない展示物で集客するためには、クオリティが高くないと集客しにくい。動かない展示物は低コストで運営できるため、入場者数が少なくても細々と継続できるという利点もある。

　ネガティブなコンテンツで集客力ある観光地といえば、世界遺産の「負の遺産」と呼ばれる観光地である。例えば、アウシュヴィッツ強制収容所（ポーランド）、広島平和記念公園、奴隷貿易の拠点となったゴレ島（セネガル）、アパルトヘイト（人種隔離政策）に反対した人を投獄したロベン島（南アフリカ共和国）などがある。ここにネルソン・マンデラ大統領が収監されていた。これらは観光施設として企画されていない。後に観光地になるとは思わなかったはずである。

ビミューズメントやディストピアがテーマのディズマランドについて本章を書きながら、筆者は本当に物思いにふけった。これほどネガティブな沈んだ気持ちになるテーマパークはこれまで無かった。シリアなどアフリカや中東からテロや迫害を受けて一縷の望みを託して小型船に満員で乗って逃げてくる人たちを筆者は想像した。途中で命を落とす人も多い。しかし英国に入国させてもらえず、仏カレーの難民キャンプで悲惨な生活をしている。バンクシーはそれを風刺するオブジェを置き、故スティーブ・ジョブズ氏（父がシリア人）の絵を描いた。シリア人がこれだけ成功した、皆も頑張れというメッセージを送りたかったと考えられる。バンクシーの意図したように、筆者は物思いにふけりながら本章を書いた。おそらくバンクシーは国際政治に詳しい博学な人で、なおかつ強い政治思想を持つ人だろう。筆者は日本人なので日本のパスポートを持つため、イギリスにはビザ無しで入国できる。これは生まれた国の運である。現代の日本に生まれた筆者は、それだけで運が良いと気付かされた。神様に感謝して日本で精一杯頑張りたい。

　これほど深い思慮を持ち、ディズニーランドのパロディを具現化したバンクシーは類まれな才能の持ち主である。ウォルト・ディズニーと別のタイプの才能である。2人の天才テーマパークプロデューサーを比較する（表1）。

　ウォルトは経営者なので基本的に資本主義で、経営者になってから従業員にストライキを起こされて精神的に参ってしまったことがある。そのためストライキを起こす労働者に敵意があり、レッドパージ（赤狩り：共産主義者の弾圧）に資金提供していた。バンクシーは反資本主義で反権力、そして戦争反対である。これまで多くのテーマパークの研究をしてきたが、新規にテーマパークのアイディアを出せる天才はウォルトとバンクシーだと筆者は考える。この2人はテーマパークの新規アイディアが芸術家として天才的である。筆者の知る限り、今のところこの2人を超える新規かつ独自のアイディアをテーマパークで具現化できた人はいない。

　バンクシーのディズマランドに強い影響を与えたとされるアメリカの画家ジェフ・ジレット（Jeff Gillette）は「ミニー・ヒロシマ（Minnie Hiroshima）」という絵を描いた。絵の中央に笑顔のミニーマウスが描かれた看板の右半分が破壊されている。周辺は瓦礫の山である。絵の左の後方に広島の原爆ドームが描かれている。右の後方にはシンデレラ城が描かれている。核戦争になってディズニーランドもターゲットとされたようで、シンデレラ城はまるで原爆ドームのように灰色になり崩れかけている。この画家はバンクシーに影響を与えただけあって天才である。この絵は検索すれば出てくる。この絵はディズマランドに飾られた。

バンクシー、ジェフ・ジレット、そしてウォルト・ディズニー、3人とも「よくこんなことを思いついたなあ」と思い、震えた。

　私事であるが、筆者は本章を書きながら、精神的に辛く、耐えられなくなり、BGMをモーツァルトの代表曲「涙の日（ラクリモーサ：Lacrimosa）」に変えた。これはレクイエム（鎮魂歌：死者のためのミサ曲）である。「涙の日」を聞きながら、バンクシー作品とジェフ・ジレット作品に出てくるすべての犠牲者に哀悼の意を表する。

表1：2人の天才テーマパークプロデューサー比較

	ウォルト・ディズニー	バンクシー
生没年	1901〜1966年	1970年代生まれと噂される
性別	男性	男性説が有力、女性説、複数説もある
国籍	アメリカ （アイルランドからの移民の子孫）	イギリスで活動するため イギリス人と言われている
本業	アニメーター、アニメ映画監督、経営者、テーマパークに多角化	画家、グラフィティアーティスト
テーマパーク	ディズニーランド等	ディズマランド
テーマ	夢と魔法の王国、メルヘン、ユートピア	ディストピア、ビミューズメント
政治思想	資本主義、共和党支持、右派、レッドパージに資金提供	反資本主義、反権力、反戦争

筆者作成

終章 西高東低のテーマパーク配置と原子力依存からの脱却

1.本書の要点

　本書ではヨーロッパのテーマパーク産業を経営学的に論じた。本書は三部構成で、序章で世界ランキングと世界動向、第Ⅰ部で旧西側陣営、第Ⅱ部で旧東側陣営、第Ⅲ部で原子力とテーマパークを考察した。事前予想を大きく上回る西高東低だった。旧西側陣営に多くのテーマパークが集中し、旧東側陣営には少ない。特にフランスとその周辺国にヨーロッパの主力テーマパークが集中する。フランスはヨーロッパのテーマパーク大国である。フランスとその周辺国にテーマパークが過剰供給されているので、集客力が伸びなければ経営難に陥るだろう。

　旧東側陣営では、ロシアのウラル以西、特にモスクワにテーマパークが多く計画されている。旧東側陣営でもテーマパークは西高東低である。テーマパークの計画が持ち上がること自体が「富の象徴」と言える。経済成長が進むとテーマパーク計画が生じる。

序章

　世界のテーマパーク産業の現状と特性を考察した。世界の主要テーマパークの20施設中、10施設がアメリカ本土に立地している（2011年）。2010年代には、世界的に入場者数が大きく増加した。特に中国勢が大きく台頭した。ヨーロッパ市場は停滞感が否めない。ただし中国勢に数値偽装の可能性がある。他の国でも、虚位の数値を発表するテーマパークがあるかも知れない。ヨーロッパ市場はフランスがメインで、それ以外ではドイツ、イギリス、スペインのカタルーニャ地方にテーマパークが集中していることから、テーマパークは<u>富の象徴</u>と言える。

第Ⅰ部　旧西側陣営：NATO加盟国

第1章　チボリ公園

　チボリ公園の歴史と1990年代以降の状態を考察した。同園はデンマークの大手企業が主要株主で、コペンハーゲン市民が市民公園として出資しており、人気を博す。第二次世界大戦中、ナチスに破壊されたものの、復活を果たした。同園はウォルト・ディズニーがディズニーランドの参考にしたテーマパークとして有名でブランド力がある。20ヶ国以上から誘致を受け、倉敷に進出した。倉敷では思ったほど入場者数が伸びず閉園に追い込まれた。

第2章　ディズニーランド・パリ

　ユーロディズニーランド開業から現在までの経緯を考察した。反米の知識人に批判され、優秀な東京ディズニーランドと違って、人気低迷して米ディズニー社に資金援助を求めた。アトラクションなどの追加投資を米ディズニー社に払ってもらう。イスラム過激派によるパリ同時多発テロ事件で営業停止など2010年代に世界が抱えた問題を背負う。

短編1　仏フュチュロスコープ

　フュチュロスコープの成功の経緯を考察した。産業に乏しい地域に、有力国会議員が牽引してシリコンバレーとつくば科学博を参考に、大学や研究所、IT企業などを誘致し、同パークを中心とした街づくりに成功した。

短編2　英文豪ディケンズのテーマパーク閉鎖

　英文豪チャールズ・ディケンズのテーマパークが閉鎖に追い込まれた経緯を考察した。ディケンズがかつて住んでいた地域の商業施設にテナントとして入り、総工費150億円で同園は建設された。最初は人気を博すも、低迷して51億円の損失を出し取締役が交代した。しかし同園は再建できず、突然閉鎖され、従業員が解雇され、賃金未払いとなった。

第3章　フィンランドのアングリーバードのテーマパーク事業

　アングリーバードのテーマパーク事業への多角化の経緯と現状を考察した。2010年頃、ロビオのアングリーバードというゲームが世界的に大ヒットし、その二次利用としてテーマパーク事業に多角化し、二次利益を狙った。同社はコンテンツを核にテーマパークやホテルなどに広げる「ディズニー型」の企業になると表明し、中国やカタールにテーマパークを開業した。しかし2023年に日本のセガに買収されることとなった。

第4章　フェラーリのテーマパーク事業

　フェラーリのテーマパーク事業を考察した。アブダビにフェラーリ・ワールド・アブダビが2010年に開業した。アブダビ政府は国家戦略としてフェラーリ・ワールドとF1を誘致した。その成功を受けてバルセロナ郊外にフェラーリランドが2017年に開業した。それぞれ現地の開発業者が運営している。さらに韓国と中国にもフェラーリワールド計画が発表されたが、今のところ開業していない。

短編1　英ハリーポッターのスタジオツアー

イギリスのハリーポッター・スタジオツアー開業の経緯を考察した。ロンドン郊外に映画「ハリーポッター」の「スタジオツアー」が開業し、人気を博す。2023年に東京としまえん跡地にもオープンした。

第II部　旧東側陣営：ロシア友好国
第5章　ロシアのレジャー開発とモスクワの「ロシア版ディズニーランド」

ロシアのレジャー開発を考察した。観光特別経済区が発足してレジャー開発が活発であるが、レジャー施設はウラル以西、特にモスクワに集中する。スピルバーグ監督の映画会社やユニバーサル・スタジオ、キッザニア、アングリーバードなど資本主義の国のテーマパーク計画が相次ぐ。ロシア国内で「西高東低の富の偏在」がある。モスクワに「ロシア版ディズニーランド」こと「夢の島」が開業するも、ウクライナ侵攻で観光客が激減した。

第6章　ルーマニアにドラキュラ伯爵のテーマパーク計画

ドラキュラ伯爵のテーマパーク計画を考察した。ルーマニア政府はドラキュラを使って外国人観光客を誘致し、外貨獲得を目指す。しかし反対派と賛成派に分かれて論争が起こった。ドラキュラランドを21億円で建設する計画が出た。ドラキュラ城の現在の持ち主、ハプスブルク家はドラキュラのイメージを払拭したい。首都にドラキュラ博物館が開業した。

第III部　原子力とテーマパーク
第7章　チェルノブイリで被爆したプリピャチ遊園地

チェルノブイリ原発近くのプリピャチ遊園地は開業直前に原発事故が起こり、開業せずに廃墟化した。ウクライナ政府は財政難から観光化したところ、外国人観光客から外貨を稼げるようになった。米ドキュメンタリー番組の大ヒットで若い観光客が増え、放射能アイスが売られるなど、低俗な観光地化、テーマパーク化した。

短編2　原発を廃炉にしてテーマパークに転換した独ワンダーランド・カルカー

ドイツのワンダーランド・カルカーが原発を廃炉にしてテーマパークになった経緯を考察した。7300億円かけて原発を建設するも、チェルノブイリ事故で反対された。オランダ人のレジャー施設経営者が買い取ってテーマパーク化した。この立地に60万人は高い集客力だが、初期投資7300億円の回収は難しいだろう。原発の方が断然稼げる事業である。

第8章　英画家バンクシーのディズマランドとミニー・ヒロシマ

　謎の覆面画家バンクシーのディズマランドを考察した。ディズニーランドのパロディで、ディストピア、ビミューズメントを掲げた。米ディズニー社の法定代理人お断りとした。反資本主義、反暴力、反戦争を芸術で訴える「制度批判のアート」で、政治的イデオロギーが強い。5週間の営業で36億円の経済効果を生んだ。

2.西高東低のテーマパーク配置
フランス周辺とモスクワに過剰供給

　事前にフランスにテーマパークが集中していることは何となく知っていたが、これほどフランスとその周辺国にテーマパークが集中していると予測していなかった。フランス以外ではドイツ、オランダ、デンマーク、スペインのカタルーニャ地方（バルセロナ周辺、経済の中心地）にテーマパークが集中している。旧東側陣営では、モスクワに集中し、一部ソチ（温暖な高級リゾート地）やサンクトペテルブルク、エカテリンブルク等にテーマパーク（計画を含む）がある。テーマパークは裕福な国や地域に建設される。ここからテーマパークは**富の象徴**と言える。この現象を「**西高東低のテーマパーク配置**」と本書で定義する[244]。それ以外の地域では、ライバルが少ないことが魅力となる。ただしそこにはまだテーマパーク市場が存在していないので、今後そのエリアでテーマパークに行く文化が定着するか、さらに遠方から集客できるかにかかっている。本書はヨーロッパ編なので、ヨーロッパ全域についてまんべんなく書く計画だったが、事実上フランスが主役となってしまった。旧東側陣営ではモスクワがテーマパーク業界、レジャー業界の主役となった。

イギリス人、ドイツ人が仏ディズニーランド・パリでボッタクリ被害か

　そうすると、次のような事件が起こるのは必至である。

　2015年7月、EUが域内の価格差別の取り締まりに乗り出し、最初の照準をディズニーランド・パリに合わせた。イギリスとドイツの客に割高な料金を課しているとされる問題が起きていた。EUの欧州委員会はディズニーランド・パリが不当な価格操作をしていないか調査するとフランスに通告した。例えば、フランス人が1346ユーロを支払うプレミアム・パッケージに、イギリス人は1870ユーロ、ドイツ人は2447ユーロを支払うケースなどが

244　西高東低の気圧配置：日本付近から見て西が高く東が低い気圧配置。冬に典型的に現れる。気象庁「気圧配置　気団・前線・気圧配置・天気図・気圧系の発達、移動に関する用語」2023年4月2日アクセス https://www.jma.go.jp/jma/kishou/know/yougo_hp/haichi3.html

ある。EU の「サービス指令」は企業に対し、厳密に定められた基準を満たす場合を除き、消費者の国籍や居住国を理由に割高な価格を押しつけることを原則として禁じた。欧州委員会は広く小売業界・サービス業界を取り締まる。欧州委員会はアマゾン・ドット・コム、スペインのホテル業界、オーストリアのスキー場リフト運営業者、ヴェネツィアの有料公衆トイレに対する消費者からの苦情について検討している。ディズニーランド・パリに対して外国人から、フランス人やベルギー人に提供されている割引サービスを提供しないのは違法行為という批判があった。具体的には居住地による価格差、期間設定の違い、対象者を限定する提供のほか、各国のウェブサイトで消費者を割高な料金に再誘導する形になっている。EU の規則では、国別に価格を変えられるのは市場条件の違いや季節要因による需要変動、休暇期間の違いなどの客観的理由がある場合に限られる。ディズニーランド・パリは、各国での販売促進策は予約パターンと学校の休暇期間に基づくと言う。しかし欧州委員会がデンマークのレゴランドやチボリ公園、独ヨーロッパパークなどについて調べたところ、同様の価格の上げ下げは行われていないことが確認された。ビエンコウスカ委員が価格差別の摘発に動いたのは、「ジオ・ブロッキング（地域制限）」の根絶を図るためである。ジオ・ブロッキングとは IP アドレスや決済カードによって特定地域の消費者を一定のサービスから締め出すことである。ディズニーランド・パリに対して仏当局が何もしなければ、欧州委員会は最終的にフランスを法廷に引き出すことができる。価格差別の取り締まりに対しては、欧州の各国市場の違いに合わせた対応を可能にする合法的な価格決定モデルであり、一律価格の弊害を回避できるという批判もある。ディズニーランド・パリは「各国の市場で十分な正当性を持つ割引と販売促進策を行ってきた」「ディズニーランド・パリから直接購入する場合、販促割引なしの基本的な価格は為替レートによる差は別にしてすべての国で同一」「我々は年間を通じて各国から誘客するため、各国向けに特定の販促策を行っており、販促策には割引も含まれる。各国での販売促進策は学校の休暇期間や予約パターンなど固有の要因を考慮している」「消費者が国外の販売促進プランを見た場合、中央予約センターに連絡できる」とコメントした[245]。

一物一価の法則崩壊と価格変動制

　以上のように、ディズニーランド・パリの料金がイギリス人やドイツ人など経済力ある国の国民に対して定価よりも高額に設定されていたようだ。経済学で、一つの物の価格が同じ

---

[245] 2015/07/30 フィナンシャルタイムズ「[FT]仏ディズニーランドの「価格差」が問題化」

ことを「一物一価の法則」という。しかし国家間の経済力や物価に格差がある。格差がある
とは言え、観光地が英独など経済力ある国からの客に高額を課すことは単純にボッタクリ
ではないのか。テーマパーク業界では価格変動制が導入されている。繁忙期ほど高額で、閑
散期ほど低額である。一日の中で空いていたら価格が下がり、混んでいたら価格が上がると
いう変動価格性がアメリカのディズニーランドで導入されている。しかし国家間の経済力
や物価の差で異なる価格で販売すると、外国人観光客に対するボッタクリではないのか。今
後、日本人やアメリカ人など欧州域外からの観光客にも正規価格より高額をとるようにな
るかも知れない。特に日本では「海外ディズニーツアー」と銘打ったツアー商品がある。

　TDR は 2021 年 3 月にチケット変動価格制を導入した。 新たなチケット体系では、時期
や曜日ごとに異なるチケット価格が設定され、入園者数の**繁閑差を平準化**し、価値向上に努
める。それまで大人 1 日 8200 円だったが、8200〜8700 円とした[246]。

　アメリカのディズニーランドでも変動価格制をとっており、ヨーロッパでもテーマパー
クに変動価格制が導入されるトレンドになると筆者は予測する。資本主義では、需要が多い
と価格が上がり、需要が少ないと価格が下る。これで需要と供給のバランスがとれる。筆者
は、テーマパークの価格変動制をどう思うかとあるメディアの記者から取材を受けた時、即
座に「やっと資本主義らしくなってきたと思います」と答えた。需要と供給が大きく変動す
る業界で、常時同じ価格では資本主義の原理に反する。平日など閑散期に時間を取れる人は
閑散期に来てほしい。変動価格制により平日の集客に期待できる。

3.本書の限界と今後の研究課題

本書の貢献

　本書はヨーロッパのテーマパーク産業を経学的に論じた初の書である。ディズニーラン
ド・パリやウォルト・ディズニーが参考にしたチボリ公園など人気のテーマパークがある大
きい市場であるが、これまでヨーロッパ市場を経営学的に研究した研究者はいなかった。

本書の限界

　本書の限界は、インタビュー調査に応じてもらえず、データアクセシビリティが低いこと
である。筆者はこれまで多くのテーマパークにインタビュー調査を申し込んだが断られた。

---

[246] オリエンタルランド「東京ディズニーランド®/東京ディズニーシー® チケットの変動価格制
導入について（2020 年 12 月 22 日）」2023 年 4 月 15 日アクセス
https://www.olc.co.jp/ja/news/news_olc/2020122_02/main/0/link/20201222_02.pdf

経営状態を文章化され発表されてもいいテーマパークはごく一部である。実はテーマパークの経営学的研究は、各社の協力を得にくい。そのため二次資料、特に経済新聞を頼りに情報収集する。また筆者ができる言語は日本語と英語のみで、ドイツ語が少々できるだけである。そのため主として日本語、一部英語での報道を頼りに情報収集するしかない。

今後の研究課題

　今後の研究課題は本書執筆までに気づいていないテーマパークの存在を知り、その事例研究を進めることである。筆者は一パークに詳しいことよりも、多くのテーマパークに詳しく、業界全体を網羅することを優先している。ただし公表データが最も多く、元従業員の書籍が多い日米のディズニーランドについて詳細な研究を進めたい。日米のディズニーランドを詳細に研究することで、業界全体を代表しているという立場をとることもある。

　筆者の研究は、テーマパーク業界を初めて経営学的に研究し、全体像を明らかにすることへの挑戦である。できるだけ事例研究を増やし、**多くの事例が集まったら帰納**したい。筆者は後に**帰納法**で解明するための途中段階にいる。

　テーマパーク業界は世界的に急成長しており、同じ状態に止まらない。日米欧のように成熟市場でも常時追加投資するしか生き残る方法はない。新興国には大量のテーマパーク計画があり、実際に新設されるテーマパークも多い。今後はエンターテイメント性の高い博物館、美術館、水族館、動物園、そしてカジノを含む IR などの集客施設も対象に広げたい。またテーマパーク業界関係者から相談や依頼を受けたら、研究者として協力し一緒にテーマパーク業界を盛り上げたい。守秘義務が多くて発表できないが、貴重な経験ができる。

　なお、本書で予定していた「ヨーロッパのテーマパーク業界の歴史と動向」と英マーリン・エンターテイメント、独ヨーロッパパーク、蘭エフテリン、仏ピュイ・ドゥ・フューについて紙幅の都合で割愛したため、次作「ヨーロッパ編2」で書く。

4.政策提言：環境保全志向と SDGs

　ヨーロッパだけでなく世界のテーマパーク業界への政策提言として、環境保全志向とSDGs の重要性を述べたい。

SDGs とは何か

　世界的に SDGs（エスディージーズ）が盛んである。総務省によると、SDGs（Sustainable Development Goals）とは「持続可能な開発目標」の略である。2001 年に策定された<u>ミレ</u>

ニアム開発目標（MDGs）の後継として、2015 年の国連サミットで加盟国の全会一致で採択された「持続可能な開発のための 2030 アジェンダ」に記載された 2030 年までに持続可能でよりよい世界を目指す国際目標である。17 のゴール、169 のターゲットから構成され、地球上の「誰一人取り残さない（leave no one behind）」と誓っている[247]。

外務省[248]によると、SDGs の 17 の目標は、(1)貧困：貧困をなくそう、(2)飢餓：飢餓をゼロに、(3)保健：すべての人に健康と福祉を、(4)教育：質の高い教育をみんなに、(5)ジェンダー：ジェンダー平等を実現しよう、(6)水・衛生：安全な水とトイレを世界中に、(7)エネルギー：エネルギーをみんなにそしてクリーンに、(8)成長・雇用：働きがいも経済成長も、(9)イノベーション：産業と技術革新の基盤、(10)不平等：人や国の不平等をなくそう、(11)都市：住み続けられるまちづくり、(12)生産・消費：つくる責任つかう責任、(13)気候変動：具体的な対策を、(14)海洋資源：海の豊かさを守ろう、(15)陸上資源：陸の豊かさも守ろう、(16)平和：平和と構成をすべての人に、(17)実施手段：パートナーシップで目標を達成しよう、である。

先進国ではより一層環境保全が求められる。テーマパーク業界では、(5)ジェンダー平等を実現しよう、(14)海洋資源、(15)陸上資源を守りながら、(8)成長・雇用、働きがいも経済成長も達成するという目標が該当するだろう。

地球温暖化現象がテーマパーク業界に影響

東南アジアなどの熱帯性気候は屋外型テーマパークに不向きとの見方もある（中島, 2022b）。日本では夏に暑すぎると海水浴場、プール等で来場者数が減る傾向にある。適度に暑いなら来場者数増加につながるが、極端に暑いと海やプールですら客数が減る。空調が効いた室内の施設に人気が集まる。つまり地球温暖化現象が入場者数減少をもたらす。

ところが、冬が長く厳しいヨーロッパにはその逆の影響がもたらされた。ヨーロッパでは場所によるが、テーマパークは冬季の半年くらい休園する。しかし 1992 年開業のユーロディズニーは冬季休業せず、通年営業である。これは革新的だった。北欧のコペンハーゲンにあるチボリ公園は 1994 年に開業以来、クリスマスイベントが行われる。1997 年からはチボリ公園全体がクリスマスイベントに使用されている。地球温暖化による**暖冬**の影響と推

---

[247] 総務省「SDGs とは?」2021 年 8 月 5 日アクセス
https://www.mofa.go.jp/mofaj/gaiko/oda/sdgs/about/index.html
[248] 外務省「持続可能な開発目標（SDGs）達成に向けて日本が果たす役割」2021 年 8 月 5 日アクセス https://www.mofa.go.jp/mofaj/gaiko/oda/sdgs/pdf/sdgs_gaiyou_202108.pdf

察できる。建設費などの経費は一定なので、冬季にも営業したい。ヨーロッパでは冬季の営業を放棄するか、室内型にするかである。

ウォルト・ディズニー（1901〜1996年）は、温暖なロサンゼルス郊外のアナハイムやフロリダ州オーランドに土地を購入し、テーマパークを建設した。その後、温暖化現象が進行し、夏季は極端に暑くなった。生前のウォルトが前提とした気候に比べて過酷な暑さになった。猛暑は客より従業員を直撃する。客は自由に涼しい場所に移動できるが、従業員は会社都合で動かされる。TDRでキャラクター出演者として働く女性出演者が過酷な労働環境改善を求めてオリエンタルランドを訴えている。キャラクター衣装の中は冬でも熱中症患者が出るほど暑い（中島, 2019）。ウォルト時代のロサンゼルス周辺やフロリダでは、気温は高いが湿度が低く、雨が少なく、爽やかな気候だった。それに比べて東京周辺は高温多湿で多雨である。

それなら室内型テーマパークをつくればいいと思うだろう。しかし室内型テーマパークは建設費が高額になる。しかもジェットコースターやフリーフォール、観覧車など高いアトラクションを設置しにくい。小型の乗り物がメインでは、小さい子供向けとなり、人気が出にくい。駐車場や公園等を潰して拡張しようにも、室内型では拡張しにくい。

筆者の知る限り、世界初の本格的な室内型テーマパークは日本のサンリオピューロランドである。サンリオピューロランドは、開業してみたら、休日に多くても定員の2倍の客数が限度で、平日にも集客力が求められることとなった。しかし平日に集客力があることはレジャー業界では難しい（中島, 2022a）。

中東のフェラーリ・ワールド・アブダビは室内型テーマパークである。アブダビは砂漠気候で真冬でも昼間は暑い。寒冷地ではモスクワに室内型の「夢の島」（ロシア版ディズニーランド）が2020年に開業した。モスクワでは長く厳しい冬の集客のために室内型は必須である。暑すぎるエリアと寒すぎるエリアでは室内型テーマパークが増えるだろう。

SDGsブームに対するアンチテーゼ

このような環境問題を引き起こさないためにもSDGsが重要である。しかしSDGsという概念が重要と言われると、それに取り組むことが企業にとって義務と化す。SDGsへの取り組みをHPに目立つように記載し、実際のオペレーションはそのHPで謳っていることより低い程度で実施している会社は一部あるだろう。そのため名ばかりのSDGs宣言をしないことが重要である。他者に良く見られるためでなく、メディア対応でなく、日常の些細な部分でSDGsのための行動が重要である。そして組織で名ばかりのSDGs宣言に反対で

きる社風が必要となるが、組織内で権力者に反対することはほぼ不可能である。よって経営者の倫理が必要となる。

SDGs が先進国に強く課された義務ということは、SDGs の実行は高コストということになる。これら理想的な目標を達成できるに越したことはないが、コストを払う。資金力で劣る中小企業は SDGs にかかるコストを捻出しにくいだろう。よって事実上、企業が取り組む SDGs は**広報**活動の一部と言えるだろう。SDGs にかかるコストは**広告**コストに類似する。そのため表面的に SDGs に取り組んでいると HP 等に書くも、実際は取り組んでいない「SDGs ウォッシュ」が問題になっている。例えば、SDGs 推進のため建材や二酸化炭素排出量に一定の要件を設けたとして、それらが適切に運用され、環境に有効と認められる基準でなければならない。さらに抜き打ち検査でそれを担保する必要があるが、そのコストを公費で負担することになる。財源をどうするのか。そこまでできるのか。よって、SDGs という言葉を使っているかに関係なく、実際に環境保全に努めているかが重要である。

心理的陳腐化戦略と SDGs の矛盾

さらに、テーマパーク業界はキャラクター業界、キャラクターグッズ業界でもあるので、サステイナビリティ（持続可能性）の逆を行くという問題がある。「それは古いです。去年のグッズです」と遠回しに主張し、今年のデザインの商品購入を促進する。これをマーケティングで「心理的陳腐化戦略」という。先進国ではほとんどの産業が飽和しているので、商品が売れにくい。ありとあらゆる工夫をする。すでに持っている物の最新版を買わせようとする行為なので、SDGs の対極にある。

ウォルト・ディズニーは 1928 年にミッキーマウスのアニメ『蒸気船ウィリー』をヒットさせ、キャラクターを食器やぬいぐるみにして発売する話が来たので発売してみたら、映画よりもグッズ販売の方が、利益率が高いと分かった。よって、テーマパーク業界はグッズ販売で稼ぐビジネスモデルでもある。グッズ販売をやめる気はないだろう。入場料は定額だが、グッズ販売額には上限がない。キャラクターのファンを育てれば、高額の買い物が期待できる。つまり一つのものを長く大切に使う SDGs の精神と矛盾する。

原子力依存からの脱却とテーマパーク大国

本書の読者は原子力発電に関心が強くないかも知れないが、フランスは原発大国・電力輸出国として有名である。フランスでは、電力部門の大部分の脱炭素化が進められており、原子力技術の軍事利用と民生利用の両方に長期的に取り組んでいる。ドイツは脱原発政策を

打ち出して、世界の自然エネルギー先進国の一つとして有名である。フランスは原子力による発電が自然エネルギーのほぼ 3 倍である。ところが、フランスでは定期点検や腐食や亀裂など不具合の発見による原発稼働停止、猛暑で水温が上昇し、冷却水の利用ができなくなるなど天候による要因で原子力発電所の出力低下が重なった[249]。

2021 年のフランスの輸入品目の 1 位は「原子炉・ボイラー・機械（構成比 12%）で前年比 13.9%増だった。2 位の自動車（10.8%）は 11.7%増で、特に自動車部品の輸入が 138 億1700 万ユーロと 22.1%増となった。3 位の鉱物性燃料（10.3%）は 78.1%増となった[250]。このように外国から原子炉・ボイラー・機械を輸入して原発で発電し、国内で消費し、外国に輸出している。

またフランスは核保有国でもある。マクロン大統領は取材に対し、「フランスが保有する核戦力はヨーロッパ全体の安全保障に貢献する」「ウクライナとその周辺がロシアに核で攻撃されても、フランスが核で反撃する事態には該当しない」「フランスの核戦力は存在するだけでもフランスとヨーロッパの安全保障に貢献している」と延べ、ロシアに対する抑止力を強調した[251]。

しかし核兵器は保有しているだけで国家のイメージダウンにつながる。それに対して、テーマパーク事業は平和の象徴である。観光資源大国であるフランスが外国人観光客を呼び寄せ、ヨーロッパ全域に観光客を波及させてほしい。ヨーロッパ旅行は複数の都市を周遊することが多い。観光業が原発より儲かるのか不明であるが、原発は社会的な批判が大きい。作業員の小さいミスが巨大な事故に発展する。そもそも、原子力発電と原子爆弾や原子力空母などは完全に別物であるが、詳しくない人は同類と考えている。無害な事業である観光事業により発展してほしい。

好例：福井県の原発依存からの脱却と恐竜博物館

日本の福井県立恐竜博物館の成功が参考になる（中島, 2022a, 129-139 頁）。福井県は東西に長く、西側は敦賀という原発の街である。福井県は敦賀原発の補助金カットに備え、自

[249] 自然エネルギー財団「コロナ危機から燃料価格危機へフランスとドイツの電力供給を比較する」2023 年 4 月 15 日アクセス https://www.renewable-ei.org/activities/column/REupdate/20220908.php
[250] JETRO「2021 年は輸出入とも増加、赤字額は拡大（フランス）」2023 年 4 月 15 日アクセス https://www.jetro.go.jp/biz/areareports/2022/e627d3e88ec1d54e.html
[251] 2022/11/10 NHK NEWS Web「フランス マクロン大統領 "仏保有の核戦力は欧州全体に貢献"」2023 年 4 月 16 日アクセス
https://www3.nhk.or.jp/news/html/20221110/k10013886561000.html

力で稼げる何かを育成する必要に迫られている。福井県勝山市に福井県立恐竜博物館（以降、恐竜博）が2000年に総工費140億円で開業し、成功している。恐竜博はエンターテイメント性の高い博物館である。新型コロナ流行前には、集客に不利な立地にもかかわらず、年間入場者数90万人を達成した。最初、恐竜博の所管は福井県**教育委員会**だったが、2009年4月新設の福井県**観光営業部**に移った。それで恐竜が「教育の一環」から「観光の切り札」に変わった。同部のブランド営業課が先頭に立ち、県外PRを進めた。県庁職員らが首都圏、関西圏の旅行会社やメディアに恐竜博を積極的に売り込み、県外での知名度を高めた。東京や横浜でのイベントを成功させた。人気アニメ「ドラえもん」や「名探偵コナン」に恐竜博が出るなどメディア戦略にも成功している。恐竜博開館20周年を迎える頃、ロイヤル・ティレル古生物学博物館（カナダ）、自貢恐竜博物館（中国）と並び「**世界三大恐竜博物館**」と呼ばれるようになっていた。長年の研究や調査、その成果を生かして本物にこだわる展示を充実させてきた努力が報われた。

　恐竜博は売上高や利益率などを公表していないため不明である。年間90万人の博物館が原発より儲かるとは思えないが、それでも地方で地道に観光資源を育て、東京や大阪などに営業し、遠方から集客している。世界的に人気のアニメにも恐竜博が登場した。これも地道な営業努力による。一度の事故で致命的な傷を負う原発と違って、地道に営業し、発掘により新しい化石を追加し、人気アニメとコラボするなど、地道な努力が実を結ぶ。博物館も安全な事業である。

　ヨーロッパには魅力ある観光資源が多い。現に世界遺産に登録されている件数が世界トップクラスに多い。魅力ある観光資源の集客力を上げて、ヨーロッパ全域に観光客が周遊するよう促進してほしい。特に経済力で劣る東欧に周遊するよう促進してほしい。

＜参考文献＞
・東浩紀・津田大介・開沼博・速水健朗・井出明・新津保建秀・上田洋子・越野剛・服部倫卓・小嶋裕一・徳岡正肇・河尾基（2013）『チェルノブイリ・ダークツーリズム・ガイド思想地図』ゲンロン
・尾松亮（2018）『チェルノブイリという経験─フクシマに何を問うのか』岩波書店
・中島　恵（2013b）『テーマパーク経営論〜映画会社の多角化編〜』三恵社
・中島　恵（2013c）『東京ディズニーリゾートの経営戦略』三恵社
・中島　恵（2014a）『ディズニーランドの国際展開戦略』三恵社
・中島　恵（2014b）『ユニバーサル・スタジオの国際展開戦略』三恵社

・中島　恵（2019）「オリエンタルランド・ユニオンの功績（その3）−労災認定とパワハラ訴訟−」『労働法律旬報』2019 1月合併号、95-105頁

・中島　恵（2021）『テーマパーク事業論−プロデューサーの仕事内容−』三恵社

・中島　恵（2022a）『テーマパーク産業論改訂版　日本編』三恵社

・中島　恵（2022b）『テーマパーク産業論改訂版　アジア編』三恵社

・福島文二郎（2010）『9割がバイトでも最高のスタッフに育つディズニーの教え方』KADOKAWA

著者紹介

中島　恵 (なかじま　めぐみ)

明治大学　経営学部　兼任講師
学位：修士（経営学）［明治大学］
専門：経営学、観光事業論、レジャー産業論、テーマパーク経営論
長野県出身

＜略歴＞

明治大学大学院　経営学研究科　博士前期課程　経営学専攻　修了
明治大学大学院　経営学研究科　博士後期課程　経営学専攻　単位取得満期退学
明治大学経営学部専任助手、星稜女子短期大学（現・金沢星稜大学短期大学部）経営実務科専任講師、大阪観光大学観光学部専任講師、東京経営短期大学総合経営学科専門講師を経て2021から現職。

＜単著＞（全て三恵社）

1　(2011)　『テーマパーク産業論』
2　(2012)　『テーマパーク産業の形成と発展－企業のテーマパーク事業多角化の経営学的研究』
3　(2013a)　『テーマパークの施設経営』
4　(2013b)　『テーマパーク経営論～映画会社の多角化編～』
5　(2013c)　『東京ディズニーリゾートの経営戦略』
6　(2014a)　『ディズニーランドの国際展開戦略』
7　(2014b)　『ユニバーサル・スタジオの国際展開戦略』
8　(2016)　『観光ビジネス』
9　(2017a)　『ディズニーの労働問題～「夢と魔法の王国」の光と影～』
10　(2017b)　『なぜ日本だけディズニーランドとUSJが「大」成功したのか？』
11　(2021a)　『テーマパーク事業と地域振興』
12　(2021b)　『テーマパーク事業論～プロデューサーの仕事内容～』
13　(2022a)　『テーマパーク産業論改訂版 日本編』
14　(2022b)　『テーマパーク産業論改訂版 アジア編』
15　(2023a)　『テーマパーク産業論 改訂版 中国編』

テーマパーク産業論改訂版　ヨーロッパ編

2023年8月25日　　初版 発 行

著 者　中島　恵
Nakajima, Megumi

発行所　　株 式 会 社　三 恵 社
〒462-0056 愛知県名古屋市北区中丸町2-24-1
TEL 052 (915) 5211
FAX 052 (915) 5019
URL http://www.sankeisha.com

ISBN978-4-86693-825-7